Rannfrid I. Lasine Thelle

Babylon entdecken

Verlag W. Kohlhammer

Übersetzt aus dem Englischen von Gerlinde Baumann.

Umschlagabbildung: František Kupka, Babylon (1906), Detail
©VG Bild-Kunst, Bonn 2021

1. Auflage 2021

Alle Rechte vorbehalten
© W. Kohlhammer GmbH, Stuttgart
Gesamtherstellung: W. Kohlhammer GmbH, Stuttgart

Print:
ISBN 978-3-17-039632-6

E-Book-Format:
pdf: ISBN 978-3-17-039633-3

Für den Inhalt abgedruckter oder verlinkter Websites ist ausschließlich der jeweilige Betreiber verantwortlich. Die W. Kohlhammer GmbH hat keinen Einfluss auf die verknüpften Seiten und übernimmt hierfür keinerlei Haftung.
    Dieses Werk einschließlich aller seiner Teile ist urheberrechtlich geschützt. Jede Verwendung außerhalb der engen Grenzen des Urheberrechts ist ohne Zustimmung des Verlags unzulässig und strafbar. Das gilt insbesondere für Vervielfältigungen, Übersetzungen, Mikroverfilmungen und für die Einspeicherung und Verarbeitung in elektronischen Systemen.

*Gewidmet
dem Andenken
meiner geliebten Patentante
Karin Helene R. Hognestad,
genannt „Nenne" (1939–2020)*

Inhalt

Vorwort		11
Danksagungen		13
1	Wie die Entdeckungsreise begann	15
	Auf der Reise durch Babylonien im Jahr 2000	15
	Auf der Suche nach Babylon	18
2	Das biblische Babylon	23
	Eine Geschichte von Anfängen	24
	Traditionen und Deutungen	26
	Wie sah Babylon aus?	28
	Eine andere biblische Erzählung über Babel	29
	Das Exil: Ein tiefes Trauma	30
	Gericht über Babylon	35
	Babylon als Reich des Bösen	38
	Die Endzeit	40
	Eine alternative Tradition: Babylon als Metropole	41
3	Europäische Ansichten von Babylon	45
	Der Turmbau im Mittelalter	47
	Die Welt wird größer	53
	Babylon als Symbol	57
4	Ad fontes? Das Babylon der Griechen	61
	Das Babylon der Antike entdecken	61
	Herodots Babylon	63
	Königin Semiramis und die Hängenden Gärten von Babylon	66
	Die niederländische Begeisterung für den Turm zwischen 1563 und 1650	69
	Das Aufkommen wissenschaftlich korrekter Bilder des Turms	71
	Durch die biblische Brille betrachtet	73
	Babylon, das Exotische und die Apokalypse	77
	„Umgekehrte Geschichte": Das Zusammengehen von Kunst und Wissenschaft	79

5 Die Entdeckung Mesopotamiens 83

Mesopotamien: Der antike Irak 83
Keilschrift: Die erste Schrift der Welt 84
Assyrien: Die Entdeckung der Vergangenheit und die
    nationalen Interessen Europas 87
Paul-Émile Botta 89
Austen Henry Layard 91
Der König und die Paläste erhalten Namen 96
Assyrien wird in die Weltgeschichte eingeschrieben 98
Die Bibliothek Assurbanipals und die Leistungen des
    irakischen Gelehrten Hormuzd Rassam 99
Zu guter Letzt: Babylon! 101
Wegweisende Grabungen im Süden und das Suchen nach Tafeln 103
Eine neue Sicht auf die Geschichte der Menschheit 105
Die Stadt Babylon 107
Die Deutschen treffen ein: Ausgrabungen in Babylon 108
Das Ischtar-Tor, die Prozessionsstraße und der Marduk-Tempel 110
Altes und neues Babylon begegnen sich 114

6 Von den Quellen Babylons 117

Frühe Kulturen in Mesopotamien 119
„Bier und Brot" 120
Das antike Sumer: Der Ursprung der babylonischen Kultur 121
Babylon, die Mitte der Welt 122
Die AmurriterInnen und das altbabylonische Reich:
    Die erste Blütezeit Babylons 125
Der Tempel als zentrale Institution im antiken Mesopotamien 126
Hammurapi – der gerechte König 128
Der Codex Hammurapi 129
Arbeit und Gesellschaft 130
Hammurapi eint Südmesopotamien 132
Ein literarischer Kanon 132
Gilgamesch: Auf der Suche nach Unsterblichkeit 133
Die mittelbabylonische Zeit: das internationale Zeitalter 135
Die erste „Weltliteratur" 137
Das Familienleben 138
Der Zusammenbruch der Region 139
Marduk, der Stadtgott von Babylon 140
Enuma elisch: Zum Lobe Marduks 141
Die assyrische Vorherrschaft 144
Das Chaldäische Reich: Babylons letzte Hochphase 145

	Die Weisen aus dem Morgenland	148
	Beschwörung gegen Zahnschmerzen	150
	Das Ende Babylons	151
	Nach den BabylonierInnen: Zwischen PerserInnen und GriechInnen	152
	Ein Zentrum der jüdischen Kultur	154
	Mysterium und Wirklichkeit?	155
7	**Babel und Bibel**	**157**
	Die Bibel hat Recht	159
	Eine Sintflut-Geschichte aus Babylon!	161
	George Smith und der babylonische Schöpfungsmythos	162
	Die Bibel als Deutungsschlüssel	166
	Wachsendes Unbehagen	168
	Europa im Wandel	170
	Babel und Bibel: Streit und Reaktionen	172
8	**Die Auferstehung Babylons**	**181**
	Von Babylon nach Berlin	182
	Der Turm zu Babel oder die Zikkurat von Babylon?	186
	Ausstellung der Funde aus Babylon	188
	Diskussionen über ästhetische Ideale	189
	Der Nachbau Babylons: Das Ischtar-Tor und die Prozessionsstraße	191
	Das wiedererstandene Babylon: Die Rezeption der Ausstellung	194
	Der gesellschaftspolitische Kontext der Ausgrabungen in Babylon und der Babylon-Ausstellung	196
	Babylon anschaulich machen	200
	Jenseits von Saddam Husseins Babylon-Propaganda	202
	Kunst, Kultur und das neue Babylon	206
9	**Zurück in die Zukunft**	**213**
	„Der unsichtbare Feind"	214
	Zurück nach Babylon	214
	Der Turm hat Bestand	216
	Das Reich des Bösen lebt weiter	217
	Das endzeitliche Babylon: Apokalypse Now	217
	Die ChaldäerInnen: die letzten BabylonierInnen	217
	Die Hängenden Gärten und die antike griechische Überlieferung	219
	Neue Wunder: das Ischtar-Tor und die Prozessionsstraße	220

Literaturverzeichnis 223

    Antike und mittelalterliche Autoren 223
    Moderne AutorInnen 223
    Andere Medien 237

Anhang 1: Zeittafel Babylons in Verbindung mit
zeitgleichen und späteren Kulturen 239

Anhang 2: Bedeutende Jahre der babylonischen Geschichte . 241

Verzeichnis der Abbildungen 243
Verzeichnis der Karten 244

Bild- und Kartennachweise 244

    Abbildungen 244
    Karten 245

Register 247

Vorwort

Seit meinen Reisen nach Babylon in den frühen 2000er Jahren sind gut zwanzig Jahre vergangen. Doch Babylon fasziniert mich noch immer, und meine Entdeckungslust ist ungebrochen. Mein erster Besuch im Vorderasiatischen Museum in Berlin im Jahr 2002 und insbesondere mein Besuch der Sonderausstellung *Babylon – Mythos und Wahrheit* 2008 hat mich inspiriert, noch eingehender danach zu fragen, welche Wirkung Babylon auf die Geschichte, die Archäologie und die Populärkultur, aber auch auf die Theologie, die Literatur und sogar auf die moderne Architektur und die Phantasie der KünstlerInnen gehabt hat.

Deutschland spielt bei der modernen Erforschung des antiken Babylon eine einzigartige Rolle. Die Geschichte der Entdeckung Babylons in der Neuzeit ist faktisch eine deutsche Geschichte. Die Ausgrabungen in Babylon zwischen 1899 bis 1917 standen unter deutscher Leitung, und die Funde – deren bekanntester das prächtige Ischtar-Tor ist – sind in Berlin zu besichtigen. Eine der faszinierendsten öffentlichen Debatten über Babylon, der Babel-Bibel-Streit, hat sich im frühen zwanzigsten Jahrhundert in erster Linie in Deutschland abgespielt und ist jüngst in einer Debatte über die Bedeutung des Alten Testaments im heutigen Deutschland wieder angeklungen. Eine Ausstellung im neu gestalteten Pergamonmuseum zum hundertjährigen Gedenken an diese Debatte im Jahr 2020 verdeutlicht, welch anhaltendes und fundiertes Interesse am Thema „Babel und Bibel" in Deutschland besteht. Auf die vielfältigen Verbindungen zwischen der Metropole Berlin und der mythologischen Metapher Babylon weisen unzählige Bezüge in der Populärkultur hin – von Fritz Langs Film „Metropolis" aus dem Jahr 1927 über Hitlers grandiose Pläne für die von Babylon inspirierte städtebauliche Gestaltung Berlins als *Welthauptstadt Germania* bis hin zur Neo-Noir-Fernsehserie „Babylon Berlin", die das Publikum in aller Welt in ihren Bann zieht.

Babylon entdecken basiert auf meinen Büchern *Discovering Babylon* (Routledge 2018) und *Oppdagelsen av Babylon* (Spartacus 2014). Für die deutschsprachige Version habe ich Themen und Fragestellungen ergänzt, die für das deutsche Publikum von besonderem Interesse sein könnten, und ich habe Verweise auf deutschsprachige Literatur und Quellenmaterial hinzugefügt. Ein abschließender Hinweis zur Schreibweise der Namen (von Personen und Orten): Biblische, antike und moderne Namen erscheinen in ihrer im Deutschen gebräuchlichen Form. Die Verwendung inklusiver Sprache ist für mich seit meiner Tätigkeit in den USA selbstverständlich geworden und deshalb auch im vorliegenden Werk wichtig.

Wichita, Kansas,
Mai 2021

Danksagungen

Ich möchte Dr. Sebastian Weigert als zuständigem Lektoratsleiter und dem Kohlhammer Verlag insgesamt dafür danken, dass dieses Buch hier erscheinen kann. Dankbar bin ich auch apl. Prof. Dr. Gerlinde Baumann, ohne die es dieses Buch nicht gäbe. Ihr Geschick, ihre Professionalität und ihre Hartnäckigkeit bei der Suche nach Lösungen haben die gemeinsame Arbeit an der Übersetzung ein Vergnügen und ein Ansporn sein lassen. Ich danke ebenso Prof. Dr. Christl M. Maier, meiner Kollegin auf dem Gebiet des Alten Testaments bzw. der Hebräischen Bibel dafür, dass sie das Buch auf meine Bitte hin zuerst gelesen hat, die Idee einer deutschen Übersetzung unterstützt hat und mich dann großzügig an ihrem Netzwerk in Deutschland partizipieren ließ und die Verbindung zu möglichen Verlagen und zu Frau Baumann hergestellt hat. Großzügige Mittel für diesen Band habe vom College of Liberal Arts and Sciences, vom Department of History sowie der Ransom-Butler Foundation for Religious Studies der Wichita State University erhalten. Ich empfinde es als große Ehre, dass mir diese Unterstützung gewährt wurde.

Ich widme diesen Band dem Andenken an meine Tante Karin Helene R. Hognestad, meiner geliebten Patin „Tante Nenne". Sie war Theologin, Kirchengeschichtlerin und engagierte Universitätsbibliothekarin, und als ich Studentin und angehende Wissenschaftlerin war, inspirierte mich ihre Leidenschaft für Kultur und Brauchtum, Religion, Literatur, Theater und Kochkunst sehr. Mit Tante Nenne verbrachte Zeiten waren immer Zeiten überbordenden Lebens. Unsere Unterhaltungen bereicherte sie durch brillante Vorträge über Themen, die von der Geschichte des Papsttums, der Geschichte Norwegens im Mittelalter und der Geschichte kirchlicher Bräuche über klassische und zeitgenössische Schriftstellerinnen und Dichterinnen bis hin zur Familiengeschichte samt den dazugehörigen Familiengeschichten reichten. Sie kommentierte politische und intellektuelle Debatten in erhellender, temperamentvoller und oft auch ziemlich scharfzüngiger Weise. Wenn wir spazieren gingen, wanderten oder gemeinsam an Projekten arbeiteten, staunte ich immer wieder über ihre körperliche Fitness und ihre optimistische Lebenshaltung. Im Theater, im Kino, im Museum oder auch in der Kirche ließ sich mich an ihrer Empfänglichkeit für die emotionale Wirkung der Kunst und für die Kraft und den Trost teilhaben, die sie aus ihrem Glauben schöpfte, und vom Leben anderer Menschen und den Spuren, die sie hinterlassen haben, hat sie sich wirklich bewegen lassen. Es ist mein Wunsch, dass der Geist meiner Tante in *Babylon entdecken* einen Ausdruck findet – ihre vielfältigen Interessen, ihr Wissen, ihre Wertschätzung von Kunst und Kultur und ihr breiter Zugang zur Vergangenheit in ihren vielen wunderlichen Gestalten. Indem ich ihr dieses Buch widme, bewahre ich gleichermaßen ihr Wissen um die Bescheidenheit und die Angreifbarkeit bei der Begegnung mit der Vergangenheit wie auch die Freude und die Wertschätzung, die in ihrem unverkennbaren, unbändigen Lachen zum Ausdruck gekommen sind.

Immer wieder aufs Neue bin ich meinem Lebenspartner Stuart dankbar, mit dem ich in beständigem und nie enden wollendem Austausch stehe, der von den trivialsten und banalsten bis zu den tiefsten und erhabensten Themen reicht. Irgendwo zwischen diesen Extremen hat auch Babylon in diesem Austausch seinen Platz gehabt: das Babylon des Alten Orients und der Antike, das Babylon der biblischen Texte und das Babylon in unzähligen kulturellen Ausprägungen.

1 Wie die Entdeckungsreise begann

Auf der Reise durch Babylonien im Jahr 2000

Das Land rauscht vorbei, wobei sich Brachland mit trockener Wüstenflora, gold- und terrakottafarbenen Dörfern, Palmen und belaubten Sträuchern an Flussufern und Kanälen abwechselt mit einigen wenigen Gewächshäusern und Gärten. SchäferInnen in langen, staubigen Gewändern und bedeckten Häuptern suchen Schutz vor der heißen Sonne und drängen sich mit ihren Schafen im spärlichen Schatten der Palmen zusammen. Kinder sind auf dem Weg zur Schule, manche von ihnen spielen am Straßenrand Fußball. Überall legen die Menschen Ziegelsteine zum Trocknen in die sengende Sonne und stapeln sie auf Paletten. Der Rauch unzähliger Ziegeleien zieht vorbei und mischt sich mit der von feinsten Sandkörnern angefüllten gelben Luft. *Wie im antiken Babylon!* denke ich und beobachte die Szenerie aus meinem Plüschsitz in einem viel zu großen, alten Reisebus.

Kurz bevor wir die Ruinen erreichen, halten wir an einem raffinierten Wandbild, das auf Säulen steht und bereits aus der Ferne zu sehen ist. Es ist in leuchtenden Farben gestaltet und zeigt Saddam Hussein als König Nebukadnezar, flankiert von modernen Waffen und antiken Streitwagen.

Abb. 1.1: Saddam Hussein als Nebukadnezar, Babylon, Irak
Foto: Rannfrid I. Thelle, 2001

Diese unverhohlene Zurschaustellung der Macht wirkt auf mich bedrückend und berührt mich unangenehm; ein brutaler Despot des 20. Jh. lässt sich als einer der größten Staatsgründer der Geschichte darstellen – auf einer Art Reklametafel an der Straße. Dies wirkt auf mich abgeschmackt, ja geradezu lächerlich. Ich hatte ganz anderes erwartet.

Die eigentlichen Ruinen betreten wir dann durch eine Kopie des Ischtar-Tors, von deren Existenz ich bis dahin nichts wusste. Auch wenn das Tor nicht echt ist, zieht es doch den Blick auf sich und vermittelt einen Eindruck von Babylon, der mit den antiken Ruinen im Einklang zu stehen scheint. Hinter dem Tor befindet sich ein Hof mit einem Souvenirladen und einem Informationsstand für die TouristInnen. Von dort aus führt uns der Guide zunächst in einen abgezäunten Bereich mit der wichtigsten Straße aus der Zeit Nebukadnezars, der berühmten Prozessionsstraße. In Teilen ist sie immer noch mit dem ursprünglichen natürlichen Asphalt bedeckt. Vielleicht sind die IsraelitInnen hier vorbeigekommen, als sie ins Exil geführt wurden? Das überlege ich und spüre den Schotter unter meinen Schuhsohlen. Erst später erfahre ich, dass der babylonische Gott Marduk während des großen *Akitu*-Festes auf dieser Straße zu seinem Tempel zog, und dass sie *Aiburschabu* hieß.

Die Prozessionsstraße führt zu den Überresten des eigentlichen Ischtar-Tors. Selbst in seinem verfallenen, heruntergekommenen Zustand ist das Tor mit seiner Größe noch eine imposante Erscheinung. Es ist ein ganzer Gebäudekomplex mit mehreren Räumen. Viele Schichten von Befestigungsmauern beeindrucken mit ihren Reliefs von Stieren und Drachen. Ursprünglich befand sich das Tor ein ganzes Stockwerk höher als die heutigen Überreste, doch unser Guide erklärt uns, dass deutsche Archäologen das obere Stockwerk entfernten, als sie das Gelände im frühen 20. Jh. ausgruben. Das Ischtar-Tor war nur eines der sieben Tore der Stadt. Diese war zweifellos gut befestigt, und antike BesucherInnen waren mit Sicherheit beeindruckt.

Als nächstes besuchen wir auf unserer Reise ein Gebäude mit zahlreichen Bögen – die Hängenden Gärten von Babylon. Historisch gesehen ist nicht sicher, ob sich tatsächlich hier ein kunstvoller Garten mit Bäumen, Stauden und blühenden Pflanzen befunden hat. Manche HistorikerInnen sind der Ansicht, dass es sich schlicht um Speicher gehandelt haben könnte. Wie viele andere kenne auch ich die Hängenden Gärten als eines der sieben antiken Weltwunder, doch erst jetzt, als ich in den – zu welchem Zweck auch immer verwendeten – Überresten stehe, wird mir deutlich, wie sehr die Stadt auch ihretwegen berühmt war.

Die einzige Skulptur in den Trümmern von Babylon ist eine gigantische Basalt-Statue eines Löwen, der über einem Mann steht. Dies ist das einzige Artefakt, das die Deutschen nicht an sich genommen haben, weshalb ihm in der Sicht der IrakerInnen symbolische Bedeutung zukommt. Hinter dem Löwen erhebt sich einer der berühmt-berüchtigten Paläste Saddam Husseins auf einem Hügel – was daran erinnert, was sich außerhalb der Mauern Babylons befindet.

Nach dem Durchqueren mehrerer enger Gänge gelangen wir zum Thronsaal König Nebukadnezars und damit zum Machtzentrum des neubabylonischen Reiches. An diesem Ort sah Belsazar die „Schrift an der Wand", wie es im Danielbuch berichtet und von Heinrich Heine in seiner berühmten Ballade beschrieben wird:

Und sieh! und sieh! an weißer Wand
Da kam's hervor wie Menschenhand;

Und schrieb, und schrieb an weißer Wand
Buchstaben von Feuer, und schrieb und schwand.

An diesem Ort starb auch Alexander der Große. *Hier steht die Wiege der Geschichte.*

Den Turm zu Babel zeigt man uns nicht. Stattdessen fahren wir zu den verfallenen Resten des Tempelturms – der Zikkurat – von Borsippa, etwa achtzehn Kilometer von Babylon entfernt. Der Turm sieht aus wie ein Haufen mit zwei Säulen, die sich aus seiner Mitte erheben wie ein Kerngehäuse. In der Antike wurde der Turm durch Feuer zerstört, wodurch der Teer schmolz, der die Ziegel zusammenhielt. Später erfuhr ich, dass sich in den Ruinen von Babylon die Fundamente einer enormen Zikkurat befinden. Auch dieser Turm existiert bereits seit Jahrhunderten nicht mehr. Warum unsere Tour nicht dorthin führte, habe ich nicht herausbekommen.

Bei meinem ersten Besuch in Saddam Husseins Babylon hatte ich ganz bestimmte Erwartungen im Gepäck. Denn dies war nicht meine erste Begegnung mit Babylon. Beim Bibellesen habe ich am Turm zu Babel gestanden und die Kakophonie des Sprachengewirrs gehört. Ich war Zeugin des tragischen Exils der IsraelitInnen in Babylon und von Nebukadnezars gnadenloser Zerstörung Jerusalems. Als Kind habe ich in Buryl Reds und Grace Hawthornes Musical *Drei Männer im Feuerofen* mitgewirkt, in dem es um den verrückten König Nebukadnezar geht, der die drei jungen jüdischen Männer Schadrach, Meschach und Abed-Nego in einen Feuerofen werfen lässt (im biblischen Buch Daniel im 3. Kapitel). In ihrem Klagegesang über den Abschied aus Jerusalem geht es darum, dass sie nun ein neues und anderes Leben beginnen müssen. Ich habe zusammen mit *The Melodians* – die vor allem wegen ihrer von Boney M. 1978 gecoverten Version von *By the Rivers of Babylon / where we sat down ...* bekannt sind – und ihrer vom biblischen Psalm 137 inspirierten Musik davon gesungen, dass das jüdische Volk an den Flüssen Babylons sitzt und weint, weil es im Exil nicht die Lieder seiner Heimat singen kann. Aus der Kirchengeschichte war mir Martin Luthers Angriff auf die katholische Kirche in seiner polemischen Schrift „Von der babylonischen Gefangenschaft der Kirche" vertraut.

Im heutigen Irak lässt sich das „antike Babylon" nicht entdecken. Das hat mich aber nicht davon abgehalten, die sich aus dem Sand erhebenden Ruinen in romantischem Licht zu sehen. Meine Erwartungen waren sehr hoch, und im Vergleich mit ihnen war die Realität recht trist. Die schmerzliche Enttäuschung hat einen tiefen Eindruck hinterlassen, aber auch einen neuen Ansporn: Was war Babylon *denn dann*? Das wollte ich herausfinden, als mich meine erste Begegnung mit den materiellen Hinterlassenschaften Babylons zu einer Reise aufbrechen ließ, die meine Vorstellungskraft übersteigen sollte.

Auf der Suche nach Babylon

Das antike Babylon hat in der gesamten westlichen Kulturgeschichte seine Spuren hinterlassen. Doch seine frühere Größe hat es nicht davor bewahrt, schlecht angesehen zu sein. Die biblischen Geschichten einerseits und andererseits auch die Erzählungen der Griechen haben dazu geführt, dass Babylon im Ruf stand, eine Stadt der Exzesse und des Bösen zu sein, und nach dem Fall der Weltstadt hat sich dieser Ruf verfestigt. Im Mittelalter lebte Babylon in den Bildern und Symbolen der christlichen Kirche und Kultur und auch in den Bibelkommentaren weiter. Als in der Renaissance antike griechische Texte entdeckt wurden, nährten diese Beschreibungen die Vorstellung, dass Babylon eine Stadt des Überflusses und des Hochmuts sei. In der Kunst, der Theologie und der Literatur ist die Stadt das Symbol der Dekadenz; sie steht für ein unterdrückerisches Weltreich und ist ein Ort der Sünde – sie ist eine dem Untergang geweihte Stadt. Babylon wurde zum Synonym für das Feindliche, „das Andere". Doch parallel zu diesen negativen Bildern von Hochmut und Verfall hat die Stadt auch zu positiven Erwartungen Anlass gegeben; sie wurde zu einem utopischen Traum und zum Inbegriff menschlicher Leistung.

In den Erzählungen von der Entdeckung Assyriens und Babyloniens durch die EuropäerInnen im 19. Jh. ist von harter Arbeit und großen Mühen die Rede, aber auch von glücklichen Zufällen und Fügungen, und all dies ist durchzogen von unverrückbaren Annahmen. Die EntdeckerInnen brachten die aufklärerischen Ideale eines universellen Wissens mit, die politischen Ambitionen frischgebackener Nationalstaaten und ein gewisses Anspruchsdenken. Diese kulturellen Haltungen, gepaart mit dem unerschütterlichen Glauben an die kulturelle Überlegenheit Europas, trieben europäische EntdeckerInnen und wissenschaftliche Expeditionen in alle Welt, um dort zu vermessen, zu sammeln, zu zeichnen, zu zählen und zu beschreiben. Britische, französische und später auch nordamerikanische und deutsche EntdeckerInnen plünderten die Hügel Assyriens und Babyloniens, um Schätze für ihre Nationalmuseen zu sammeln.

Das moderne Europa begann, die Vergangenheit ans Licht zu bringen. Ägypten war voller prächtiger Ruinen, die auf Napoleon und seine Delegation eine überwältigende Wirkung hatten, als sie 1798 den Nil hinaufreisten: die Pyramiden, die Sphinx, die Tempel, die monumentalen Statuen und die Gräber. Griechenland und Rom hatten in der Türkei, Syrien und auf den griechischen

Inseln sichtbare Spuren hinterlassen. Selbst die Grundmauern von Persien hatten der Zeit getrotzt. Doch Assur und Babylon waren buchstäblich vom Erdboden verschluckt. Gab es irgendeinen Beweis dafür, dass diese Kulturen mehr waren als ein Raunen, das von einer Generation an die nächste weitergegeben wurde?

Fast vierzig Jahre bevor Napoleon Bonaparte nach Ägypten zu Felde zog, war im Januar 1761 eine Delegation im Namen Königs Friedrich V. von Dänemark und Norwegen zur ersten wissenschaftlichen Expedition durch Vorderasien aufgebrochen. Der einzige, der diese Reise überleben sollte, war der junge Sachse Carsten Niebuhr, der fast sieben Jahre später zurückkehrte. Seinen ersten Bericht über die Reise veröffentlichte Niebuhr 1772. Die Karten, die er vom Roten Meer, der Arabischen Halbinsel und anderen Gebieten gezeichnet hatte, fanden in den folgenden hundert Jahren Verwendung, und mehrere neue Handelsrouten nach Indien basierten auf ihnen. Niebuhr bestimmte die präzisen Koordinaten der Ruinen Babylons und fertigte die erste Karte der Stadt an. Damit enthob er die Legende von Babylon dem Bereich des Mythos und gab ihr einen Platz in Zeit und Raum der Gegenwart.[1]

Niebuhr reise über Ägypten und Arabien nach Indien und dann zurück auf dem Landweg durch Persien, Mesopotamien, Syrien, Zypern, Palästina und die Türkei. In Mesopotamien sah Niebuhr Monumente, die nicht nur mit Zeichnungen bedeckt waren, sondern mit einer Reihe von Zeichen, die aus kleinen, keilförmigen Linien bestanden. Seiner Einschätzung nach handelte es sich dabei um eine Schriftsprache. Niebuhr dokumentierte auch die Behistun-Inschrift, ein in Kalkfelsen gemeißeltes Relief mit Texten in drei unterschiedlichen Sprachen, die alle in der gleichen Schrift gehalten sind. Die Inschrift hatte große Bedeutung für die Entschlüsselung des Altpersischen, Elamitischen (einer weiteren persischen Sprache) und Babylonischen. Diese Entdeckungen gaben den Anstoß dafür, dass die assyrischen und babylonischen Städte ausgegraben wurden.

Nachdem sie mehr als 2000 Jahre lang in der Erde verborgen waren, wurden die Überreste Babylons vor ungefähr hundert Jahren von Archäologen ergraben. Das europäische Großmachtstreben hatte seinen Gipfelpunkt erreicht, die Bedeutung der Bibel als wichtigste Quelle der westlichen Geschichte geriet zusehends in Wanken, und Rassentheorien bildeten die Grundlage für eine neue Sicht auf die Kulturgeschichte.

---

[1] Niebuhrs erster Reisebericht wurde unter dem Titel *Beschreibung von Arabien. Aus eigenen Beobachtungen und im Lande selbst gesammleten Nachrichten abgefasset* veröffentlicht. Später publizierte er noch zwei weitere Werke über seine Reisen, in denen sich auch die ersten detailgetreuen Abschriften keilschriftlicher Texte aus Persepolis finden: *Reisebeschreibung nach Arabien und andern umliegenden Ländern*. Beide Werke liegen in Nachdrucken vor.

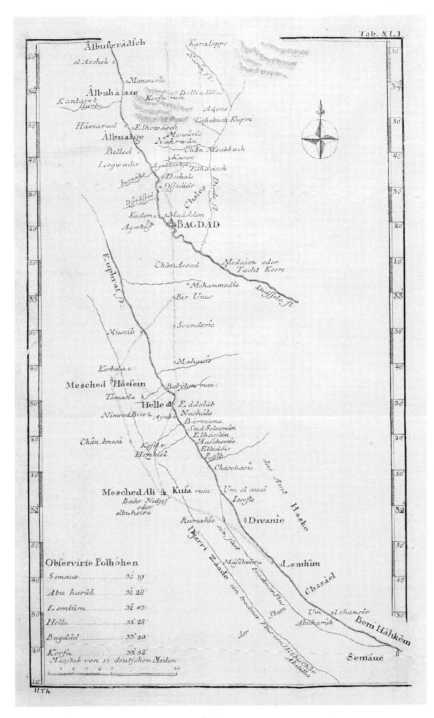

Karte 1.1: Carsten Niebuhrs Karte von Mesopotamien

Die Entdeckung Babylons ist eine Geschichte über den Aufstieg von Imperien, über die EntdeckerInnen und ArchäologInnen, die mit ihren Händen die Erde bewegten, und auch über die BeamtInnen, die Forschungsreisen genehmigten, mit deren Ertrag Museen bestückt wurden. Es ist eine Geschichte über HistorikerInnen und TheologInnen und über öffentliche Debatten über die Ursprünge von Kulturen und den Einfluss der Bibel. Es ist jedoch auch eine Geschichte über uns und eine 2.000 Jahre andauernde Deutungsgeschichte. Das Babylon der Bibel und der westlichen Kultur wurde über die Jahrhunderte in der bildenden Kunst, der Literatur, der Theologie mit einem ganzen Bedeutungsuniversum überliefert. Als die Ruinen von Babylon von EntdeckerInnen und ArchäologInnen zu Tage gefördert wurden, geschah das in einem bestimmten Kontext, der die Sicht auf die Funde prägte. Im Fortgang werden wir das Augenmerk auf diese Spannung zwischen den überkommenen Vorstellungen und den neuen Erkenntnissen legen. Ist es möglich, etwas neu zu deuten, oder bleiben wir den herrschenden Paradigmen und den persönlichen Sichtweisen unausweichlich verhaftet?

Von Beginn an traf das neuerlich entdeckte Babylon auf reges Interesse. Der Schatz an neuem Wissen über das Babylon des Altertums mit seiner hoch entwickelten Kultur, die beträchtlich älter ist als das antike Griechenland und das biblische Israel, führte dazu, dass sich die Vorstellung wandelte, die Europa von Babylon hatte. Doch trotz der Begeisterung über all das Neue gelang es selbst sensationell aussehenden Funden nicht, sich an die Stelle der fast mythischen Vorstellung zu setzen, die eine Generation nach der anderen hervorgebracht hatte. Man konnte den Eindruck gewinnen, dass ein neues Babylon zutage kam, das alte jedoch keineswegs an Bedeutung verlor.

Immer noch geht von Babylon eine Faszination aus. Auch wenn die alten Denkweisen in der heutigen Kultur vielleicht nicht mehr so dominant sind, existiert Babylon doch weiter: als Schiff namens Nebuchadnezzar im Film *Matrix*, als web-basiertes Übersetzungsprogramm „Babylon", in Pop-Songs, in Romantiteln oder in immer neuen Darstellungen des „Turmbaus zu Babel". Unsere Vorstellungskraft wird angeregt und drückt sich aus im Verlangen nach immer höheren Gebäuden und Türmen, ob sie nun in Dubai, Schanghai oder New York stehen. Babylon hat sich als probate Metapher erwiesen, wenn GegnerInnen und FeindInnen mit ihrem hemmungslosen Machtstreben, ihrer Bosheit und ihrem Untergang umschrieben werden sollen.

Welches ist das „wahre Babylon"? Ist es der Turm zu Babel und das Reich des Bösen, oder ist es das Ischtar-Tor und die Prozessionsstraße mit ihrer religiösen Bedeutung und ihrer architektonischen Schönheit? Wahr ist, dass „Babylon" sich in stetem Wandel befindet, und dass wir die Geschichte permanent neu entdecken und erschaffen. Als 1899 die deutschen Ausgrabungen begannen und neue Erkenntnisse über die Stadt gewonnen worden waren, bemerkte der britische Historiker Leonard King dazu, dass Babylon seine eigene Faszination besitze, der noch nicht einmal sechzehn Jahre währende Ausgrabungen und

Abb. 1.2: Überreste der Prozessionsstraße von Babylon
Foto: Rannfrid I. Thelle, 2001

das sukzessive Entdecken exakten Wissens etwas anhaben könnten.[2] Wie wir sehen werden, ist die Suche nach Babylon keine triviale Angelegenheit, und so manches entgleitet dabei ins Rätselhafte.

Doch dem wollen wir nicht vorgreifen, weil unsere Reise ja gerade erst beginnt.

---

[2] King, A History of Babylon, 15.

2 Das biblische Babylon

Wenn von Babylon die Rede ist, sind meist die historische Stadt und eine Kultur gemeint, die vor langer Zeit als „Wiege der Zivilisation" existiert haben. Meist ist uns nicht bewusst, wie sehr unser Bild der Stadt durch die Bibel geprägt ist, oder dass zwischen dem biblischen Babylon und der historischen Stadt überhaupt ein Unterschied besteht. Doch von den heutigen Überresten und Texten aus dem Babylon des Altertums wusste man bis vor knapp zweihundert Jahren noch gar nichts.

In der biblischen Babylon-Version stechen bestimmte Bilder besonders hervor: der Turmbau zu Babel und das „Sprachengewirr"; die babylonische Gefangenschaft der Jüdinnen unter der Herrschaft eines unterdrückerischen Reiches sowie das Bild von der „Hure Babylon" und der bösen Stadt, die Gott zerstören und bestrafen wird. Diese Bilder und die damit verbundenen Geschichten haben in Judentum und Christentum eine lange Tradition. Sie sind in immer neue historische und soziale Kontexte übertragen und hineinerzählt worden, und unsere heutige Vorstellung von Babylon ist in hohem Maße durch sie geprägt worden.

Viel wissen wir heute nicht davon, was die VerfasserInnen der Bibel tatsächlich von der historischen Stadt Babylon wussten. Als die biblischen Texte abgefasst wurden, war bereits lange Zeit vergangen, seit sich die dargestellten Geschehnisse mutmaßlich zugetragen hatten. Texte wie die Turmbauerzählung sind in einer Art mythischer Urzeit und damit außerhalb der historischen Zeit angesiedelt. Ihr Zweck lag nicht darin, eine korrekte historische Beschreibung Babylons zu liefern, sondern die Geschichte der Ursprünge Israels zu erzählen. Doch obwohl die biblischen Schilderungen Babylons historisch nicht unbedingt zutreffen, sind sie sehr real. Sie sind real vorhanden in Form von Geschichten, Bildern und Konzepten, und sie haben über viele Generationen im Bewusstsein und der Phantasie von Menschen existiert. Die biblische Darstellung Babylons hat sogar Einfluss auf die Geschichte genommen, und sie liefert wichtige Hinweise zu deren Interpretation.

Im hebräischen Urtext der Bibel wird der Begriff „Babel" sowohl in der Turmbauerzählung verwendet als auch mit Bezug auf die Stadt Babylon und das babylonische Reich. Das hebräische Wort „Babel" wurde im Griechischen wie im Lateinischen mit „Babylon" wiedergegeben. Deshalb wird die Stadt, das Reich oder die Region in den meisten Bibelübersetzungen als „Babylon" oder „Babylonien" bezeichnet, doch manchmal auch als „Babel". „Babylon" ist auch der in der historischen Wissenschaft verwendete Begriff, mit dem die antike Stadt benannt wird, und wenn von „Babylonien" oder „babylonisch" die Rede ist, geht es um das Gebiet oder die Kultur. Die BabylonierInnen selbst bezeichneten ihre Stadt und ihr Land mit einer Reihe unterschiedlicher Termini, womit wir uns in Kapitel 6 befassen werden. Im vorliegenden Buch folge ich der Konvention und verwende „Babylon" mit Bezug auf die Stadt, das Reich und die antike Kultur, „Babel" dagegen nur, wenn der Turm(bau) zu Babel gemeint ist.

Eine Geschichte von Anfängen

Die Geschichte des Turmbaus zu Babel hat die Kulturgeschichte des Westens nachhaltig geprägt. Jeder und jede kennt diese Geschichte. Sie existiert in zahlreichen Fassungen und wurde immer wieder neu erzählt und ausgedeutet. Der Turm zu Babel ist in der bildenden Kunst im Laufe der Jahrhunderte tausende Male dargestellt wurden. Der Bibeltext selbst ist knapp gehalten:[3]

> Die ganze Erde hatte eine Sprache und ein und dieselben Worte. Als sie ostwärts aufbrachen, fanden sie eine Ebene im Land Schinar und siedelten sich dort an. Sie sagten zueinander: Auf, formen wir Lehmziegel und brennen wir sie zu Backsteinen. So dienten ihnen gebrannte Ziegel als Steine und Erdpech als Mörtel. Dann sagten sie: Auf, bauen wir uns eine Stadt und einen Turm mit einer Spitze bis in den Himmel! So wollen wir uns einen Namen machen, damit wir uns nicht über die ganze Erde zerstreuen.
> Da stieg der HERR herab, um sich Stadt und Turm anzusehen, die die Menschenkinder bauten. Und der HERR sprach: Siehe, *ein* Volk sind sie und *eine* Sprache haben sie alle. Und das ist erst der Anfang ihres Tuns. Jetzt wird ihnen nichts mehr unerreichbar sein, wenn sie es sich zu tun vornehmen. Auf, steigen wir hinab und verwirren wir dort ihre Sprache, sodass keiner mehr die Sprache des anderen versteht. Der HERR zerstreute sie von dort aus über die ganze Erde und sie hörten auf, an der Stadt zu bauen. Darum gab man der Stadt den Namen Babel, Wirrsal, denn dort hat der HERR die Sprache der ganzen Erde verwirrt und von dort aus hat er die Menschen über die ganze Erde zerstreut. (Genesis 11,1–9)

Die Geschichte beginnt damit, dass „die ganze Erde" die gleiche Sprache hat. Die Menschen kommen aus dem „Osten" und siedeln sich schließlich woanders an. Sie wollen eine Stadt erbauen und fertigen deshalb Ziegel aus gebranntem Lehm. „Lehmziegel formen" ist mit einem eigenen Verb ausgedrückt, und wörtlich sagen die Menschen: „Wir wollen Backsteine backen". Warum es ihnen so bedrohlich vorkommt, über die Erde zerstreut zu sein, wird nicht erklärt, doch in der Geschichte kommt zum Ausdruck, welch großen Wert das Verwurzeltsein und die Zusammengehörigkeit sowie die Sicherheit besitzen. Ebenso wenig ist klar, in welcher Weise der Gedanke, sich „einen Namen zu machen", die Menschen davor schützt, in alle Lande verstreut zu werden. Doch

---

[3] Alle Bibelzitate sind der *Einheitsübersetzung* (2016) entnommen.

sie sind entschlossen, dass sie dies durch ihr ehrgeiziges und großes Bauprojekt erreichen werden, das sie nur gemeinsam bewerkstelligen können.

Dann wechselt die Perspektive. Der HERR – beziehungsweise Gott – kommt herab, um die Stadt und den Turm in Augenschein zu nehmen. Paradox wirkt dabei, dass Gott herabkommt, um sich den Turm anzusehen, obwohl dieser vermeintlich bis in den Himmel reicht. Vielleicht war er noch nicht fertiggestellt? Nichtsdestoweniger ist Gott beeindruckt und bekommt eventuell sogar Angst, denn „jetzt wird ihnen nichts mehr unerreichbar sein, wenn sie es sich zu tun vornehmen". Warum ist das nicht gut? Fühlt Gott sich bedroht? Fürchtet er sich davor, zu welchem Tun seine eigene Schöpfung imstande ist? Anders als man vielleicht erwarten könnte, zerstört Gott den Turm nicht. Stattdessen greift er ein, indem er die Sprache verwirrt, so dass sich die Menschen nicht mehr miteinander verständigen können. Dann verstreut er sie über die ganze Erde und sorgt so für eine Unterbrechung des Bauvorhabens.

Eine paradoxe Spannung wird aufgebaut. Die Menschen reichen bis an den Himmel heran; sie sind an einem Ort versammelt und streben in die Höhe, um sich einen Namen zu machen. Gott kommt herab und zerstreut sie, und dieser Ort wird Babel genannt, weil Gott hier die Sprachen verwirrt hat. Die Hebräische Bibel bedient sich zur Deutung des Geschehens eines Wortspiels, indem der Name Babel mit dem Verb *balal* in Verbindung gebracht wird, was „verwirren" bedeutet. Babel wird zu einem Ort der Verwirrung. Der Turm war dazu gedacht, dass sie sich durch ihn einen Namen machten, damit sie nicht zerstreut würden. In der Geschichte wird die menschliche Furcht vor dem Zerstreutwerden angesprochen und das elementare Bedürfnis nach Beständigkeit aufgerufen. Aus der Sicht Gottes scheint der Turm ein Zeichen für die menschliche Hybris zu sein, die Vermessenheit der Menschen und ihr Streben danach, wie Gott zu sein.

Zwar wird in der Bibel mit der Ähnlichkeit zwischen Babel und *balal* (verwirren) gespielt, aber der Name Babel bedeutet an sich „Gottes Tor" und hat definitiv nichts mit Verwirrung zu tun.[4] Womöglich wusste der Verfasser von dieser Bedeutung und hat das Wortspiel eingesetzt, um seine Absicht zum Ausdruck zu bringen. Ebenso könnte es um den besonderen Reiz der Alliteration und der Assonanz in diesem Wortspiel gegangen sein. Ein weiteres hübsches Detail im Hebräischen besteht darin, dass das Wort *nabela*, „verwirren wir", rückwärts gelesen zu *lebenim* wird, „Ziegel". Wollte Gott womöglich die Herstellung der Ziegel durch die Verwirrung rückgängig machen? Wie auch immer – mehrere moderne Sprachen leiten Worte wie das „Babbeln" aus dieser Geschichte her, und Babel ist zum Symbol für Verwirrung und Kommunikationsdefizite geworden. Erstaunlicherweise hat die Verwirrung Babels auch dazu

---

[4] André-Salvini, *Das Erbe von Babylon*, 37. Diese Etymologie findet sich bereits in der Antike, auch wenn in der Forschung andere Vorschläge gemacht wurden. Der Ursprung des Namens lässt sich höchstwahrscheinlich nicht mehr ausmachen.

gedient, dem Gedanken einer ursprünglichen, universalen Verbindung zwischen den Menschen Ausdruck zu verleihen. In der frühen Sprachtheorie wurde die Vorstellung einer universellen Geschichte über die Sprachverwirrung als Beleg für einen gemeinsamen Ursprung und eine gemeinsame Grundlage aller Sprachen angesehen, wobei aber auch mitschwang, welche Bedeutung Sprache und Übersetzung in der komplizierten Geschichte des menschlichen (Fehl-)Verhaltens hatten.[5]

Traditionen und Deutungen

Die Erzählung über den Turmbau zu Babel gehört zu den biblischen Erzählungen über die Urgeschichte. Diese Entstehungsgeschichten in Genesis 1–11 ähnelt Mythen, und es geht in ihnen um den Ursprung der Welt und die Anfänge der Menschheit. Diese Geschichten sind paradigmatisch verstanden worden; das heißt, dass sie als symbolische Erzählungen verstanden wurden und zur Erklärung der Welt dienen sollten. Ebenso wie die Paradieserzählung dazu verwendet wurde, Themen wie Ungehorsam, Betrug, Schuld und Strafe zu ergründen, stand der Turm zu Babel für ein komplexes Beispiel für den menschlichen Ehrgeiz – oder auch für Hochmut und Anmaßung. Die Erbauer dachten, dass sie bis an den Himmel reichen können, doch stattdessen wurden sie bestraft.

Schon früh haben christliche AuslegerInnen die Geschichte des Turmbaus zu Babel mit der neutestamentlichen Pfingstepisode verknüpft.[6] In der Apostelgeschichte ist die Rede davon, dass sich die JüngerInnen Jesu nach dessen Tod in Jerusalem versammelten. Am Pfingsttag, einem jüdischen Feiertag, trafen sich Jüdinnen aus allen Teilen der Welt – auch aus Mesopotamien – und aller Zungen in Jerusalem. Als sie dort waren, erlebten sie ein Sprach-Ereignis, das ziemlich anders war als das in der Geschichte vom Turmbau zu Babel. Das Geräusch eines heftigen Windes erfüllte das Haus, in dem sich die JüngerInnen versammelt hatten, und Feuerzungen erschienen über ihren Häuptern, als sie „mit dem Heiligen Geist erfüllt" waren. Die JüngerInnen fingen an, in den Sprachen der Menschen der sie umgebenden Menschenmenge zu sprechen. Die so entstehende Verwirrung entspricht so gar nicht der Verwirrung in Babel. Die Jüdinnen, die aus der Ferne gekommen waren, hörten, wie die JüngerInnen in

---

[5] Baker, *Routledge Encyclopedia of Translation Studies*, 22–23. Des weiteren siehe Morton, *Herder and the Poetics of Thought*.

[6] In der frühen Kirche sah man aktuelle Geschehnisse als Erfüllung vergangener Ereignisse an, die als „Typus" galten. In den Bibelillustrationen des Mittelalters wurden typologisierte Szenen aus dem Neuen Testament Szenen aus dem Alten Testament gegenübergestellt; siehe Kapitel 3.

ihrer eigenen Muttersprache von den großen Taten Gottes sprachen. Sie waren belustigt und auch verwirrt, und manche von ihnen dachten, dass die JüngerInnen betrunken waren. Wer auch immer die Apostelgeschichte verfasst hat, hat wohl den Zusammenhang zur Turmbauerzählung bewusst hergestellt. In vielen christlichen Traditionen wird diese Episode als Ursprung einer Kirche angesehen, in der sich Menschen aller Sprachen zusammenfinden; das gilt als eine Umkehrung des Sprachengewirrs von Babel, durch das die Menschen verstreut worden waren. Mit dem Pfingstwunder fand die Welt erneut zusammen, und alle konnten sich im Rahmen einer gemeinsamen spirituellen Erfahrung miteinander verständigen.

In der jüdischen Tradition wurde die biblische Turmbauerzählung meist als Auflehnung gegen Gott verstanden, und die daran Beteiligten wurden als sündig und böse betrachtet. In einigen rabbinischen Interpretation wird ein Kampf zwischen den Menschen auf Erden und Gott im Himmel ausgemalt, und in anderen wurde der Bau des Turms als Stütze für den Himmel angesehen, damit die Erde nicht wieder von einer Sintflut bedeckt werden konnte.[7] Josephus – ein Geschichtsschreiber aus dem ersten Jahrhundert n. Chr. – erklärt, dass Gott die Menschen von Babel auseinandertrieb, statt ihnen eine Flut zu schicken, weil sie ihre Lektion aus der Flut nicht gelernt hatten.[8] Im Jubiläenbuch, einer frühjüdischen Schrift und Neuerzählung der Bücher Genesis und Exodus, ist davon die Rede, dass der Bau dreiundvierzig Jahre dauerte (Jubiläen 10). Auch werden im Jubiläenbuch genaue Angaben zu den Abmessungen des Turms gemacht. In anderen Traditionen wird berichtet, dass die Arbeit so viel Zeit brauchte, dass ein Ziegelstein bis zur Spitze des Turms ein ganzes Jahr unterwegs war. Die Menschen beklagten sich nun mehr über einen herabfallenden und zerschellenden Ziegel, als wenn jemand bei der Arbeit herunterfiel und starb, und Frauen durften ihren Arbeitsplatz selbst zur Entbindung nicht verlassen. Schließlich stiftete Gott eine Sprachverwirrung, so dass die Arbeit aufgegeben werden musste.[9]

Der Turmbau zu Babel wird in der Hebräischen Bibel nur in der Genesis erwähnt; Gleiches gilt auch für Adam und Eva, Kain und Abel oder die Sintflut.[10]

---

[7] Der rabbinische Kommentar bzw. Midrasch *Genesis Rabbah*, 304–310, sowie Josephus, *Jüdische Altertümer*, Buch I, Kapitel 4,2.

[8] Josephus, *Jüdische Altertümer*, Buch I, Kapitel 4,3.

[9] Louis Ginzberg, *The Legends of the Jews*, 181. Weitere Beispiele aus dem Judentum wie auch aus anderen frühen Interpretationen hat Kugel, *Traditions of the Bible*, 228–242 zusammengestellt und vorgestellt.

[10] Diese Ereignisse und Figuren werden gelegentlich in verschiedenen nicht-kanonischen Schriften aus der Zeit des Zweiten Tempels aufgenommen; diese Bücher wurden zwischen dem dritten vorchristlichen und dem zweiten nachchristlichen Jahrhundert verfasst. Im Jubiläenbuch wird die Geschichte des Turmbaus zu Babel erzählt. Das Tobitbuch nennt Adam und Eva, die zusammen sonst nur im Neuen Testament in 1 Tim 2,13 vorkommen. Das Sirachbuch bzw. Ben Sira, das in der katholischen Tradition auch Ecclesiasticus genannt wird, spielt in 25,24 höchstwahrscheinlich auf Eva an.

Die Urgeschichtserzählungen bilden gewissermaßen eine eigene Kategorie. Doch als die Kulturen Mesopotamiens ab der Mitte des 19. Jh. entdeckt wurden, fand sich in den Schriftzeugnissen eine ganze Reihe Schöpfungs- und Ursprungserzählungen, zu denen auch verschiedene Arten von Turmbauerzählungen und Flutgeschichten gehörten. Das ließ die biblischen Urgeschichten in neuem Licht erscheinen. Sie waren nicht die einzigen, und vielleicht waren sie noch nicht einmal die ältesten ihrer Art.

Wie sah Babylon aus?

Davon verrät uns die Bibel nichts. In der biblischen Erzählung vom Turmbau zu Babel findet sich keine Beschreibung des Turms. Die biblischen Bücher, in denen die Stadt Babylon vorkommt – wie die Königebücher, die Chronikbücher und das Danielbuch – schweigen sich darüber aus, wie sie ausgesehen hat. Einige nicht-kanonische jüdische Texte versuchen, diese Lücke zu schließen. So liefert beispielsweise das Jubiläenbuch die Abmessungen des Turms und berichtet, wie hoch er war, als Gott die Arbeit zum Stillstand brachte. Nach Jubiläen 10,18–27 war der Turm, als seine Erbauer dreiundvierzig Jahre an ihm gebaut hatten, 203 Ziegel breit und 5433 Ellen und zwei Handbreit hoch (wobei die Höhe eines Ziegels ein Drittel seiner Breite betrug). Die Länge der einen Wand bemaß sich auf dreizehn, die der anderen auf dreißig Stadien; Letzteres entspricht etwa 5550 Metern. Auch wird in der Version der Jubiläen ausdrücklich davon gesprochen, dass die treibende Kraft für den Bau des Turms die Bosheit der Menschen war.

Um bruchstückhafte Beschreibungen zu finden, die uns eine Anschauung der biblischen Stadt Babylon ermöglichen, müssen wir einen Blick in die prophetischen Bücher der Bibel werfen. Die meisten Erwähnungen Babylons finden sich dabei im Jeremiabuch; in einer Gerichtsrede gegen Babylon in den Kapiteln 50–51 finden sich Hinweise auf das Aussehen der Stadt. Bei Jeremia heißt es, „seine Türme fallen, und seine Mauern werden niedergerissen" (50,15); es wird die Kunde gebracht, „die Flussübergänge seien besetzt, die Verteidigungsanlagen im Feuer verbrannt" (51,32), und schließlich: „Auch die Mauer von Babel ist gefallen" (51,44). Man kann sich die Mauern und Befestigungsanlagen vorstellen und das die Stadt umgebende Wasser. Jeremia fordert die FeindInnen Babylons auf: „Errichtet ein Feldzeichen gegen Babels Mauern" (51,12), und er spricht Babylon an als die, „die du an großen Wassern wohnst, so reich an Schätzen …" (51,13). Der Prophet stößt vernichtende Drohungen gegen die Stadt aus: „Die breiten Mauern von Babylon werden geschleift bis auf den Grund, seine hohen Tore werden im Feuer verbrannt" (51,58). Hinter diesen Worten könnte die Vorstellung vom Turm zu Babel stehen, „auch wenn

Babel bis zum Himmel aufsteigt und sich in unzugänglicher Höhe verschanzt, so werden doch auf meinen Wink die Verwüster über es kommen – Spruch des HERRN" (51,53).

Hier wird mehrfach auf große Mauern und mächtige Befestigungsanlagen verwiesen sowie darauf verwiesen, dass die Stadt von Flüssen und Wasser umgeben ist. In diesen knappen Hinweisen erschöpft sich, was die Bibel zur Beschreibung der konkreten Gestalt Babylons beizutragen hat. Die Beschreibungen sind ziemlich allgemein gehalten und könnten der typisch prophetischen Rede in Gestalt einer Gerichtsrede gegen feindliche Völker zugeschrieben werden. Manche der Worte, die Jeremia an Babylon richtet, werden auch anderen Völkern verkündet; deshalb ist nicht immer klar, ob tatsächlich ein bestimmter Ort gemeint ist. Diese fehlende Beschreibung könnte ein Grund dafür sein, warum Babylon im Lauf der Jahrhunderte auf so unterschiedliche Weise dargestellt wurde. Nur im Fall des Turms sieht dies anders aus.

Es ist wohl eher anzunehmen, dass die wenigen biblischen Beschreibungen von Städten, Ortschaften oder Landstrichen nicht besonders prägend für die bildliche Darstellung biblischer Szenen gewesen sind. Jahrhundertelang ging es KünstlerInnen nicht so sehr darum, dass etwas historisch korrekt abgebildet wurde. Erst in der Neuzeit mit der Entstehung des historischen Bewusstseins ist dieser Gedanke aufgekommen. Vorher wurde die biblische Geschichtsdarstellung meist als Teil der Geschichte und der Identität derer angesehen, die sie für sich in Anspruch nahmen, wobei zur Untermauerung dieser Darstellung keine weiteren Quellen herangezogen werden mussten. KünstlerInnen orientierten sich meist an den Konventionen, an Gepflogenheiten sowie den Wünschen der Auftraggebenden. Deshalb existiert eine große Vielfalt künstlerischer Darstellungen, die durch die eigene Kultur der KünstlerInnen sowie die architektonischen und künstlerischen Konventionen der jeweiligen Epoche geprägt waren. Die Bilder von Babylon und vom Turm zu Babel verraten mehr über die Epoche der KünstlerInnen als über das historische Babylon.

Eine andere biblische Erzählung über Babel

Zum ersten Mal wird „Babel" in der Bibel nicht in der Turmbauerzählung genannt, sondern im vorangegangenen Kapitel in einem Hinweis über einen der Nachkommen Noachs. Noach und seine Familie hatten als einzige die große Flut überlebt – die Flut, die Gott geschickt hatte, weil er es bereute, die Menschen erschaffen zu haben. Danach begannen die Menschen, sich auf der Erde auszubreiten. Noachs Urenkel Nimrod ist nach Gen 10,8-9 „der erste Held auf der Erde" und „ein tüchtiger Jäger". In knapper Form wird hier berichtet: „Kerngebiet seines Reiches war Babel, Erech, Akkade und Kalne im Land Schinar. Von diesem Land zog er nach Assur aus und erbaute Ninive, Rehobot-Ir, Kelach sowie Resen, zwischen Ninive und Kelach, das ist die größte Stadt." (Gen 10,10–11) In diesem Bericht wird eine andere Erklärung dafür geliefert, warum und wie sich die Menschen auf der Erde verteilten und Städte gründeten. Dabei steht die Beschreibung im Vordergrund und nicht der moralische Ton wie in der Turmbauerzählung. Nimrod wird hier als erster Herrscher auf Erden dargestellt. Sein Reich umfasste anfänglich Städte im Süden Mesopotamiens – Schinar wird meist mit dem südlich gelegenen Sumer eins gesetzt –, doch später wandte er sich nach Norden und erbaute Städte im nördlicher gelegenen Assyrien. Im ansonsten kurzen und bündigen Text findet sich auch die Charakterisierung König Nimrods als „tüchtiger Jäger vor dem Herrn" (Gen 10,9).

Schon galt Nimrod in der Auslegung als derjenige, der den Turmbau zu Babel in Auftrag gegeben und beaufsichtigt hat, obwohl er in der eigentlichen Turmbauerzählung gar nicht vorkommt. Sowohl in der jüdischen wie der christlichen Tradition wird Nimrod als Herrscher betrachtet, der sich gegen Gott aufgelehnt hat.[11] Nimrod kommt auch in einer Legende vor, in der er Männer bestraft, die gegen sein Turmbauprojekt opponiert haben; zu ihnen gehört auch Abraham, den Gott wundersamerweise aus einem Feuerofen rettet.[12] In der islamischen Tradition, die an jüdische und christliche Legenden anschließt, ist Nimrod der beispielhafte Heide, der Abraham bekämpft, weil dieser keinen Gott außer dem einen Gott verehren will.[13]

Das Exil: Ein tiefes Trauma

Eines der stärksten Bilder von Babylon entstammt den biblischen Erzählungen über die Deportation der IsraelitInnen nach Babylon, die für gewöhnlich als das Exil bezeichnet wird. Ungefähr hundert Jahre zuvor hatte der Prophet Jesaja König Hiskija von Juda davor gewarnt, dass dies geschehen könnte:

> Es werden Tage kommen, an denen man alles, was in deinem Haus ist, alles, was deine Väter bis zum heutigen Tag angesammelt haben, nach Babel bringt. Nichts wird übrigbleiben, spricht der HERR. Und von deinen Söhnen, die von dir abstam-

---

[11] So beispielsweise bei Josephus in den *Jüdischen Altertümern*, Buch I, Kapitel 4,2–3, bei Philo in den *Quaestiones et Solutiones in Genesim* 2,81–82, sowie in der *Syrischen Schatzhöhle*, einem Ephraem dem Syrer zugeschriebenen Text. Eine umfassende Diskussion über die Figur des Nimrod findet sich bei Karel van der Toorn und P. W. van der Horst, *Nimrod before and after the Bible*, 1–29.

[12] Dies findet sich vermutlich erstmals im frühjüdischen Text *Buch der biblischen Altertümer* (*Antiquitates Biblicae*) von Pseudo-Philo sowie in zahlreichen jüngeren Texten.

[13] Lowin, *Narratives of Villainy*, 261–296. Zur Figur Nimrods in der englischen Literatur siehe auch Scheil, *Babylon Under Western Eyes*.

men, die du zeugen wirst, wird man einige nehmen und sie werden Eunuchen sein im Palast des Königs von Babel. (2 Kön 20,17–18)

Geraume Zeit nach der Verkündigung dieses Prophetenwortes setzte sich Babylon an Assurs Stelle als wichtigste Großmacht auf der weltpolitischen Bühne, und Juda wurde zum Vasallen Nebukadnezars II. Nach den biblischen Geschichtsdarstellungen stellte das Exil den Gipfelpunkt einer Reihe von Niederlagen und Demütigungen dar, mit denen Gott sein Volk wegen der Bosheit seiner Könige bestrafte, die das Volk vom rechten Weg abgebracht hatten. Nebukadnezar zog aus, um Jerusalem zu belagern, den Tempel zu plündern und sich des Goldes und der Schätze zu bemächtigen, wie es der Prophet Jesaja vorausgesagt hatte. Nebukadnezar führte die Oberhäupter und Krieger, Schmiede und Schlosser der Stadt weg. Es heißt, dass nur das ärmste Volk des Landes zurückblieb, während König Jojachin und seine gesamte Familie gefangen nach Babylon weggeführt wurden. In den prophetischen und den geschichtlichen der Bibel werden diese Ereignisse als Jerusalems Bestrafung durch Gott angesehen.

Doch damit war die Sache für Juda und Jerusalem noch nicht ausgestanden. Babylon installierte einen Marionettenkönig, nämlich Zidkija, der dann auch der letzte König Judas war. Die Zusammenfassung der Regierungszeit schließt in der biblischen Geschichtsschreibung damit, dass die Katastrophen sich wegen des göttlichen Zorns zugetragen hatten: „Weil der Herr über Juda und Jerusalem erzürnt war, kam es so weit, dass er sie von seinem Angesicht verstieß." (2 Kön 24,20) Der Marionettenkönig Zidkija regierte neun Jahre, bevor er sich gegen Babylon auflehnte, und Jerusalem wurde erneut belagert. Diesmal dauerte die Belagerung fast zwei Jahre lang, und es brach eine Hungersnot aus. Den BewohnerInnen gelang es, eine Bresche in die Stadtmauer zu schlagen, woraufhin der König und die Soldaten zur Flucht ansetzten, die aber nicht gelang. Das babylonische Heer verfolgte sie, trieb Zidkijas Truppen auseinander und nahm den König gefangen. Zidkija wurde vor den König von Babylon gebracht, der dessen Söhne ermorden ließ, wobei Zidkija zusehen musste. Er selbst wurde direkt danach geblendet, bevor Nebukadnezars Männer ihn in Ketten legten und nach Babylon wegführten.

Babylon fuhr unter dem Heerführer Nebusaradan mit der Zerstörung Jerusalems fort. Den Tempel, den Königspalast und alle bedeutenden Gebäude der Stadt ließ er plündern und in Brand stecken. Er ließ die Stadtmauern niederreißen und führte die ganze Bevölkerung ins Exil. In der Geschichtsschreibung heißt es allerdings: „Nur von den armen Leuten im Land ließ der Befehlshaber der Leibwache einen Teil als Wein- und Ackerbauern zurück." (2 Kön 25,12) Nebusaradan nahm alles von Wert und die gesamte Einrichtung des Tempels mit. Schließlich wurden der Hohepriester und mehrere Beschäftigte des Tempels, die Armeeoffiziere und Angehörige des königlichen Rates vor den babylonischen König gebracht, wo sie hingerichtet wurden. Am Ende des Berichts heißt es: „So wurde Juda von seiner Heimat weggeführt." (2 Kön 25,21)

Im ebenfalls biblischen zweiten Buch der Chronik wird in etwa die gleiche Geschichte erzählt. Der letzte König Zidkija war ein schlechter König, der sich vom HERRN abkehrte. In dieser Version wird in der Geschichtsschreibung noch stärker betont, warum Jerusalem schließlich zerstört wurde, und dass JHWH, der Gott Israels, den Lauf der Geschichte bestimmt:

> Auch alle führenden Männer Judas und die Priester und das Volk begingen viel Untreue. Sie ahmten die Gräueltaten der Völker nach und entweihten das Haus, das der HERR in Jerusalem zu seinem Heiligtum gemacht hatte. Immer wieder hatte der HERR, der Gott ihrer Väter, sie durch seine Boten gewarnt; denn er hatte Mitleid mit seinem Volk und seiner Wohnung. Sie aber verhöhnten die Boten Gottes, verachteten sein Wort und verspotteten seine Propheten, bis der Zorn des HERR gegen sein Volk so groß wurde, dass es keine Heilung mehr gab. (2 Chr 36,14–16)

Die Botschaft lautet also, dass der Gott der Israeliten für diese Ereignisse verantwortlich war, wobei er sich der BabylonierInnen als seiner Werkzeuge bediente. Dennoch werden die BabylonierInnen fast immer als Erzfeinde erinnert – in anderen biblischen Texten wie auch in der anschließenden Geschichte ihrer Überlieferung. Der Grund dafür könnte in der biblischen Prophetie zu finden sein, wo nicht nur von den Sünden Jerusalems die Rede ist, sondern machtvolle Gerichtsworte gegen Babylon und andere fremde Städte und Völker verkündetet werden. Die prophetischen Gerichtsreden haben das Bild geprägt, dass Babylon eine Stadt ist, die bestraft werden muss, indem sie zerstört wird.

Einen besonders traurigen Ausdruck hat die Exilserfahrung der IsraelitInnen im biblischen Psalm 137 gefunden:

> An den Strömen von Babel,
> da saßen wir und wir weinten,
> wenn wir Zions[14] gedachten.
> An die Weiden in seiner Mitte
> hängten wir unsere Leiern.
> Denn dort verlangten, die uns gefangen hielten, Lieder von uns,
> unsere Peiniger forderten Jubel:
> Singt für uns eines der Lieder Zions!
> Wie hätten wir singen können die Lieder des HERRN,
> fern, auf fremder Erde?
> Wenn ich dich je vergesse, Jerusalem,
> dann soll meine rechte Hand mich vergessen.
> Die Zunge soll mir am Gaumen kleben,
> wenn ich deiner nicht mehr gedenke,
> wenn ich Jerusalem nicht mehr erhebe
> zum Gipfel meiner Freude.

Über die Jahrhunderte dienten diese Verse nicht nur als Lied über die Trauer des Volkes Israel und dessen Sehnsucht im Exil, sondern sie fanden auch sonst ein Echo und erlangten bei anderen Menschen, die Entfremdung in Gestalt tatsächlicher Heimatlosigkeit, Vertreibung oder existenzieller Entfremdungs-

---

[14] Zion ist ein poetischer Name für Jerusalem.

erfahrungen erlebten, so etwas wie universelle Bedeutung. So wird die Demütigung, die die Gefangenen erlebten, als sie nach Babylon gebracht wurden, beispielsweise in Verdis Oper *Nabucco* lebendig, im ergreifenden Chor der hebräischen Sklaven, dem „Gefangenenchor" „Va, pensiero, sull'ali dorate":[15]

> Flieg, Gedanke, auf goldenen Schwingen,
> lass dich nieder auf jenen Hängen und Hügeln,
> wo sanft und mild der wonnige Hauch
> der Heimaterde duftet.
>
> Grüße die Ufer des Jordan,
> die zerfallenen Türme Zions ...
> O mein Vaterland, du schönes, verlorenes!
> O Erinnerung, du teure, verhängnisschwere!
>
> Goldene Harfe der Schicksalsverkünder,
> warum hängst du stumm am Weidenbaum?
> Entzünde neu die Erinnerung in den Herzen,
> sprich uns von den Tagen von einst!
>
> O passend zu den Schicksalen Jerusalems
> bring einen schmerzlichen Klageton hervor!
> Möge dir der Herr einen Klang eingeben,
> der Kraft zum Leiden verleiht.

Ähnliche Empfindungen begegnen uns auch in ganz anderen künstlerischen Gattungen. So beschreibt beispielsweise das bereits in Kapitel 1 erwähnte Lied „By the Rivers of Babylon" der Band *The Melodians* die Erfahrung von Gefangenschaft und Unterdrückung, wobei es von den Psalmen 137 und 19 inspiriert wurde. In einer Rastafari-Deutung wird Babylon als Begriff für eine repressive Regierung verwendet und das Motiv der Auflehnung im Psalm hervorgehoben:

> By the rivers of Babylon, there we sat down
> Yeah we wept, when we remembered Zion.
>
> When the wicked
> Carried us away in captivity
> Requiered from us a song
> Now how shall we sing the Lord's song in a strange land.[16]

---

[15] Das italienische Original stammt von Temistocle Solera. Die vorliegende deutsche Übersetzung findet sich bei: https://de.wikipedia.org/wiki/va,_pensiero. Diese Oper hatte in ihrem Entstehungskontext, nämlich in Italien im 19. Jh., politische Untertöne, weil Norditalien unter der Herrschaft Österreichs stand.

[16] Ursprünglich hat die jamaikanische Reggae-Band The Melodians das Lied komponiert; in Europa ist wohl die Version von Boney M. aus dem Jahr 1987 am bekanntesten (bei der einige explizite Rastafari-Bezüge getilgt wurden). Weitere Hinweise auf die Auflehnung in der Auslegungsgeschichte finden sich bei Scholz, *Das Babylon-System*.

In einem völlig anderen Kontext diente ein Vers aus Psalm 137 dem ZionistInnenführer Theodor Herzl als Devise, als er am Schluss des sechsten Zionistenkongresses 1903 darauf abhob: „Vergesse ich dich, Jerusalem, so verdorre meine Rechte".[17] Die Exilierung in Babylon und die Rückkehr nach dem Ende der Gefangenschaft markiert deshalb nicht nur einen wichtigen Zug der biblischen Erzählung von Untergang und Neubeginn, sondern lebt auch weiterhin in unterschiedlicher Weise in der politischen und kulturellen Geschichte fort. In der Geschichte des Diasporajudentums wird die Verbannung nach Babylonien und die Sehnsucht nach dem Zion in vielfältiger Weise betrachtet, und die Motive finden Ausdrucksformen, die umstritten und ambivalent sein können.[18]

In der Geschichte von der babylonischen Gefangenschaft gibt es auch ein Hoffnungselement, nämlich den Traum von der Heimkehr. In den biblischen Büchern Esra und Nehemia wird minutiös von der Rückkehr nach Jerusalem und dem Wiederaufbau des Tempels berichtet. Diese Motive ließen sich bereits in der prophetischen Verkündigung vom Vollzug des göttlichen Gerichts und der Bestrafung erahnen. Nachdem dies vollbracht war, sind die wichtigsten Themen Rettung und Trost:

> Tröstet, tröstet mein Volk, spricht euer Gott.
> Redet Jerusalem zu Herzen und ruft ihr zu,
> dass sie vollendet hat ihren Frondienst,
> dass gesühnt ist ihre Schuld,
> dass sie empfangen hat aus der Hand des HERRN Doppeltes für all ihre Sünden.
> (Jes 40,1–2)

In einer weiteren prophetischen Aussage über die Entlassung aus der Gefangenschaft wird Babylon ausdrücklich erwähnt:

> Zieht aus Babel aus, flieht aus Chaldäa!
> Verkündet es jauchzend, lasst dies hören,
> tragt es hinaus bis ans Ende der Erde!
> Sagt: der HERR hat seinen Knecht Jakob ausgelöst. (Jes 48,20)

In der Rückkehr aus Babylon zeigt sich in der Sicht der biblischen Prophetie das Heilshandeln Gottes. Die Gefangenschaft ist beendet, die Bestrafung ist

---

[17] Schechtman, *The Life and Times of Vladimir Jabotinsky*, 87. Theodor Herzls sterbliche Überreste fanden 1949 in Jerusalem eine neue Ruhestätte, und der Ort, der den Namen Herzlberg erhielt, wurde zu einer Art zionistischem Wallfahrtsort, an dem dieser Vers aus Psalm 137 ein Jahr später bei einer Protestfeier gegen die UN-Pläne zur Unterstellung Jerusalems unter internationale Verwaltung rezitiert wurde; siehe Bar, *Landscape and Ideology*, 42–50. Die verschiedenen kulturellen Bereiche trafen in einer eindrucksvollen Kundgabe nationalistischer Stimmung aufeinander, als „Va pensiero" am israelischen Unabhängigkeitstag 2010 am Herzlberg von der israelischen Oper auf Hebräisch aufgeführt wurde; siehe https://www.youtube.com/watch?v=YFo-gPfDHbQ (Zugriff am 22.11.2011).

[18] Mehr zu diesem Thema findet sich bei Friedlander, *„Jenseits des Stromes"* sowie bei Herrmann, *„An den Wassern Babels saßen wir"*, 534–535 und 543.

vorbei. Wie die Zerstörung Jerusalems und das Exil als Gottes Gericht und Strafe angesehen wurden, werden nun die Rückkehr und der Wiederaufbau Jerusalems als Heil und Erlösung dargestellt. In diesem Heilsdrama kommt Babylon die Rolle zu, der Ort der Bestrafung zu sein, doch es ist auch der Ort, an dem die Hilfe naht. Es ist der Ort, an den das Volk Judas deportiert wird, aber auch derjenige, an dem es sich zur Rückkehr zusammenfindet. Darin liegt eine gewisse Ambivalenz, denn die Rettung liegt nicht nur in der Rückkehr aus Babylon, sondern die Stadt selbst ist zu einem Zufluchtsort geworden. Dieser Zwiespalt kommt in Micha 4,10 zum Ausdruck:

> Winde dich und brich in Geschrei aus,
> Tochter Zion, wie eine Gebärende!
> Denn jetzt wirst du hinausgehen aus der Stadt
> und auf freiem Feld wohnen.
> Du kommst nach Babel.
> Dort wirst du gerettet,
> dort wird der HERR dich loskaufen
> aus der Hand deiner Feinde.

Der Prophet Micha gibt zu verstehen, dass es auch in Babylon Hoffnung geben kann. Dort können die IsraelitInnen leben, und dort kann Gott sie beschützen. Diese Ambivalenz Babylons lässt sich auch gut in Jeremia 29 erkennen, wo ein Brief an die IsraelitInnen in Babylon zitiert wird. Sie werden dazu aufgefordert, für die Stadt zu beten, dort sesshaft zu werden und sich ein gutes Leben aufzubauen. Paradox ist, dass die in Babylon entstandene jüdische Exilsgemeinde über viele Jahrhunderte ein wichtiges Zentrum jüdischen Lebens und jüdischer Kultur war.[19] Babylon ist nicht nur das Exil, in dem sich die Exilierten nach einer Rückkehr nach Hause sehnten, sondern ein Zentrum der jüdischen Diaspora (Zerstreuung) außerhalb des Landes Israel. Diese Seite der Geschichte von Babylon wird viel zu selten erwähnt.

Gericht über Babylon

Ungeachtet solcher Ambivalenzen dominiert in der Bibel das Bild von Babylon als Feind Israels. Die zahlreichen Gerichtsreden gegen Babylon in den prophetischen Büchern der Bibel gehören zu einer eigenen Kategorie prophetischer Rede, in der es um den Untergang fremder Länder geht. Diese Reden sind gegen die Supermächte Ägypten, Assur und Babylon gerichtet sowie gegen kleinere Nachbarländer.

---

[19] Siehe den Abschnitt über die jüdische Gemeinschaft im Irak, Kapitel 6.

In der christlichen Auslegungstradition identifizieren sich die BibelleserInnen mit den IsraelitInnen. Die GegnerInnen Israels sind deshalb auch die Feinde der Kirche. Diese Leseperspektive hat die Vorstellung von Babylon in der christlichen Kulturgeschichte geprägt, und dabei erscheint Babylon als eine Art Hölle auf Erde, ein zerstörter und verwüsteter Ort, der schließlich zum Bild für die apokalyptische Katastrophe wird. Diese Perspektive des Gerichts und der göttlichen Strafe hat die bildlichen Darstellungen Babylons eindeutig geprägt, wie in Kapitel 4 ausgeführt wird, und war sogar bestimmend dafür, wie europäische BesucherInnen den Ort wahrgenommen haben.

In Jesaja 13 begegnet uns eines der vielen Beispiele für eine prophetische Gerichtsrede. In der Vision des Propheten fordert Gott Babylon heraus, sich ihm im Kampf zu stellen:

> Auf einem kahlen Berg stellt ein Feldzeichen auf, erhebt ihnen die Stimme,
> schwingt die Hand, auf dass sie einziehen durch die Tore der Edlen!
> Ich selbst habe meine Geheiligten aufgeboten, habe sogar meine Helden zu meinem
> Zorngericht gerufen, die über meine Hoheit frohlocken.
>
> Horch, Getümmel auf den Bergen gleich einem zahlreichen Volk.
> Horch, Getöse von Königreichen, Nationen versammeln sich.
> Der HERR der Heerscharen mustert ein Kriegsheer. (Jes 13,2–4)

Diese Worte sind direkt an Babylon gerichtet, aber es hat den Anschein, als ob Gott die ganze Erde zerstören will, weshalb sich die Ausdrucksweise von einer allgemein apokalyptischen kaum unterscheidet:

> Dann werde ich am Erdkreis die Bosheit heimsuchen
> und an den Frevlern ihre Schuld.
> Dem Hochmut der Stolzen mache ich ein Ende
> und erniedrige die Hoheit der Tyrannen. (Jes 13,11)

Mit der Vorstellung von Überheblichkeit und Anmaßung sind wir wieder bei der Geschichte vom Turmbau zu Babel. Es besteht eine Verbindung zwischen Überheblichkeit und der Strafe, die Gott androht. Im letzten Teil dieses Jesaja-Gedichts wird mit entsetzlicher Genauigkeit heraufbeschworen, zu welchen Zerstörungen es beim Angriff der göttlichen Heere kommen wird:

> Darum werde ich den Himmel erzittern lassen
> und die Erde wird beben, weg von ihrem Ort,
> wegen des Grimms des HERRN der Heerscharen
> am Tag seines glühenden Zorns.
> (...)
> Jeder, der gefunden wird, wird durchbohrt
> und jeder, der aufgegriffen wird, fällt durch das Schwert.
> Ihre Kleinkinder werden vor ihren Augen zerschmettert,
> ihre Häuser geplündert, ihre Frauen geschändet.
> Siehe, ich stachle die Meder gegen sie auf ...
> (...)
> Und Bogen werden die jungen Männer niederstrecken;

> mit der Leibesfrucht haben sie kein Erbarmen,
> mit Kindern hat ihr Auge kein Mitleid. (Jes 13,13.15–17.18)

Erst nach dieser langen Tirade wird der Name Babylon erwähnt. Und im Unterschied zu Sodom und Gomorra – den Städten, die in der Prophetie für das göttliche Gericht stehen – ist die hier angekündigte Strafe eine universelle.

> Und Babel, die Zierde der Königreiche,
> die hochmütige Pracht der Chaldäer,
> wird wie Sodom und Gomorra sein,
> als Gott sie zerstörte.
> Für immer wird sie unbewohnt sein,
> bis zu den fernsten Generationen
> wird sie nicht mehr besiedelt.
> Nicht einmal ein Beduine
> schlägt dort sein Zelt auf
> und Hirten lassen dort nicht lagern.
> Aber Wüstentiere werden dort lagern,
> ihre Häuser werden voller Eulen sein,
> Strauße wohnen dort
> und Bocksgeister hüpfen dort umher.
> Hyänen heulen in ihren Palästen
> und Schakale in ihren Lustschlössern.
> Ihre Zeit ist nahegekommen
> und ihre Tage verzögern sich nicht. (Jes 13,19–22)

Auf diese lange Gerichtsrede folgt ein Spottlied gegen den König von Babylon, in dem der Fall Babylons als freudige Nachricht für die ganze Erde erscheint (Jesaja 14). Die Tyrannei wird von Gott zu Fall gebracht. Nur die Scheol, die Unterwelt, ist in heller Aufregung, weil sie den gefallenen König aufnehmen muss. Er, der einst „Strahlender" und „Sohn der Morgenröte"[20] genannt wurde, wird nun in die Tiefe der Scheol geworfen. Er wird verspottet; er wird seiner Macht beraubt, und es wird ihm nicht die Würde zuteil, begraben zu werden. Seine Nachkommen werden niedergemetzelt werden – sie sind für die Welt keine Bedrohung mehr.

> Ich werde gegen sie aufstehen – Spruch des HERRN der Heerscharen – und werde von Babel Namen und Überrest ausrotten, Nachkommen und Nachfahren – Spruch des HERRN. Ich mache es zum Besitz für die Eulen und zu Wassertümpeln; ich fege es hinweg mit dem Besen der Vernichtung – Spruch des HERRN der Heerscharen. (Jes 14,22–23)

In der längsten biblischen Gerichtsrede gegen Babylon wird Gottes Vergeltung und Strafe in groben Zügen umrissen (Jeremia 50–51) und ein Bild der BabylonierInnen wachgerufen, wonach diese „[sein] Erbteil geraubt" haben. Weiter geht es mit der Anklage gegen Babylon: „Denn gegen den HERRN hat es gesün-

---

[20] Die beiden Namen könnten auf babylonische Bezeichnungen für Marduk, den Hauptgott Babylons, anspielen. Hier manifestiert sich die Symbolkraft Babylons, und der böse König wird in einer Weise dargestellt, die für die Mächte des Bösen charakteristisch wurde.

digt", weshalb es vollständig zerstört werden muss. Gott ist voller Zorn; die Zerstörung Babylons ist „die Vergeltung des HERRN". Der Prophet Jeremia kündigt Forderung an sein Volk an: „Vollzieht die Vergeltung an Babel! Was es selber getan hat, das tut jetzt an ihm" (Jer 50,11–16). Vergeltung an Babylon zu üben bedeutet, mit Babylon in gleicher Weise zu verfahren, wie Babylon es mit dem Volk Gottes getan hat. Diese Perspektiven ist bestimmend dafür, wie später auf Babylon geschaut wird.[21]

> Vergeltet ihr nach ihrem Tun; alles, was sie selber getan hat, das tut auch ihr an!
> Denn gegen den HERRN hat sie frech gehandelt, gegen den Heiligen Israels.
> (Jer 50,29)

Ein ähnlicher Rachedurst kommt in Jesajas ironischer Klage über die „Tochter Babel" (Jesaja 47) zum Ausdruck, wo Babylon als missbrauchte Frau dargestellt wird. Diese Metaphorik ist nur schwer zu ertragen, wobei es die Vorstellung von Städten häufiger gibt, die als Frauen personifiziert werden. Auch Israel und Jerusalem werden – etwa in Klagelieder 1–2 und Amos 5 – als vergewaltigte und ermordete Frauen dargestellt. Ebenfalls werden die poetischen Gattungen der Totenklage und des Klagelieds oft verwendet, wenn es um die Schändung und Erniedrigung geht, die besiegte Städte erleben. Und obwohl sich in prophetischen Gerichts- und Vergeltungsreden über FeindInnen auch Elemente von Verheißungen und Rettung finden, bildet Babylon als Israels schlimmster Feind, dem man keinerlei Gnade zu erweisen hat, eine Kategorie für sich.

Die ersten europäischen Reisenden, die in Vorderasien unterwegs waren, hatten diese biblischen Bilder von Babylon mit im Gepäck. Wie ich später noch ausführen werde, spiegeln sich in ihren Beschreibungen der Landschaft, der Menschen und der Städte in den von ihnen bereisten muslimischen Ländern des Mittelalters ihre eigenen Erwartungen mindestens ebenso sehr wie das, was sie wohl tatsächlich gesehen haben.[22]

Babylon als Reich des Bösen

Die biblischen Berichte über die Zerstörung und den Fall Babylons sind nicht alle identisch, sondern weisen eine Entwicklung auf. Einerseits wird Babylon besonders herausgehoben; es wird nicht nur zu einem besonders mächtigen Reich, das von Gott gestraft wurde, sondern zum Erzfeind. Am Ende wird Babylon zum Symbol für jedwede Supermacht, die es wagen sollte, gegen das Volk

---

[21] Genauere Untersuchungen dieses Prophetenwortes gegen Babylon bei Jeremia sowie zur Sicht Babylons im Jeremiabuch finden sich in meinen Artikeln zu diesen Themen; siehe die Bibliographie.

[22] Um dieses Thema wird es in Kapitel 4 gehen.

Gottes anzugehen. So spielt zum Beispiel das Buch Daniel in der Zeit Babylons und König Nebukadnezars, obwohl seine LeserInnen im zweiten vorchristlichen Jahrhundert es wohl auf das Seleukidenreich und dessen unterdrückerischen Herrscher Antiochos IV. Epiphanes bezogen haben werden. Die LeserInnen des Buches waren imstande, die symbolische Bedeutung Babylons als eines Reichs des Bösen zu erkennen. Auch neutestamentliche AutorInnen haben sich auf Babylon als Symbol eines unterdrückerischen, bösen Weltreichs bezogen. Die alten prophetischen Texte wurden in einem neuen historischen Kontext neu interpretiert. Wenn Babylon in diesen Texten erwähnt wird, dann bezieht sich das nun auf das zeitgenössische Reich, nämlich das römische. Babylon wurde zum Codewort für Rom.

Dies gilt insbesondere für die Johannesoffenbarung, die apokalyptische Visionen davon enthält, „was bald geschehen muss" (Offb 1,1). Der Seher Johannes wurde verfolgt und ins Exil auf die Insel Patmos geschickt. Seine Visionen richten sich an die sieben Gemeinden in Kleinasien (der heutigen Türkei): Ephesus, Smyrna, Pergamon, Thyatira, Sardis, Philadelphia und Laodizea. Eine der dramatischsten Offenbarungen ist die Vision von der „Hure Babylon". Ein Engel zeigt dem Seher „das Strafgericht über die große Hure, die an den vielen Gewässern sitzt. Denn mit ihr haben die Könige der Erde Unzucht getrieben und vom Wein ihrer Hurerei wurden die Bewohner der Erde betrunken" (Offb 17,1–2). Johannes sieht eine Frau, die auf einem roten Tier mit sieben Köpfen und zehn Hörnern sitzt. In ihrer Hand hält sie einen goldenen Becher, der mit Abscheulichem gefüllt ist, und auf ihrer Stirn steht ein Name mit einem verborgenen Sinn geschrieben, einem Geheimnis: „Babylon, die Große, die Mutter der Huren und aller Abscheulichkeiten der Erde" (Offb 17,5). Sie wird der Hurerei bezichtigt und „vom Blut der Heiligen und vom Blut der Zeugen Jesu" trunken zu sein (Offb 17,6). Diese Frau wird als Verräterin dargestellt, als blutbesudelte Bestie, die sich von christlichen Märtyrern ernährt.

Danach wird in der Offenbarung des Johannes Babylon mit Rom gleichgesetzt, und zwar in drastischer und detaillierter Weise. Augenscheinlich ist das Tier einer der römischen Könige, möglicherweise Nero.[23] Der Engel erklärt, dass die große Hure vom „Tier", das die Hure hasst und ein göttliches Werkzeug im Kampf gegen sie ist, bezwungen werden wird, „die große Stadt, der die Herrschaft gehört über die Könige der Erde" (Offb 17,18).

In biblischer Prophetie und apokalyptischer Literatur wird der Begriff „Hurerei" häufig als Metapher für religiöse und politische Treulosigkeit und Illoyalität verwendet. Uns soll vermittelt werden, dass die Hure aus Offenbarung 17 ihre Macht auf Lügen und Verrat gründet. Das Buch der Offenbarung

---

[23] Die Erwähnung der Zahl 666 bezieht sich wohl auf Kaiser Nero. Der Zahlenwert seines auf Hebräisch geschriebenen Namens beträgt 666. In späterer Zeit ist dieser Hinweis auf Personen der eigenen Zeitgeschichte bezogen worden wie etwa den Papst, Hitler oder Saddam Hussein.

ist zu einer Zeit verfasst worden, in der sich die frühen Christen bedroht fühlten und viele von ihnen auf das Eingreifen Gottes warteten, weil sie sich in einer bösen Zeit wähnten, in der böse Mächte herrschten.[24]

In späteren Jahrhunderten hat sich die außerordentliche Dehnbarkeit dieser Visionen gezeigt, denn sie wurden zur Deutung immer neuer historischer Krisen herangezogen. So haben etwa manche evangelikale und insbesondere fundamentalistische AuslegerInnen die Visionen als wortwörtliche Beschreibungen der „Endzeit" verstanden. Ein Beispiel für diese Art des Gebrauchs der Texte ist das Werk von Charles Dyer und Angela Hunt Dyer, *Der Golfkrieg und das neue Babylon*.[25] Im vergangenen Jahrhundert wurde das Reich des Bösen als die Sowjetunion, die Europäische Union, Saddam Husseins Irak oder auch als die USA identifiziert.

Auf die erste Vision über Babylon folgt in Offenbarung 18 eine zweite. Diesmal bringt der Engel eine Botschaft über die Zerstörung Babylons, also Roms. Unter Verwendung von Bildern aus der prophetischen Literatur der Bibel ruft der Engel die Botschaft „mit gewaltiger Stimme" heraus: „Gefallen, gefallen ist Babylon, die Große!" (Offb 18,2) Man erkennt die Beschreibung Babylons als einer gefallenen Stadt, ähnlich der erniedrigten Frau aus Jesaja 47. Sie muss bestraft werden, denn „ihre Sünden haben sich bis zum Himmel aufgetürmt und Gott hat ihre Schandtaten nicht vergessen" (Offb 18,5), wie der Engel sagt. Die Stadt ist ein Hort des Luxus, und die allerbesten Waren sind dort zu haben, doch inmitten dieses Reichtums wird nichts mehr verkauft, und die Kaufleute weinen. Doch die Heiligen, die ApostelInnen und ProphetInnen frohlocken über sie und ihren Untergang (Offenbarung 18,20).

Die Endzeit

Mit diesen vielen brutalen Visionen kosmischer Kämpfe und Verwerfungen ist die Johannesoffenbarung eine Fundgrube für Inspirationen zu den „letzten Tagen". Vom Mittelalter bis in unsere Zeit hat man sich in der christlichen Bildkunst Szenen der Endzeit, also der *Apokalypse*[26] ausgemalt. Seit dem 19. Jh.

---

[24] Zum Bild der „Hure" wie auch zu anderen biblischen Bildern von Babylon siehe Kratz, *Babylonbilder der Bibel*; Collins, *Crisis and Catharsis*.

[25] Charles Dyer steht in Verbindung mit dem *Dallas Theological Seminary* und dem *Moody Bible Institute*, beides evangelikale Einrichtungen. Sein Buch ist ein gutes Beispiel dafür, auf welche Weise biblische Texte in fundamentalistischen Bibelauslegungen auf heutige Ereignisse bezogen werden (*Der Golfkrieg und das neue Babylon*; englische Originalausgabe: *The Rise of Babylon. Sign of the End Times*).

[26] Das griechische Wort *apokalypsis* bedeutet „etwas Verborgenes", wörtlich „offenbar Gewordenes". Im Deutschen steht das Wort, ausgehend von den apokalyptischen Schriften der Bibel, eher für großes Unheil und drohenden Untergang.

sind solche Motive auch jenseits religiöser Kunst anzutreffen, wie etwa im Bild des englischen Malers John Martin mit Szenen vom Fall Babylons.

Endzeiterwartungen sind auch in unserer Zeit weit verbreitet, und ProphetInnen und PredigerInnen verkünden, dass das Ende naht. Gelegentlich haben Menschen in Erwartung der „Entrückung" – bei der alle Gläubigen direkt in den Himmel aufgenommen werden – all ihren Besitz verkauft. Einer dieser Prediger war Harold Camping. Am 21. Mai 2011 hatten sich Menschen überall in den USA auf die Entrückung vorbereitet, nachdem der Radio-Evangelist Camping für den Jüngsten Tag dieses Datum ausgegeben hatte. Später verlegte er den Termin auf den Oktober, und danach hat man davon nichts mehr davon gehört.[27]

Eine kleine, isolierte Gemeinschaft im texanischen Waco, die sich als *Branch Davidians* bezeichneten, hat seit den 1950er Jahren den Tag des Jüngsten Gerichts erwartet. Als gegen sie in den frühen 1990er Jahren Ermittlungen wegen des Besitzes von Waffen angestellt wurden, entschlossen sie sich, ihre Gemeinde in Brand zu setzen und unter der Führerschaft ihres Propheten David Koresh lieber zu sterben, als sich den Behörden zu stellen. Endzeiterwartungen werden häufig mit extremen Sekten oder bestimmten Gruppe wie etwa den Zeugen Jehovas in Verbindung gebracht. Doch auch bei traditionelleren Evangelikalen und charismatischen Gruppen sind häufiger Merkmale solche Denkweisen anzutreffen.

Eine alternative Tradition: Babylon als Metropole

Neben den Bildern vom Reich des Bösen, das gestraft und vernichtet werden muss, wurde in der Bibel auch eine positive Tradition von Babylon bewahrt. Manchmal wird die Stadt als *Kosmopolis* dargestellt, in der Menschen aus aller Welt leben. Ich habe bereits Beispiele dafür genannt, dass Babylon als Zufluchtsort für die jüdische Diaspora betrachtet wurde (Jer 29). In dieser Perspektive erscheint Babylon als Symbol der Hoffnung für Jüdinnen, die über alle Welt verstreut leben.

Im Danielbuch wird dieses Motiv noch stärker herausgearbeitet. Hier wird Babylon als Supermacht mit einem temperamentvollen, wenn auch nicht immer mächtigen König skizziert. An diesem Ort ist es jungen jüdischen Männern wie Daniel möglich, erfolgreich zu sein und in hohe Positionen zu gelangen. Trotz einiger Widerstände wird der Gott der Jüdinnen, JHWH, am Ende als „Gott der Götter" (Dan 2,47) anerkannt. Der Gott der Jüdinnen erweist sich ein ums andere Mal als unbesiegbar, und der König des Reiches verkündet seine

---

[27] Sarno und Shoemaker, *Church, Sect, or Cult?*, 6–30.

Größe, indem er seine eigenen Götter JHWH unterordnet. Der politische Hintergrund des Danielbuches spiegelt wohl die letzten Jahre des hellenistischen Seleukidenreiches im zweiten vorchristlichen Jahrhundert. Antiochus IV. Epiphanes setzte die Hellenisierung in offensiver Weise durch (indem er die griechische Kultur und ihre Bräuche, Sprache und Religion aufoktroyierte), was schließlich 164 v. Chr. zum Aufstand der jüdischen MakkabäerInnen führte. Die Geschichte von Daniel und Nebukadnezar wurde von ihren frühesten LeserInnen als Prophezeiung über die Ereignisse im Seleukidenreich verstanden. Und wieder wurde Babylon die symbolische Bedeutung zugedacht, das Reich des Bösen der damaligen Zeit zu sein. Diesmal jedoch wurde diese Macht besiegt, und alles nahm ein gutes Ende.

Das symbolische Verständnis des Danielbuches als eine Geschichte über die damalige Zeit geriet allmählich in Vergessenheit, und spätere LeserInnen deuten sie gemeinsam mit den anderen biblischen Geschichten über Babylon. Im Wissen darum, dass das Buch wahrscheinlich in das 2. Jh. v. Chr. zu datieren ist, können wir es jetzt als einen von vielen literarischen Texten verstehen, die das Setting des antiken Babylon dazu verwenden, die eigene Zeit kritisch zu beleuchten. Im Danielbuch wird das etablierte Bild Babylons als einer Nation, die eine Bedrohung für die jüdische Religion und Identität darstellte, in eine erbauliche Geschichte verwandelt, die in einer beängstigenden Zeit Hoffnung gab.

Ähnliches begegnet uns im Buch Judit. Dieses Buch gehört zu den sogenannten Apokryphen und damit nicht zur jüdischen Bibel. Es ist Teil der Septuaginta, der griechischen Übersetzung der hebräischen Bücher der Bibel, und findet sich in katholischen, aber bis vor kurzem meist nicht in evangelischen Bibelausgaben. Judit ist eine bekannte Geschichte, die in zahlreichen künstlerischen und literarischen Werken ihren Niederschlag gefunden hat. Obwohl dort Assyrien als feindliches Reich genannt wird, wird hier Nebukadnezar, der König von Babylon, als dessen König genannt (Jdt 1). König Nebukadnezar beauftragt Holofernes, den Oberbefehlshaber seiner Truppen, die Länder zu bestrafen, die sich ihm entgegengestellt haben; hierzu zählt auch Israel. Ebenso wie Babylon zum Symbol für alle unterdrückerischen Mächte wurde, steht Nebukadnezar hier für die Macht, die Israel zu allen Zeiten bedroht hat. Im Juditbuch wird die Frömmigkeit der Heldin betont, der es durch ihre Gewitztheit, Schönheit, Tapferkeit sowie andere Eigenschaften gelingt, Holofernes' Vertrauen zu gewinnen, die ihn dann aber enthauptet und dadurch ihre Gemeinschaft vor dem Tod bewahrt.[28]

---

[28] Weitere biblische Bücher, die ihre Geschichten in der Diaspora ansiedeln, sind Genesis 37–50 (die in Ägypten spielende Josefserzählung) sowie Ester und Susanna (Dan 13 bzw. in den Anhängen zum Danielbuch), die in persischen Städten spielen. Auch weitere jüdische literarische Werke aus der Zeit des Zweiten Tempels sind in Babylon angesiedelt; dies gilt für Baruch, den Brief Jeremias und das Gebet Asarjas, wohingegen Bel und der Drache (Dan 14 bzw. in den Anhängen zum Danielbuch) in Persien spielen. Einige dieser

Eine alternative Tradition: Babylon als Metropole

Bis zum Ende des 19. Jh. wurden die westlichen Vorstellungen von Babylon maßgeblich durch die Bibel und die jüdische und christliche Tradition geprägt. Seit der Antike haben biblische Erzählungen und die prophetische Verkündigung das Bild Babylons als einer feindlichen, unterdrückerischen Macht und einen Ort des Untergangs beeinflusst. Der Turmbau zu Babel, die „babylonische Gefangenschaft" und die „Hure Babylon" haben in der Geschichte weitergelebt. Die griechischen Texte der klassischen Antike, die in Europa ab dem 16. Jh. bekannt wurden, passten gut zu den biblischen Texten, in denen Babylon als menschenleere, verlassene und verfallene Stätte dargestellt wurde. Auch wenn die Bibel heute nicht mehr den gleichen Stellenwert hat wie damals, ist das Erbe der biblischen Vorstellungen und Sichtweisen in den heutigen kulturellen Bezugnahmen immer noch deutlich spürbar. Im nächsten Kapitel werden wir diese Spur nun weiter verfolgen, indem wir die Darstellungen des Turmbaus zu Babel in der europäischen Kunstgeschichte näher betrachten.

Schriften sind in der hebräischen Bibel (und damit im evangelischen Kanon) nicht enthalten und werden als Apokryphen eingeordnet, doch in den meisten orthodoxen Kirchen und in der römisch-katholischen Kirche sind sie Teil der Bibel.

3 Europäische Ansichten von Babylon

In den Katakomben von Rom finden sich einige der ältesten bekannten Darstellungen einer biblischen Geschichte über Babylon, nämlich ein Fresko mit einer Szene aus dem Feuerofen mit Schadrach, Meschach und Abed-Nego in den Flammen und einem Engel im Hintergrund.[29] Diese Abbildung datiert in das dritte nachchristliche Jahrhundert, aber die meisten mit Babylon verknüpften Motive erscheinen erst um einiges später in der kirchlichen Kunst des Mittelalters. Das im Zusammenhang mit Babylon am häufigsten dargestellte Motiv ist wohl der Turm. Wie nicht anders zu erwarten, prägen Motive und Szenen aus den biblischen Geschichten die meisten Darstellungen Babylons in der jüdischen und christlichen bildenden Kunst. Zu den Motiven gehören der Turmbau zu Babel und die babylonische Sprachverwirrung, Szenen aus der babylonischen Gefangenschaft sowie aus der Daniel-Erzählung. Die prophetische Literatur über die Zerstörung Babylons hat zu künstlerischen Umsetzungen der bösen Stadt angeregt, und apokalyptische Literatur wie die neutestamentliche Offenbarung des Johannes lieferte Bilder mit Szenen apokalyptischer Zerstörung, Kämpfen von Drachen und Tieren sowie Bildern wie das der „Hure Babylon". Ab dem 15. Jh. wurden die Motive auch griechischen Quellen entnommen; dazu zählen etwa die Stadtansicht von Babylon, Marktszenen sowie die Hängenden Gärten, eines der sieben Weltwunder.

Das Verhältnis zwischen einem Kunstwerk und dem Text oder Motiv, das dort dargestellt wird, ist komplex. Das eine ist ein bildlicher Ausdruck, vielleicht eine Darstellung des Turms zu Babel oder eine Szene aus einer biblischen Geschichte über Babylon, doch das andere ist ein Text oder eine Vorstellung. Ein neuzeitliches Kunstwerk umgreift in sich die Vorstellungskraft der KünstlerInnen, ihre Träume und Ausdrucksformen wie auch die Bedeutung Babylons für sie und wofür es zu dieser Zeit und im jeweiligen kulturellen Kontext steht. Vor Beginn der Neuzeit waren KünstlerInnen in ihrer Arbeit durch die Kundschaft und die Konventionen eingeschränkt und hatten wenig gestalterische

---

[29] Die Quellen für dieses Kapitel sind einige wenige Publikationen: der zweibändige Berliner Ausstellungskatalog *Babylon. Mythos und Wahrheit* (Bd. 1: *Mythos*; hg. von Wullen und Schauerte; Bd. 2: *Wahrheit*, hg. von Marzahn und Schauerte); der Ausstellungskatalog der Londoner Ausstellung von 2008, Finkel und Seymour (Hg.), *Babylon. Myth and Reality*; insbesondere zur Vorstellung des Turms in der Geschichte stütze ich mich auf Minkowski, *Aus dem Nebel der Vergangenheit steigt der Turm zu Babel*; Weiner, *The Tower of Babel in Netherlandish painting*; sowie die Erörterungen in Seymour, *Babylon. Legend, History, and the Ancient City*, 110–119. Die Traditionen zum Feuerofen und die dazu genannten Bilder werden bei *Reade, Disappearance and Rediscovery*, 23 beschrieben.

Freiheit. Vielleicht können uns aber ihre Bilder von Babylon etwas über ihre Zeit erzählen?

Wenn wir die Bilder des Turmbaus und anderer Motive betrachten, erkennen wir durchaus, wie sich das Wissen um Babylon und die Sicht auf Babylon verändert haben, doch geschieht dies in nicht so gravierender Weise, wie man vermuten könnte. Bis zur Renaissance um 1300–1400, als die griechischen Texte mit ihren Beschreibungen Babylons wiederentdeckt wurden, war die Bibel in der christlich-abendländischen Kulturtradition die einzige Erkenntnisquelle über Babylon. Ebenfalls in dieser Zeit begannen einige Reisende, die im Orient gewesen waren – so wurden und werden die Gebiete genannt, die von Europa aus im Osten liegen , Bücher zu schreiben, und ihre Berichte verbreiteten sich. Entscheidender jedoch waren die Informationen über Babylon, die Mitte des 18. Jh. durch die archäologischen Ausgrabungen in Mesopotamien bekannt wurden.

Ein Kunstwerk ist nicht auf Fakten angewiesen, auch wenn es durch Objekte aus dem wirklichen Leben inspiriert sein kann, und sein Zweck besteht auch nicht bloß darin, solche Objekte exakt wiederzugeben. Häufig unterliegt die Herstellung eines Kunstwerks bestimmten Einschränkungen: Das Werk ist vielleicht in Auftrag gegeben worden oder dient einem besonderen Zweck wie etwa bei einer Bibelillustration, der Ausschmückung einer Kirche oder der Bereitstellung von Kulissen für eine Oper oder einen Film. Diese Einschränkungen setzen den Rahmen für das Werk. Auch eine zeitgemäße Ästhetik, künstlerische Konventionen und die Umgebung oder Kultur der KünstlerInnen prägen ein Werk. In besonderen Fällen haben die KünstlerInnen vielleicht eine Agenda verfolgt, wie etwa, politische, gesellschaftliche oder kulturelle Ereignisse zu kommentieren. Deshalb ist es nicht in jedem Fall sinnvoll, danach zu fragen, auf welche Weise Bilder von Babylon auf neues Wissen oder neue Fakten über Babylon hindeuten. Doch weil es in diesem Buch um die Erforschung des Zusammentreffens der unterschiedlichen Quellen geht, die uns etwas über Babylon verraten, werde ich mich auch im Fortgang mit den möglichen erkennbaren Zusammenhängen zwischen den Darstellungen Babylons in der Kunst und dem, was über Babylon als Stadt in Zeit und Raum bekannt war, beschäftigen.

Abgesehen davon, dass die Bibel bis zur Renaissance die primäre Inspirationsquelle für Darstellungen des Turms zu Babel gewesen ist, war sie als autoritative Schrift auch wichtig für die Identitätsstiftung der christlichen Welt. Sie enthielt die Geschichte der Welt, der Kirche und der Menschen in der Kirche. Die Geschichte vom Turmbau ist wie andere biblische Texte über Babylon Teil dieser Geschichte. Wie wir in Kapitel 2 gesehen haben, ist dies eine Geschichte, die nicht von den BabylonierInnen selbst erzählt wurde, sondern von denen, die in ihnen eine fremde Macht sahen. Von daher sind die Texte tendenziös, und sie dienen eindeutig ideologischen Zwecken.

Der Turmbau im Mittelalter

Im Mittelalter gab es zunehmend mehr Darstellungen des Turmbaus zu Babel. Da es kaum Beschreibungen von der Topographie oder vom Stadtbild Babylons gab, war viel der Phantasie, zeitgenössischen Denkweisen und den Wünschen der KundInnen überlassen, wenn KünstlerInnen den Prozess des Turmbaus wiedergaben. Der Turm erfreute sich in den Kirchen zu einer Zeit einiger Beliebtheit, zu der die Bibel für die meisten Menschen unerreichbar war und biblische Szenen und andere erbauliche Geschichten über Bilder vermittelt wurden. Mosaiken waren häufig das bevorzugte Medium in der spätbyzantinischen kirchlichen Kunst des Mittelmeerraums, so etwa in der Kathedrale von Monreale auf Sizilien.

Abb. 3.1: Der Turmbau zu Babel; byzantinisches Mosaik in der Kathedrale von Monreale, Palermo, Sizilien
Foto: Paul Williams

Auf den meisten mittelalterlichen Bildern vom Turm zu Babel wird der Bauprozess dargestellt. Vielleicht hat man sich vorgestellt, dass diese Wiedergaben der biblischen Beschreibung des „Backstein-Backens" entsprechen würde. Der biblischen Erzählung zufolge wird der Turm auf flachem Land erbaut. Die Baumaterialien werden eindeutig bezeichnet. Die ErbauerInnen fertigen Ziegelsteine aus Lehm und brennen sie, und als Mörtel verwenden sie eine asphaltartige Masse natürlichen Ursprungs. In der Vulgata werden diese Materialien als *lateres* (Ziegelsteine) und *bitumen* (Bitumen) bezeichnet. Diese Baustoffe und das beschriebene Vorgehen stimmen mit den Funden von Baumaterialien aus dem antiken Babylon überein.

Abb. 3.2: Der Turmbau zu Babel; aus Aelfrics Hexateuch, angelsächsisch, 11. Jh.

Trotz dieser genauen Angaben in der Bibel zeigen die vielen Bilder des Turmbaus zu Babel durchgängig Baustoffe und Techniken aus der Zeit der KünstlerInnen. Diesen ging es nicht darum, den Bericht der Bibel gewissenhaft umzusetzen. In der Tat ist es interessant, wie sich in den Bildern die damaligen technischen Neuerungen spiegeln. So ist der Turm etwa in älteren Kunstwerken ziemlich klein, während er in jüngeren Werken höher ausfällt.

Der Turmbau im Mittelalter 49

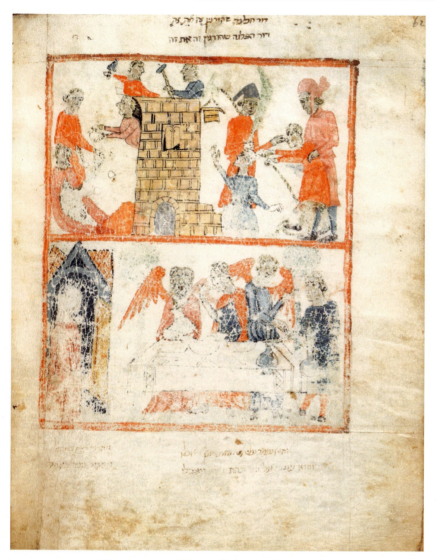

Abb. 3.3: Der Turmbau zu Babel; aus einer spanischen
Haggada-Handschrift, 14. Jh.

Eine einzigartige und höchst originelle Illustration des Turms wurde für die mittelalterliche altenglische Handschrift angefertigt, die meist als die *Paraphrasen von Aelfric dem Grammatiker zum Pentateuch und zum Buch Josua* oder als *Altenglischer Hexateuch* bezeichnet wird. Dieses Buch aus dem 11. Jh. ist eine der ersten umgangssprachlichen Übersetzungen der Bücher der Tora sowie Josuas, und es ist mit bald 400 farbigen Illustrationen, die „Illuminationen" genannt werden, reich bebildert. Wie beim Turm in der Kathedrale von Monreale sind auch hier Leitern und Gerüste zu sehen, und Gott steht oben auf der längsten

Leiter.³⁰ Die ErbauerInnen tragen Baumaterialien in Körben und geben sie an die weiter oben Arbeitenden weiter. Einzigartig ist an dieser Illustration, dass neben den Ziegelsteinen auch Holz als Werkstoff eingesetzt wird, was wohl auf die örtlichen Gepflogenheiten beim Bauen hindeutet. Zu erkennen sind dabei auch angelsächsische Stilmittel wie die leuchtenden Farben und vermutlich ein zweites Stockwerk. Der Turm selbst wirkt nicht einheitlich, wie die meisten mittelalterlichen Türme zu Babel, sondern sieht eher zusammengesetzt aus. Möglich ist, dass sich in dieser Illustration ein Hinweis auf die Architektur aus der Zeit vor den Normannen findet.³¹

Illuminierte Handschriften haben auch im Judentum eine lange Tradition. Besonders in Spanien wurde im Mittelalter viele illustrierte Haggadot angefertigt. Eine Haggada enthält die Texte und Riten für das Passahfest. Auch wenn die meisten der Texte aus dem Exodusbuch stammen, gibt es auch einige Handschriften zur Genesis, in denen sich die Turmbauerzählung findet. Ein Bild aus einer jüdischen Handschrift des 14. Jh. aus Spanien zeigt ein Hebelsystem, worin sich eine zu dieser Zeit neuartige Technik spiegelt. Es hat den Anschein, als ob für den Turmbau behauene Steinquader verwendet werden. Auch sieht es so aus, als ob eine Maurerkelle zum Einsatz käme, wobei allerdings unklar ist, ob sie für gebrannte Ziegel oder Steinblöcke benutzt wird.

Ein meisterhaftes gotisches Bild von ca. 1250 ist ein weiteres gutes Beispiel für eine mittelalterliche Miniatur, die den Turmbau zeigt. Das Bild findet sich in einer Bilderbibel, die in der Zeit Ludwigs IX. in Nordfrankreich entstanden ist. Das als Maciejowski-Bibel bezeichnete Werk enthielt ursprünglich nur Bilder, doch später wurden lateinische Kommentare hinzugefügt. Im Jahr 1608 schenkte der Bischof von Krakau, Bernhard Maciejowski, ein Exemplar dieses Buches Abbas I., dem Schah von Persien. Mit der Zeit wurden verschiedene weitere Inschriften über, unter und neben den Bildern ergänzt, so dass das Buch nun mittelalterliche Illustrationen aus Frankreich von Szenen aus der Hebräischen Bibel sowie Kommentierungen in fünf Sprache und in drei verschiedenen Alphabeten enthält: Lateinisch, Arabisch, Persisch, Judäo-Persisch (in hebräischer Schrift geschriebenes Persisch) sowie Hebräisch.³²

---

30   Im Altenglischen Hexateuch wird Gott auch in zwei anderen Illustrationen zu Genesis-Texten, in denen die Verben hinauf- oder herabsteigen vorkommen, auf einer Leiter dargestellt: in der Illustration zu Gen 17,22, wo Gott nach seinem Besuch bei Abraham wieder hinaufsteigt, und zu Gen 28,12 bei den Engeln in Jakobs Vision. Henderson, *Late Antique Influences in Some English Medieval Manuscripts of Genesis*, 177. In diesem Artikel geht es um mögliche Vorlagen für die Ikonographie der Aelfric-Genesis sowie um die Beziehungen zwischen den wenigen erhaltenen frühen englischen Bibelillustrationen.
31   Mehr zum Text und den Illustrationen des Altenglischen Hexateuch findet sich bei Withers, *The Illustrated Old English Hexateuch*, sowie bei Barnhouse und Withers (Hg.), *The Old English Hexateuch*.
32   Hourihane, Between the Picture and the Word.

Der Turmbau im Mittelalter

Abb. 3.4: Der Turm zu Babel; aus der Maciejowski-Bibel, Paris, um 1250
Foto: Pierpont Morgan Libary, New York

Die Abbildung des Turmbaus zu Babel in der Maciejowski-Bibel ist ein gutes Beispiel für den Stil dieser einzigartigen Bilderbibel. Das Bild selbst wird von gotischen Säulen gerahmt. Der Turm wird aus behauenen Steinen erbaut, und wiederum finden sich eine Reihe von ausgeführten Techniken; so ist beispielsweise ein Kran zu sehen, der durch ein Tretrad angetrieben wird. Auch eine Leiter kommt zum Einsatz. Später wurde es üblich, den Turm an sich mit Gerüsten darzustellen. In der Maciejowski-Bibel ist auf der Seite mit dem Turmbau auch noch die Erzählung über Noachs Weingenuss zu sehen, die Geschichte von Abrahams Beinahe-Opfer Isaaks sowie die Szene, in der Abrahams Neffe Lot von fremden Königen gefangengenommen wird.

Abbildungen des Turmbaus zu Babel und anderer biblischer Motive wurden unter Verwendung unterschiedlicher Medien wie Elfenbein, Mosaiken, Fresken und illuminierter Handschriften geschaffen. In den verschiedenen Epochen kommen mannigfache Stile zur Anwendung. Dennoch sind einige Charakteristika immer wieder zu beobachten: Der Turm ist ziemlich klein, meist quadratisch, und der Bauprozess an sich ist das Hauptthema des Bildes. Die Menschen werden europäisch vorgestellt und tragen die regiontypische Kleidung. In manchen Ausführungen sehen wir die Hand Gottes oder Gott selbst, der auf die Szenerie herunterschaut.

Abb. 3.5: Der Turmbau zu Babel; Fresko von Giusto de' Menabuoi
in der Taufkapelle San Giovanni Battista im Dom zu Padua, 14. Jh.
Foto: Dea Picture Library

Aus den vielen quadratischen Türmen zu Babel, in denen sich die mittelalterliche Bauweise in Europa spiegelt, ragt ein Exemplar heraus, weil es völlig anders ist: Giusto de' Menabuois Umsetzung des Themas in der Taufkapelle der Kathedrale von Padua im Nordosten Italiens. Hier ist der Turm ein pyramidenförmiges Gebäude mit mehreren Stockwerken. Die Menschen auf dem Bild sehen wie Nicht-Europäer aus – vor allen die auffälligste Figur, die höchstwahrscheinlich Nimrod sein soll.[33] Durch diese Merkmale unterscheidet sich Menabuois Bild von denen, die zu seiner Zeit gängiger waren, und es zählt wohl zu den frühesten europäischen Abbildungen des Turms, die diese Form aufweisen. Der rege Handel Venedigs mit den im Osten gelegenen Ländern und die Kenntnis und Vertrautheit mit der muslimischen Kultur könnte dies erklären.[34]

Die Welt wird größer

Der wichtigste Zweck der Bilder vom Turmbau zu Babel bis ins 14. Jh. war die Illustration biblischer Geschichten. Neben dieser Zielsetzung und der Ausschmückung von Kirchen finden sich Babylon-Motive am Ende des 14. Jh. in einer Reihe weiterer Bücher. Dazu zählen Werke wie Augustins *De civitate Dei* (Vom Gottesstaat, bereits im 5. Jh. verfasst), das *Speculum humanae salvationis* (lateinisch für „Spiegel des menschlichen Heils") sowie die *Weltchroniken*. Diese Bücher entstanden zu einer Zeit, als man begann, Bücher in der jeweiligen Landessprache zu verfassen. So wurden etwa die Illustrationen zum *Gottesstaat* erstmals 1375 für die Übersetzung des Werks ins Französische angefertigt. Auf diesen Abbildungen erscheint der Turm fremdartiger und ist stärker verziert, und es finden sich erste Beispiele eines runden Turms.

Das *Speculum* war damals ein Bestseller; es wurde in zahlreichen Auflagen veröffentlicht und in etliche Sprachen übersetzt. In dieser Heilsgeschichte werden Episoden aus dem Alten und dem Neuen Testament einander gegenübergestellt und in schlüssiger Weise verknüpft. Alttestamentliche Geschichten werden typologisch interpretiert, also als Typos (Vorahnung oder Präfiguration) von Geschehnissen verstanden, von deren Erfüllung im Neuen Testament erzählt wird. Verfasst wurde das *Speculum* möglicherweise 1324 von Ludolf von Sachsen, doch sicher ist dies nicht. Nach einer Einleitung folgen auf vierzig Erzählungen aus dem Neuen Testament jeweils drei aus dem Alten. So stehen nach der Geschichte der Geistausgießung an Pfingsten aus Apostelge-

---

[33] Bridgeman Images: DeAgistini Library, die die Rechte an der Abbildung halten, haben sie mit „Hiram und die Erbauung des Turms zu Babel" betitelt. Mir dagegen scheint es sich um Nimrod zu handeln.
[34] Delaney, Giusto de' Menabuoi, Iconography and Style.

schichte 2 die Geschichten über den Turmbau zu Babel, die über den Empfang der Gesetzestafeln durch Mose (Ex 19) sowie die über die Witwe, die viele Ölkrüge aus einem einzigen befüllt (2 Kön 4). Diese Anordnung wurde üblich und findet sich auch in der bebilderten Bibel *Biblia pauperum* (Armenbibel).

Ähnliche Illustrationen wie das *Speculum* entstanden im deutschsprachigen Raum in der zweiten Hälfte des 14. Jh. Die Bilder des Turms zu Babel sind einfach gehalten und zeigen meist den Turmbau mit Gott, der die Arbeit beaufsichtigt. Der allegorische oder moralische Sinn scheint dabei wichtiger zu sein als die bildliche Darstellung des Turms. In diesem Kontext dienen der Turmbau zu Babel und die Sprachverwirrung als typologische Gegenstücke des Pfingstereignisses, wo Reisende aus fernen Ländern im Reden der ApostelInnen ihre eigenen Sprachen vernahmen.[35]

Die im französischen, bayerischen und österreichischen Raum verfassten *Weltchroniken* zählen zu den frühesten Versuchen, durch die Verknüpfung von biblischen und antiken Texten und der lokalen Geschichte und Geographie eine zusammenhängende Weltgeschichte abzufassen. In den Illustrationen der *Weltchroniken* erscheint der Turm zu Babel häufig in charakteristischer Weise als hoher, schmaler Turm mit fünf Stockwerken. In einer dieser Chroniken, der Schedelschen Weltchronik von 1493, spiegeln die Türme die charakteristischen europäischen und heimischen Baustile in einer Weise wider, die für die mittelalterlichen Abbildungen des Turms zu Babel typisch ist. Häufig steht der Bauprozess im Mittelpunkt, worin sich vielleicht die großen Bauprojekte der Zeit und mit ihnen die Entwicklung technischer Details niedergeschlagen haben. In der Illustration spiegelt sich auch die Tradition, Nimrod als Auftraggeber des Turmbaus zu zeigen; häufig wird er als Lokalfürst oder Krieger dargestellt. Wie bereits in Kapitel 2 ausgeführt, wird Nimrod in der Bibel als Herrscher über Babylon und andere Städte geschildert. Generell lässt sich bei den mittelalterlichen Darstellungen beobachten, dass Gott etwas in den Hintergrund gerät, während Nimrod als König an Größe zunimmt und mehr Aufmerksamkeit auf sich zieht. Ihn trifft die Schuld daran, in überheblicher Weise auf den Gedanken des Turmbaus gekommen zu sein, worin ein moralisches Urteil liegt. Die Abbildungen haben mit ihrer Zielrichtung den Weg für eine Kritik an den zeitgenössischen Herrschern anhand dieser Kunstwerke geebnet.

Eine der wenigen Darstellungen Babylons in Italien nach dem 13. Jh. ist Benozzo Gozzolis Fresko auf dem Camposanto in Pisa; auf ihnen sind auch zahlreiche damalige Medici zu sehen, die den Turmbau beaufsichtigen. Dem Bild fehlt die moralisierende Abzweckung der Illustrationen des *Speculum*, doch es soll vielleicht die Bedeutung der Medici der Bedeutung Babylons an die Seite stellen.

Im Übergang vom 14. zum 15. Jh. wurde die Funktion des Turmmotivs noch weiter ausgeweitet. Abbildungen des Turmbaus zu Babel wurden nicht mehr

---

[35] Wilson und Wilson, *A Medieval Mirror*.

nur zur Illustration biblischer Geschichten oder als Allegorie oder Typus für das neutestamentliche Pfingstereignis verwendet, sondern kamen auch in einer im weiteren Sinn verstandenen Profangeschichte zum Einsatz. Das neue Geschichtsverständnis war immer noch sehr auf die Bibel als ihre nahezu einzige Quelle angewiesen, doch es lässt sich bereits ein spürbarer Wandel im Verständnis der Vergangenheit beobachten. In dieser Zeit verändern sich die Proportionen, und der Turm wird im Vergleich zu den menschlichen Figuren und der Landschaft immer größer. Im Grunde werden die Menschen so klein, dass man zu Recht davon sprechen kann, dass der Turm nun eine Kampfansage an den Himmel darstellt. Auch wird er viel aufwendiger verziert, unter anderem durch eine sich um den Turm herumwindende Treppe.

Abb. 3.6: Der Turm zu Babel im Bedford-Stundenbuch; Miniatur, 1430

Eine der prunkvollsten, wenn auch nicht ältesten Illustrationen in diesem Zusammenhang wurde um 1430 von einem französischen Meister einer Handschrift geschaffen, die man als das *Bedford-Stundenbuch* bezeichnet. Offen ist, woher die Idee der Wendeltreppe stammt; möglicherweise aus dem königlich-französischen Château de Blois, doch etwas schlichtere Formen finden sich auch in flämischen und nordafrikanischen Ausgaben der Werke Augustins um 1390. Die Illustration zeigt den Turm in steinerner Bauweise, was zwischen dem 12. und dem 16. Jh. üblich war.

Abb. 3.7: Der Turm zu Babel; aus dem *Breviarium Grimani*; flämische Miniatur, um 1520

Hundert Jahre später erscheint eine originelle und außergewöhnliche Umsetzung des Turms im *Breviarium Grimani*. Diese illuminierte Handschrift wurde in Genf angefertigt, befand sich aber seit dem frühen 16. Jh. im Besitz der bekannten venezianischen Familie Grimani. Es wird vermutet, dass der Turm zu Babel in dieser Handschrift vom flämischen Miniaturenmaler Gerard Horenbout stammt, einem der Illustratoren des *Breviarium Grimani*.

Ein Breviarium (vom lateinischen *brevis*, kurz) war ein Buch für das Stundengebet. Man vermutet, dass Horenbout die Beschreibung Babylons des griechischen Geschichtsschreibers Herodot (siehe Kapitel 4) kannte. Auch kann man davon ausgehen, dass der niederländische Künstler Pieter Bruegel der Ältere nicht nur Horenbouts Bild, sondern durch seine Zusammenarbeit mit dem Miniaturenmaler Giulio Clovio in Rom auch ähnliche Arbeiten kannte. Unter Umständen hat Bruegel sich von dieser Tradition anregen lassen, als er seine Bilder des Turms schuf, auch wenn er den Turm rund darstellte und nicht quadratisch wie Horenbout. Bruegels Bilder des Turmbaus zu Babel gehören zu den bekanntesten.[36]

Auch wenn die Miniaturenmalerei im *Breviarium Grimani* eindeutig ein Kunstwerk ist und keine architektonische Rekonstruktion, zeigt sich in ihr der tiefe Wandel im Verständnis der Vergangenheit, der sich in dieser Zeit vollzog. Diese Veränderung im Verständnis der geschichtlichen Zeit ereignete sich um die Wende vom 15. zum 16. Jahrhundert. Man hatte zunehmend den Eindruck, dass die Antike eine *andere* Zeit war, und dies spiegelt sich auch in der Kunst. Dazu trugen die Veränderungen durch die Entstehung des Renaissance-Humanismus, der Reformation sowie eine Entwicklung weg von religiösen und hin zu säkularen Themen bei. Zu dieser Entwicklung gehörte, dass KünstlerInnen sich für ihre Bilder vom Turm zu Babel Vorlagen aus der klassischen Architektur wählten, statt sich zeitgenössischer Vorbilder zu bedienen, wie das zuvor der Fall gewesen war.

Babylon als Symbol

Zwar war Babylon als tatsächlicher Ort in Raum und Zeit für die europäische Kulturgeschichte nicht von Bedeutung, doch als mythische Größe war Babylon höchst präsent. Im Laufe der Zeit war Babylon zur Chiffre für das Unbekannte und Fremde geworden, für das Böse, den Feind und das archetypische „Andere". Diese symbolische Funktion Babylons hatte ihre Wurzeln in den dominanten biblischen Konzepten von Babylon als der Supermacht, die Jerusalem den Untergang gebracht hatte. Babylon war zum Sinnbild für Tyrannei und unter-

---

[36] Bruegels Bilder werden in Kapitel 4 näher betrachtet.

drückerische Macht geworden, weshalb die Verfasser des 1. Petrusbriefes und der Offenbarung – also von Büchern, die in das Neue Testament aufgenommen wurden – am Ende des 1. Jh. n. Chr. von Rom als Babylon sprechen konnten und verstanden wurden. In christlichen Texten von der Offenbarung des Johannes über Dantes *Divina Commedia* und andere mittelalterliche Texte, über Martin Luthers *De captivitate Babylonica* und andere Texte aus der Reformationszeit bis hin zur Rhetorik neuzeitlicher Erweckungsbewegungen erscheint Babylon als anpassungsfähige und aussagekräftige Metapher.

Im europäischen Mittelalter war Babylon in realer und abstrakter Weise zum Symbol für eine Reihe feindlicher Supermächte geworden. Es stand für Stolz und Überheblichkeit und stand im Gegensatz zu Jerusalem, was Augustin vor allem in *De civitate Dei* (Vom Gottesstaat) formuliert. In diesem Werk aus dem Jahr 426 deutet Augustin die Geschichte als Kampf zwischen Gut und Böse und entwirft eine Gegenüberstellung zwischen dem „Gottesstaat" und dem „irdischen Staat", wobei Babylon allegorisch verstanden wird, aber Rom ihm auch als zweites Babylon gilt. Die Bedeutung und die Tragweite der Schriften Augustins für die theologische Interpretation Babylons können gar nicht hoch genug veranschlagt werden.[37]

Martin Luther hat sich in der Reformationszeit im frühen 16. Jh. in ironischer Weise des Konzepts der „babylonischen Gefangenschaft" bedient, indem er es dazu verwendete, die Situation der Kirche unter den Päpsten zu beschreiben, und den theologischen und allegorischen Gebrauch Babylons zur Kritik kirchlicher Gebräuche einsetzte. In der christlichen Theologie war das Bild Babylons als eines Ortes der Unterdrückung, des Götzendienstes und der Dekadenz dadurch herausgestrichen worden, dass Babylon und Zion (Jerusalem) einander als Bilder für Unglauben und Glauben, falsche und rechte Lehre, Hölle und Himmel gegenübergestellt wurden. Durch die Reformation wurden die – in Luthers Augen – falschen Lehren der Kirche mit dem Etikett „Babylon" versehen, und der Papst konnte als Nimrod bezeichnet werden. Luther kritisiert Papst Leo X. mit einem Zitat aus dem Jeremiabuch: „Wir wollten Babel Heilung bringen, aber es war nicht zu heilen" (Jer 51,9). Luther nimmt auf dramatische Weise Abschied von Rom: „Lassen wir sie nun, damit sie ein Wohnort von Drachen, Geistern und Hexen sein kann, und wie ihr Name Babel schon sagt, eine

---

[37] Augustin hat im „Gottesstaat" an ältere Traditionen und TheologInnen angeknüpft. Wer sich für das Denken Augustins interessiert, findet eine exzellente Untersuchung der Gestalt Babylons in Augustins *De civitate Dei* bei van Oort, *Jerusalem and Babylon*, v.a. 118–123. Eine gute Übersetzung wäre etwa die in der Bibliothek der Kirchenväter (Alfred Schröder [Übs.], *Des heiligen Kirchenvaters Aurelius Augustinus zweiundzwanzig Bücher über den Gottesstaat*, in: *Des heiligen Kirchenvaters Aurelius Augustinus ausgewählte Schriften 1–3*, Bibliothek der Kirchenväter, 1. Reihe, Band 01, 16, 28) Kempten/München 1911–1916; http://www.unifr.ch/bkv/buch91.htm [aufgerufen am 07.07.2020].

ewige Verwirrung"[38] Spätere anti-katholische Theologen verwendeten die Babylon-Metapher, wenn sie behaupteten, die katholische Kirche sei eine falsche Kirche.[39]

In verschiedenen Zweigen der christlichen Erweckungsbewegung kommt eine ähnliche Art der Polarisierung zwischen Babylon und Zion/Jerusalem/Bethel oder anderen Städten zum Einsatz, um die Botschaft eines „guten christlichen Lebens" zu unterstreichen. Die Vorstellung einer Reise von Babylon nach Jerusalem kommt auf einer Reihe von Drucken zum Ausdruck, die in Deutschland im 19. Jh. verbreitet waren. Sie zeigen eine Landschaft mit Menschen, die sich auf zwei Wegen voran bewegen, von denen einer in das „neue Jerusalem" führt und der andere in den Untergang, der häufig in Gestalt von wilden Tieren, Feuer und Tod dargestellt wird.[40] Ein anderes Beispiel hierfür wäre eine Quäker-Bericht über eine spirituelle Reise, der 1711 unter dem Titel *A Short History of a Long Travel from Babylon to Bethel* in Nordamerika erschienen ist.

Wie Babylon in Europa betrachtet wurde, war insbesondere im christlichen Bereich bis in das 16. Jh. hinein – in knapper Form gesagt – vor allem durch die Bibel und ihr Erbe geprägt. Ab dann verbreiteten sich griechische Quellen und auch einige Reiseberichte. Was erbrachte die Bewegung *„ad fontes"* („[zurück] zu den Quellen")? Was hielten die Griechen als ebenfalls antike Kultur von den Babyloniern? Was wussten sie überhaupt von ihnen? Und welchen Einfluss hat die Entdeckung dieser griechischen Texte über Babylon auf die europäische Sicht von Babylon genommen, also der Stadt, die zum Symbol für seine Erzfeinde geworden war?

---

[38] Während seiner Arbeit an der Schrift „An den christlichen Adel deutscher Nation" 1520 verfasste Luther eine Antwort auf eine theologische Schrift (*Epitoma responsionis ad Martinum Lutherum*). In der *Epitoma* wurde die päpstliche Macht auf den Begriff gebracht und verteidigt, die Luther bereits in einem früheren Traktat kritisiert hatte. Luthers Antwort, in der er die Babylon-Metapher zur Beschreibung des Papsttums verwendet, wurde später zusammen mit der Schrift „An den christlichen Adel" publiziert. Das oben genannte Zitat ist die gekürzte Übersetzung nach: Luther, WA 6, 329.

[39] Zur Diskussion über Babylon als Symbol im mittelalterlichen theologischen und politischen Denken siehe Scheil, *Babylon Under Western Eyes*, 89–105.

[40] Vanja, Von Babylon nach Jerusalem.

4 Ad fontes? Das Babylon der Griechen

Das Babylon der Antike entdecken

Neben anderen antiken Texten wurden griechische Texte über Babylon in der Renaissance neu entdeckt und zu neuem Leben erweckt. Die Wiederentdeckung klassischer Autoren wie der Geschichtsschreiber Herodot und Thukydides und der Philosophen Platon und Aristoteles ermöglichten es dem damaligen Denken, neue Richtungen einzuschlagen, und am Ende wurde fast jede Facette der Kultur in Europa beeinflusst und verändert. Die Wirkung dieser Denker lässt sich auch in den bildenden Künsten beobachten, und wir können sie auch bei unserer Suche nach den Spuren Babylons ausmachen. Die griechischen historiographischen Texte sind der Ursprung neuer Szenen und Motive wie etwa der Hängenden Gärten von Babylon – einem der Sieben Weltwunder – sowie der sagenumwobenen Königin Semiramis.

Obwohl die Vorstellung, es gäbe auf der Welt bestimmte, besonders beeindruckende Monumente, bis in die Antike zurückreicht und in einer Reihe antiker Texte erörtert wird, finden sich die Sieben Weltwunder erst im 16. Jh. in einem kohärenten Konzept wieder, und eine verbindliche Auflistung wird vor allem in einer Reihe von Stichen sichtbar, die der niederländische Künstler Maarten van Heemskerck (1498–1574) von den sieben Monumenten anfertigte.[41] Zu diesen zählten der Koloss von Rhodos, die Statue des Zeus in Olympia, der Tempel der Artemis in Ephesus, die Hängenden Gärten von Babylon, die Cheops-Pyramide in Gizeh sowie der Leuchtturm von Pharos in Alexandria. Von diesen Monumenten existiert einzig die Cheops-Pyramide von Gizeh noch. In den wiederentdeckten Texten werden auch Wunder von Babylon genannt, so etwa die Hängenden Gärten und die Mauern von Babylon; nach den in der Renaissance in Europa entwickelten neuen Maßstäben zählten allerdings die Mauern nicht dazu. Doch die Hängenden Gärten stellten eine Bereicherung der Vorstellung von Babylon um ein neues Element dar.

---

[41]   Eine Erläuterung jedes der Denkmäler und ihrer Wiederentdeckung sowie eine Diskussion antiker und neuzeitlicher Autoren findet sich bei Brodersen, *Die sieben Weltwunder*; siehe auch Schmitt, *Die sieben Weltwunder*. Auch das von Clayton und Price herausgegebene Werk *Die Sieben Weltwunder* ist eine hilfreiche Darstellung der Ursprünge der Idee der sieben Wunder und der Geschichte jedes einzelnen Monuments, und Stephanie Dalleys *The Mystery of the Hanging Garden of Babylon*, 29–41 enthält ein Kapitel zu den klassischen Quellen und insbesondere zu dem, was sie über die Hängenden Gärten wissen. In ihrem Buch votiert Dalley dafür, dass die Hängenden Gärten sich in Ninive befanden und nicht in Babylon.

Abb. 4.1: Eines der Sieben Weltwunder; Stich von Maarten von Heemskerck nach Philip Galle, 16. Jh.

Wie sich später zeigen sollte, erlag die griechische Geschichtsschreibung in ihrer Darstellung der Geschichte Babylons allerdings einigen Irrtümern. Es ist schwer zu sagen, woran das lag. Wahrscheinlich waren die assyrischen und babylonischen Könige bei der Abfassung der griechischen Texte bereits in Vergessenheit geraten und durch legendenhafte Figuren ersetzt worden. Man weiß nicht, auf welche Quellen Herodot zurückgegriffen hat, doch seine Beschreibungen der tatsächlichen Landschaft sind eindeutig verlässlicher als sein Wissen um die Geschichte oder die kulturellen Gepflogenheiten des Ostens.[42] Vielleicht hatte er griechischsprachige Gewährsleute oder war sogar selbst vor Ort gewesen, doch das wissen wir nicht. Als Herodot seinen Text in der zweiten Hälfte des 4. Jh. v. Chr. verfasste, war der letzte assyrische König bereits seit mehr als zweihundert Jahren tot, und Babylon stand schon seit hundert Jahren unter persischer Herrschaft. Herodot bewunderte die Taten und Wunderwerke des persischen Reiches, aber auch die Denkmäler früherer Reiche, und besonders beeindruckte ihn die Ägypten und Babylonien. Auch wenn es zu seiner Zeit noch Archive aus älteren Epochen gegeben haben könnte, als Babylon noch groß und mächtig war, ist es doch unwahrscheinlich, dass griechische AutorInnen wie Herodot sich ihrer bedient hätten, denn sie konnten die Keilschrift nicht lesen, in denen diese Texte verfasst waren.

Eine Ausnahme bildet der babylonische Priester Berossos, der um 280 v. Chr. in griechischer Sprache schrieb; dies war ungefähr 160 Jahre nach He-

---

[42] Asheri, Lloyd und Corcella, *A Commentary on Herodotus*; leider gibt es keinen neueren deutschsprachigen Kommentar zu Herodot.

rodot und mehr als 40 Jahre, nachdem Alexander der Große nach dem Überqueren des Hellespond in Babylon gestorben war.[43] Gegen Ende seines Lebens schrieb Berossos über die babylonische Geschichte, Kultur und Religion, um die GriechInnen über die Kultur ins Bild zu setzen, der er entstammte. Er widmete das Werk Antiochos I., der dem Vernehmen nach der babylonischen Religion wohlwollend gegenüberstand. Antiochos I. mit dem Beinamen Soter, also Retter oder Erlöser, war der zweite der seleukidischen Herrscher, die ab 301 v. Chr. die von Alexander dem Großen eroberten östlichen Gebiete regierten. Auch wenn Berossos seinen Text verfasste, als die ruhmreiche Vergangenheit Babylons schon länger zurücklag, hat die Forschung gezeigt, dass er Quellenmaterial aus babylonischen Archiven hinzuzog und die in Keilschrift geschriebenen Sprachen Akkadisch und Sumerisch beherrschte. Aus diesem Grund sind Berossos' Schriften unter den griechischen Texten über Babylon die historisch fundiertesten.

Die GriechInnen sahen auf die Nicht-GriechInnen oder „BarbarInnen" herab – so bezeichneten sie andere Völker, deren Sprache sie nicht verstanden. Wenn Berossos' Werk in der Antike und im Mittelalter mehr Aufmerksamkeit und Achtung zuteil geworden wäre, dann wäre wohl die Haltung gegenüber Babylon eine andere gewesen und ebenso das Wissen über die Stadt. Doch leider sind Berossos' Schriften nicht überliefert worden, und was wir von ihnen kennen, ist nur in Zitaten anderer Autoren auf uns gekommen.

Herodots Babylon

In den *Historien* Herodots findet sich eine genaue Beschreibung der Stadt Babylon. Dieses zwischen 450 und 425 v. Chr. verfasste Werk wurde in Europa zugänglich, als es in der Mitte des 15. Jh. ins Lateinische übersetzt wurde. Ob Herodot je selbst in Babylon war oder ob seine Beschreibung auf anderen, ihm vorliegenden basiert, lässt sich kaum sagen.[44] Selbst wenn er dort gewesen wäre, hat er faktisch nur einen Teil der Stadt beschrieben und sie vielleicht nicht ganz gesehen. Umstritten ist eine Beschreibung der Mauern. Archäologische Ausgrabungen haben gezeigt, dass die Angaben über die Höhe und Länge

---

[43] Zu Berossos siehe Lehmann-Haupt, *Berossos*, sowie Schnabel, *Berossos und die babylonisch-hellenistische Literatur*. Auf Englisch liegt die von Haubold herausgegebene, jüngere und umfangreiche Sammlung *The World of Berossos* vor; darin siehe vor allem den Beitrag von De Breucker, *Berossos. His Life and Work*, 15–28.

[44] Eine detaillierte Darstellung von Herodots Beschreibung Babylons findet sich – neben einer Einschätzung, wo er richtig lag und wo nicht, sowie einer Diskussion über seine mutmaßlichen Quellen – bei Rollinger, *Herodots babylonischer Logos*, sowie MacGinnis, *Herodotus' Description of Babylon*.

der Mauern in seinem Bericht zu hoch gegriffen sind, wohingegen seine Darstellung ihrer Stärke mit den archäologischen Funden im Einklang stehen. Wie auch immer – wichtig ist an dieser Stelle, dass Herodot erstmals das Stadtbild Babylon genau beschrieben hat.

Im Hintergrund von Herodots Geschichtsdarstellung stehen die Perserkriege, also die Kriege zwischen Griechenland und Persien in der ersten Hälfte des fünften vorchristlichen Jahrhunderts. Diese Kriege wollte Herodot verstehen, und deshalb ging es ihm um Persien und seine Geschichte. In diesem Zusammenhang beschreibt er die babylonische Gebiete, die durch Persien erobert worden waren. Babylon war 539 v. Chr. von König Kyros dem Großen erobert worden, was auch in der Bibel seinen Niederschlag gefunden hat.[45] Kyros setzte seinen Feldzug noch weiter nach Westen fort und eroberte am Ende auch große Teile Griechenlands in Kleinasien (der heutigen Türkei). Wenn Herodot von Kyros' Dynastie spricht, bezeichnet er sie als die „Meder". Medien war der Name eines Vorläufer des persischen Reiches, das Kyros 550 v. Chr. besiegt hatte.

Herodot beschreibt Babylon als „die berühmteste und mächtigste" unter den assyrischen Städten, die Kyros angegriffen hatte (I, 178). „Die Stadt liegt in einer großen Ebene und ist viereckig."[46] Jede Seite soll 120 Stadien lang gewesen sein (ein Stadion beträgt etwa 200 m), was eine Fläche von etwa 570 Quadratkilometern ergäbe und damit größer als Berlin oder etwa doppelt so groß wie Hamburg wäre. Nach Herodot ist sie „die schönste Stadt von allen, die wir kennen". Sie ist von einem Wassergraben umgeben sowie von einer 50 königliche Ellen dicken und zweihundert Ellen hohen Mauer (also 26 m dick und so hoch wie ein fünfundzwanzigstöckiges Gebäude).[47] In der Geschichtswissenschaft geht kaum jemand davon aus, dass diese Angaben den Tatsachen entsprechen, auch wenn Herodots Bericht über die Stärke der Mauern mit den archäologischen Überresten übereinstimmt.

Herodot beschreibt, dass die aus den Gräben entnommene Erde dazu verwendet wurde, Ziegel zu formen, dass die Ziegel in Öfen gebrannt wurden und heißes Bitumen als Zement verwendet wurde. Diese Beschreibungen passen gut zur Darstellung des Turmbaus zu Babel in der Genesis. Nach jeweils dreißig Schichten von Ziegeln wurde zur Stabilisierung eine Lage Schilfrohr eingesetzt. Auf diese Weise wurden die Seiten des Grabens und die eigentliche Mauer errichtet. Oben auf der Mauer befanden sich an den Seiten jeweils zwei einander

---

[45] In der Bibel spielt vor allem das Kyrosedikt eine Rolle, das es den Jüdinnen ermöglichte, aus dem Exil in Babylon nach Jerusalem zurückzukehren und den Tempel wiederaufzubauen, den Nebukadnezar zerstört hatte; so 2 Chronik 36 und Esra 1. In der Bibel ist die persische Zeit gleichbedeutend mit dem Ende des Exils und dem Beginn einer neuen Zeit des Wiederaufbaus von Jerusalem.

[46] Die Übersetzung stammt von Feix, Bd. 1. Die zitierten Abschnitte beginnen in Buch I, Abschnitt 178 und reichen bis Abschnitt 181.

[47] Oder aber 104 m hoch; eine königliche Elle = 43 cm, eine normale Elle = 44,5 cm.

gegenüberliegende einräumige Kammern, zwischen denen ein Streitwagen hindurchfahren konnte. Herodot zufolge befanden sich in der Mauer hundert eherne Tore mit ehernen Pfosten und Stürzen. Das Bitumen stammte nach seinen Angaben aus einer Stadt namens Is, die etwa acht Tagesreisen entfernt lag.

In Herodots Beschreibung geht es nun darum, dass die Stadt mit ihren zahlreichen drei- und vierstöckigen Häuser durch den Euphrat in zwei Teile geteilt wurde. Die Straßen waren gerade. In der Backstein-Einfriedung entlang des Flusses gab es am Ende jeder Straße zum Fluss hin eherne Tore. Auch war eine innere Stadtmauer vorhanden.

Detailliert beschreibt Herodot die Kultstätte und den Turm. In der Mitte der einen Stadthälfte steht der Königspalast, „in der anderen ein Tempel des Zeus Belos", in dessen Mitte sich ein fester Turm befindet, „ein Stadion lang und breit. Drauf steht ein zweiter Turm, wieder auf ihm noch ein dritter, im Ganzen acht Türme übereinander. Der Aufgang zu ihnen ist eine Treppe, die außen im Kreise um alle Türme herum hinaufführt. Etwa in der Mitte des Aufstiegs befindet sich ein Rastplatz mit Ruhebänken, auf die sich die Aufsteigenden setzen und ausruhen können. Auf dem letzten Turm befindet sich ein großer Tempel; darin steht ein breites Ruhebett mit schönen Decken und daneben ein goldener Tisch." Seiner Beschreibung nach liegt in diesem Raum eine Frau, die von Gott auserwählt wurde. Die Chaldäer, die die Priester dieses Gottes sind, berichteten dies. Und obwohl Herodot dies nicht für glaubwürdig hält, spricht er davon, dass den Chaldäern zufolge dieser Gott kommt, um das Heiligtum zu besuchen und auf dem Ruhebett zu schlafen.[48]

Für unsere Frage ist besonders Herodots eindeutige Beschreibung eines quadratischen und achtstöckigen Turmes interessant. Als seine Werke in der Renaissance wiederentdeckt wurden, wurde seine Schilderung zur Grundlage einer neuen Vorstellung des Turms – sowohl im Bereich der Wissenschaften als auch in der Kunst. Herodots Beschreibung des Turms wurde durch die Entdeckung eines babylonischen Textes im Jahr 1876 weitgehend bestätigt, in dem von einem siebenstöckigen Turm die Rede ist.[49] Trotzdem dauern die Auseinandersetzungen über das Aussehen des Turms bis heute an.

Herodot schildert nicht nur, wie Babylon ausgesehen hat, sondern berichtet auch davon, dass Babylon „nach der Zerstörung von Ninos" (mit Ninos ist Ninive gemeint, die auch aus der Bibel bekannte neuassyrische Stadt) die königliche Residenzstadt war. Nach Herodot zählte auch Königin Semiramis zu

---

[48] Herodot wählt den Begriff „Chaldäer[Innen]" zur Bezeichnung der BabylonierInnen. Auch eine Reihe biblischer AutorInnen verwendet diesen Terminus; das ist vor allem im Jeremiabuch der Fall. Historisch gesehen stellten die ChaldäerInnen zwischen 625 und 539 v. Chr. die herrschende Dynastie.

[49] Leider ist der Text, nachdem er beschrieben worden war, in den Archiven verlorengegangen, doch er wurde auf der Grundlage dieser Beschreibung veröffentlicht; dazu siehe die Diskussion im 5. Kapitel.

den HerrscherInnen, die Babylon erbaut hatten. Fünf Generationen danach nahm Königin Nitokris weitere Maßnahmen vor, insbesondere gegen die Überschwemmungen. Herodot hebt diese beiden Königinnen besonders heraus. Wer aber waren sie?

Königin Semiramis und die Hängenden Gärten von Babylon

In den klassischen Texten über Babylon sind Königin Semiramis und die Hängenden Gärten eng miteinander verbunden. Doch entgegen der weitverbreiteten Annahme hat Herodot die Hängenden Gärten weder beschrieben noch erwähnt – auch nicht im Zusammenhang seiner Ausführungen über die Sieben Weltwunder. Diese Sieben Weltwunder werden von einer Reihe antiker Autoren erwähnt, zu denen auch Kallimachos von Kyrene zählt, der im dritten vorchristlichen Jahrhundert Bibliothekar in Alexandria war, sowie der Geograph Strabo (64 v. Chr.–28 n. Chr.). Zur Strabos Auflistung gehören auch die Mauern von Babylon, was angesichts ihrer Beschreibung durch Herodot nachvollziehbar ist, doch auf den später vereinheitlichten Listen sind sie nicht mehr aufgeführt.

Dass Herodot Königin Semiramis als Erbauerin Babylons nennt, spricht dafür, dass diese Tradition sehr alt ist.[50] Herodots Gewährleute kannten sich in der Geschichte Mesopotamiens nicht besonders gut aus, und er selbst scheint sich auch über Semiramis' Rolle bei der Gründung Babylons nicht allzu sicher gewesen zu sein. Doch die Erzählung über die große Baumeisterin Semiramis wurde – ausgehend von Herodots Beschreibungen und anderen klassischen Texten – immer weiter ausgesponnen, und in der Vorstellung Babylons in der griechischen Geschichtsschreibung nimmt sie einen herausgehobenen Platz ein. Dabei ist es der Geschichtswissenschaft bis heute nicht gelungen, eine Königin oder Herrscherin namens Semiramis eindeutig zu identifizieren,[51] auch wenn sie manchmal mit Nebukadnezar eins gesetzt wird. Gelegentlich wird auch behauptet, dass es sich bei Nitokris um Nebukadnezar gehandelt habe.[52]

---

[50] Herodot, *Historien* I, 184.
[51] Der modernen Forschung zufolge könnte der Name Semiramis die griechische Form des Namens Schammuramat sein, einer assyrischen Königin des 9. Jh. v. Chr. Die Semiramis-Legende könnte insofern von der Tradition über diese erfolgreiche Königin inspiriert worden sein. Dazu z. B. Giovanni Pettinato, *Semiramis. Herrin über Assur und Babylon. Biographie*, Artemis: Zürich und München 1988.
[52] Herodot nennt Nitokris in den *Historien* I, 185–187.

Häufig gilt Philon von Byzanz, der um 250 v. Chr. Texte vor allem im Bereich der Mechanik abgefasst hat, als Autor einer frühen, gut bezeugten Liste der Sieben Weltwunder, auch wenn man heute der Ansicht ist, dass dieses Werk vielleicht auf einen späteren Philon von Byzanz zurückgeht, der im vierten oder fünften nachchristlichen Jahrhundert gelebt hat.[53] Bei Philon ist davon die Rede, dass die Hängenden Gärten aus mehreren Ebenen bestanden und unter anderem durch Palmen gestützt wurden sowie über eine künstliche Bewässerung verfügten. Auf welche Quelle er hierbei zurückgreift, lässt sich nicht sagen.

Auch der Geschichtsschreiber Diodor, der in der Mitte des ersten vorchristlichen Jahrhunderts wirkte, beschreibt die Hängenden Gärten. Diodor zufolge hat nicht Semiramis die Hängenden Gärten erbaut, sondern ein syrischer König in späterer Zeit. Der König wollte einer seiner Konkubinen eine Freude bereiten, die aus Persien stammte und Heimweh nach den Bergen ihrer Heimat hatte. Diodor beschreibt die Hängenden Gärten sehr detailliert. Sie waren in Form einer Pyramide angelegt und hatten Terrassen, auf denen Bäume und Sträucher wuchsen. Steine sowie Backsteine waren zusammen mit Schilfmatten verbaut, die mit Bitumen verbunden wurden, um in jeder der mit Erde bedeckten Ebenen die Feuchtigkeit zu halten. Der gesamte Komplex wurde von einem umfangreichen Bewässerungssystem versorgt. In der Forschung wird angenommen, dass Diodor zum Teil auf die *Geschichte Alexanders* von Kleitarchos von Alexandrien vom Ende des vierten vorchristlichen Jahrhunderts zurückgreift, die allerdings nicht erhalten ist. Kleitarchos könnte sich auf Beschreibungen von Militärs aus Alexanders Heer beziehen, die Babylon 331 v. Chr. nach der Schlacht von Gaugamela erobert hatten. Auch stützt sich Diodor auf Ktesias von Knidos, einen griechischen Arzt, der um 400 v. Chr. als Kriegsgefangener in Diensten des persischen Hofes stand. Ktesias könnte auch die Quelle sein, auf die die *Geschichte Alexanders des Großen* des römischen Geschichtsschreibers Quintus Curtius Rufus zurückgreift, die dieser im ersten nachchristlichen Jahrhundert verfasst hat. Er nennt zwar keine Namen, weiß aber von der Tradition eines assyrischen Königs, der in Babylon herrschte und den Bau der Gärten befahl, um seiner Frau eine Freude zu machen. Dies könnte eine Abwandlung der Semiramis-Geschichte sein, die der Version von Josephus ähnelt; mehr dazu siehe unten.

Der Geograph Strabo beschreibt die Gärten in ähnlicher Weise wie Diodor, und vielleicht hat er auch auf ähnliche Quellen zurückgegriffen. In seiner um

---

[53] Meinen Ausführungen über die Sieben Weltwunder, die Hängenden Gärten und Semiramis im folgenden Abschnitt liegt das oben bereits genannte Werk von Clayton und Prise (*Die Sieben Weltwunder*) zugrunde sowie Seymour, *Babylon's Wonders of the World*, 104–109; ders., *The Hanging Gardens and Walls of Babylon in Art and Culture*, 118–123; Finkel, *The Search for the Hanging Gardens*, 109–111; Reade, *Early Travellers on the Wonders. Suggested Sites*, 112–117; sowie Dalley, *The Mystery*. Speziell zu Semiramis siehe darüber hinaus auch Seymour, *Semiramis und die Wunder Babylons*.

die Zeitenwende verfassten *Geographie* erinnert er den Turm als eine „rechteckige Pyramide aus Backsteinen", die nun in Trümmern liege. Auch spricht er von den Hängenden Gärten und bezieht sich dabei vielleicht auf einen Text von Onesikritos, der während der Zeit Alexanders des Großen abgefasst worden ist.

Der jüdische Geschichtsschreiber Josephus zitiert im ersten Jahrhundert Berossos, den einzigen unter all diesen Autoren, der tatsächlich aus Babylon stammt. Berossos hat etwa 280 v. Chr. ein Werk namens *Babyloniaka* geschrieben, das nicht komplett erhalten, aber in Fragmenten in Zitaten griechischer Verfasser überliefert ist, weshalb es sich zum Teil rekonstruieren lässt.[54] Nach Berossos war es Nebukadnezar und nicht Semiramis, der die Gärten erbauen ließ. In *Contra Apionem* bzw. *Über die Ursprünglichkeit des Judentums* (I, 19) beschreibt Josephus, wie Nebukadnezar Terrassen aus Stein mit Bäumen bepflanzen ließ und sie die Hängenden Gärten nannte. Josephus zufolge ließ Nebukadnezar diese Gärten für seine medische Frau Amyitis bauen, weil sie Sehnsucht nach den Bergen ihrer Heimat hatte.

Josephus' Quelle Berossos behauptet angeblich weiter, dass Semiramis eine assyrische Königin war. Er beklagt, dass ihr in der griechischen Geschichtsschreibung die Errichtung zahlreicher Monumente in Babylon zugeschrieben wird und versucht, diese seiner Ansicht nach falsche Behauptung auszuräumen. Josephus führt weiter an, dass die „Chaldäischen Schriften" – also die Schriften der BabylonierInnen – glaubwürdiger seien als die Schriften der GriechInnen.

Bei meiner Reise nach Babylon ist mir eine abgewandelte Version der Legende von Semiramis begegnet. Nun war Semiramis zur Kurdin geworden, und der König von Babylon ließ die Gärten so bauen, dass sie wie von Wald bedeckte Berge aussahen, weil Semiramis die Berge des Nordens vermisste. Anscheinend sind einige Züge der Amyitis-Geschichte in die Legende von Semiramis aufgenommen worden. Der Tourguide in Babylon erzählte die Legende sichtlich bewegt, weil die Kurdengebiete im Norden vom restlichen Irak abgetrennt worden waren und faktisch nicht mehr betreten werden konnten. Seit dem zweiten Golfkrieg 1991 waren die Nordprovinzen mit überwiegend kurdischer Bevölkerung ein eigenständiges Gebiet, das unter Selbstverwaltung stand. Offiziell gehörten diese Provinzen immer noch zum Irak, doch die Saddam-Regierung hatte sich zurückgezogen, und diese schönen, bergigen Regionen waren verloren. Dies stand im Hintergrund der Geschichte des Tourguides über Semiramis.

Bezüglich der Topographie und des Stadtbildes Babylons hat die Bibel nicht mit vielen Details aufzuwarten, doch bei den griechischen Quellen liegt der Fall, wie wir gesehen haben, ganz anders. Als die Quellen gesammelt wurden, empfingen europäische ArchitektInnen und KünstlerInnen aus den Texten

---

[54] Teile des Werkes finden sich etwa in der von Siegert herausgegebenen Übersetzung von Flavius Josephus' *Über die Ursprünglichkeit*.

Inspiration. Maerten van Heemskercks Darstellung Babylons, die möglicherweise von Philip Galle gestochen wurde, ist eines der ältesten Beispiele für eine Abbildung, in der das neue Wissen aus den griechischen Quellen umgesetzt wurde. Van Heemskerck hat Bilder aller Sieben Weltwunder angefertigt, und seine Serie erfreute sich Ende des 16. Jh. wachsender Beliebtheit. Seine Illustration Babylons zeigt sowohl die Hängenden Gärten als auch die Mauern.

Die niederländische Begeisterung für den Turm zwischen 1563 und 1650

Eine in kunstgeschichtlicher Hinsicht einzigartiges Phänomen ist die Verbreitung von Gemälden des Turms zu Babel in der niederländischen Kunst von der Mitte des 16. Jh. an. In weniger als hundert Jahren schuf eine Reihe von KünstlerInnen buchstäblich Hunderte von Gemälden des Turms. Viele dieser Bilder sind nicht namentlich gekennzeichnet oder auch nicht datiert. Die bekanntesten von ihnen sind die zahlreichen Werke von Pieter Bruegel dem Älteren und Lucas van Valckenborch.[55]

Abb. 4.2: Der Turm zu Babel; Pieter Bruegel der Ältere, 16. Jh.

---

[55] Eine wichtige Quelle für diesen Abschnitt ist Weiner, *The Tower of Babel in Netherlandish Painting*.

Charakteristisch an Bruegels Werk ist der rund dargestellte Turm, der an das Kolosseum in Rom erinnert. Diese Darstellung war so dominant, dass andere, zeitgleich erdachte Formen regelrecht verdrängt wurden. Dazu gehört unter anderem das überraschend „mesopotamische", viereckige, Zikkurat-artige Gebäude Maarten van Heemskercks und seiner Nachfolger.[56] Obwohl die anschaulichen und detailreichen griechischen Beschreibungen bekannt waren, bevor die Gemälde Bruegels und ähnlicher Maler entstanden, scheinen diese niederländischen KünstlerInnen bewusst das Anschauungsmaterial der römischen Architektur zu verwenden, um ihrer Kritik an der damaligen Gesellschaft und ihren Machtstrukturen Ausdruck zu verleihen. Dies ist ein ideales Beispiel dafür, dass es der Kunst nicht unbedingt um die Übermittlung historisch korrekter Informationen gehen muss, selbst wenn diese vorlagen. Cornelis Anthonisz. Teunissens Radierung aus dem Jahr 1547 gilt als erstes Bild, auf dem der Turm in runder Form zu sehen ist, und es setzte Maßstäbe. Auch markiert dieses Bild den Übergang von der Konzentration auf den Turmbau und die Sprachverwirrung hin zu einem dramatischen Fokus auf die eigentliche Zerstörung.

Die Verbreitung der niederländischen Gemälde vom Turm zu Babel fällt mit der Zeit nach der Reformation zusammen, in der TheologInnen wie beispielsweise Luther oder Calvin eine ganze Reihe neuer Kommentare zum Buch Genesis schufen. Der Turm zu Babel wurde in dieser Zeit kurz vor der sprunghaften Verbreitung der niederländischen Turm-Gemälde zu einem eigenständigen Thema, das nun von seinen früheren allegorischen Entsprechungen und dem typologischen Deutungsrahmen befreit war. Zeitgenössische politische Stimmen begannen, den Turm zu Babel – und mit ihm viele andere biblische Motive – in öffentlichen Verlautbarungen einzusetzen. Der Turm konnte sowohl für die Macht der Kirche als auch für die der Könige stehen. Mit Hilfe der Turmerzählung wurden zeitgenössische Macht- und Richtungskämpfe ausgedeutet, und die niederländischen Türme sind ein Beleg für diese gesellschaftskritische Tendenz. Der Widerspruch, der sich im Norden gegen das Heilige Römische Reich regte, bediente sich für die Zersplitterung der Kirche des Bildes der Vergeblichkeit von Nimrods Vorhaben. Wie Nimrod mit seinem Versuch scheiterte, die Welt durch den Bau des Turms zu einen, gelang es auch Rom nicht, die Kirche zusammenzuhalten. So konnte beispielsweise auch die brutale Herrschaft Philipps II. von Spanien den Zerfall der Kirche nicht verhindern. Wenn römische Bauformen mit runden Türmen wie das Kolosseum gewählt wurden, konnte das durchaus mehrdeutig sein.[57]

---

[56] Eine Zikkurat ist ein mesopotamischer Tempelturm, wie er an vielen Orten des antiken Mesopotamien gefunden wurde; es handelt sich um ein quadratisches Gebäude mit mehreren Stockwerken.

[57] Als Beispiel für eine Untersuchung, in der es um die Verbindungen zwischen dem Bild des Turms zu Babel und der Kritik an politischen Machtstrukturen geht, sei hingewiesen auf Korte, *Sacred Symbols of the City*.

Das Aufkommen wissenschaftlich korrekter Bilder des Turms

Als Maarten van Heemskerck seinen Stich vom Turm zu Babel anfertigte, war die mesopotamische Zikkurat in Europa nahezu unbekannt. Bevor die niederländischen Türme andere Abbildungen verdrängten, schufen einige wenige KünstlerInnen Umsetzungen, bei denen eindeutig die griechischen Quellen im Hintergrund standen. Mit einiger Wahrscheinlichkeit geht van Heemskercks Arbeit auf Herodots Beschreibung des Haupttempels von Babylon zurück. Wie wir bereits gesehen haben, war dieses Bauwerk – das dem Zeus Belos gewidmet war, dem griechischen Namen des babylonischen Hauptgottes Marduk – wie bei Herodot quadratisch. Kunst und Wissenschaft fanden in höchst innovativer Weise im Werk Athanasius Kirchers zusammen, eines deutschen Jesuiten und Gelehrten, der als „der letzte Renaissance-Mensch" bezeichnet wurde.[58]

Abb. 4.3: Turris Babel (Der Turm zu Babel), Athanasius Kircher; Kupferstich von Conraet Decker nach Lievin Cruyl, 1679

---

[58] Dieser Titel ist auch noch nach Kircher manchen Menschen zugeeignet worden wie etwa Alexander von Humboldt oder Thomas Jefferson; siehe bei Godwin, *Athanasius Kircher. Renaissance Man*. Eine jüngere Publikation zu Kirche ist Glassie, *Der letzte Mann, der alles wusste*.

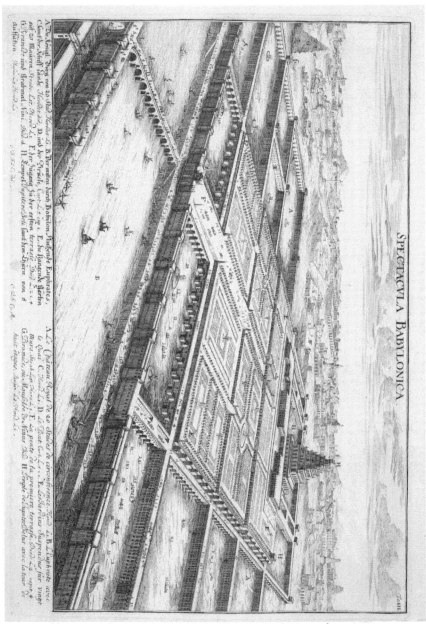

Abb. 4.4: Ansicht von Babylon; Johann Fischer von Erlach, Kupferstich, 1721

Im letzten der zahlreichen Bücher, die er im Laufe seines Lebens geschrieben hatte, versuchte Kircher alles über Babylon Bekannte zusammenzutragen. Er bediente sich aller verfügbaren Quellen und so auch der Zeichnung eines Künstlers, der in Begleitung Pietros della Valles nach Babylon gereist war.

Damit ist Kirchers Buch das erste, das sich auf wirkliche AugenzeugInnenberichte stützen kann. In seinem umfassenden und eigenständigen Buch *Turris Babel* aus dem Jahr 1679 stellt Kircher Belege vor, die seiner Ansicht nach begründen, dass es technisch unmöglich war, einen bis in den Himmel reichenden Turm zu bauen, ohne dass die Erde aus dem Gleichgewicht geraten wäre.[59] Auch widmet er sich ausführlich und auf der Grundlage der Geschichte von Genesis 11 einer Theorie über den Ursprung der Sprachen.[60]

Interessant ist daneben auch Johann Bernhard Fischer von Erlach (1656–1723), der Hofbaumeister der Habsburger, der drei Kaisern des Heiligen Römischen Reiches deutscher Nation diente. Er war von zentraler Bedeutung für die damalige österreichische Architektur und entwarf Schloss Schönbrunn und dessen Gärten in Wien, wobei er sich vielleicht von den Hängenden Gärten Babylons inspirieren ließ. Das Interesse dieser Zeit an der antiken Ästhetik und historischen Baukunst spiegelt sich in Fischer von Erlachs Skizze der Stadt Babylon wider. Dies stellt vermutlich einen der ältesten Versuche dar, Babylon als historische Stadt des antiken Mesopotamien wiederzugeben und nicht als das biblische Babylon. Fischer von Erlach war um historische Exaktheit bemüht und zog die Quellen heran, die ihm zu seiner Zeit zur Verfügung standen.

Durch die biblische Brille betrachtet

Neben den neuen Erkenntnissen aus den griechischen Texten, die sich in den oben beschriebenen Bildern von Babylon niedergeschlagen haben, ergaben sich ebenfalls im Laufe des 15. Jh. auch Anstöße aus einer ganz anderen Quelle. Im Mittelalter waren nur wenige EuropäerInnen nach Vorderasien gereist, und diejenigen, die das taten, gelangten nur sehr vereinzelt über das Heilige Land hinaus. Doch in dieser von uns nun betrachteten Übergangszeit begannen AbenteurerInnen und EntdeckerInnen, längere Reisen zu unternehmen. Zu dieser Zeit segelten spanische und portugiesische Entdeckungsreisende erstmals in die sogenannte Neue Welt; Ferdinand Magellans Expedition 1519–1522 umrundete zum ersten Mal die Welt. Das neue Interesse führte dazu, dass es

---

[59] Athanasius Kircher, *Turris Babel* (Amsterdam 1679); der komplette Untertitel lautet: *Sive Archontologia*
Qua Primo Priscorum post diluvium hominum vita, mores rerumque gestarum magnitudo, Secundo Turris fabrica civitatumque exstructio, confusio linguarum, & inde gentium transmigrationis, cum principalium inde enatorum idiomatum historia, multiplici eruditione describuntur & explicantur.

[60] Die Geschichte von der Sprachverwirrung in Genesis 11 hat in den europäischen Diskussionen über den Ursprung und die Entwicklung der Sprachen im Übergang zwischen dem Mittelalter und der frühen Neuzeit eine wichtige Rolle gespielt. Siehe zum Beispiel Olender, *Die Sprachen des Paradieses*.

immer mehr Reiseberichte gab, die sich auch in der Aufklärungszeit noch großer Beliebtheit erfreuten.

Über seine Reisen durch Spanien, Italien, Griechenland, das Heilige Land und bis nach Damaskus und Babylon sowie darüber hinaus hat der spanisch-jüdische Reisende und Schriftsteller Benjamin von Tudela bereits im 12. Jh. (1159–1163) einen Reisebericht verfasst. Er scheint auch Babylon besucht zu haben und spricht davon, dass sich die Menschen dort wegen der Schlangen scheuten, die Ruinen des Palasts von Nebukadnezar zu betreten. Es lässt sich nicht sagen, ob es dort tatsächlich Schlangen gab, oder ob diese Vorstellung durch die biblischen Texte über das verwüstete Babylon beeinflusst sind. Weiterhin beschreibt Benjamin von Tudela einen Turm, den er für den Turm zu Babel hält. Er schreibt, dass der Turm durch „Feuer vom Himmel" gespalten wurde.[61] Höchstwahrscheinlich beschreibt er dabei aber die Überreste der Zikkurat von Borsippa in der Nähe von Babylon – die gleiche Zikkurat, die ich bei meinem Besuch in Babylon zu sehen bekam. Die Ruine der Zikkurat von Borsippa ist in zwei Teile gespalten, die aus einem großen Hügel herausragen. Die Schriften Benjamins von Tudela wurden im späten 16. Jh. aus dem Hebräischen ins Lateinische übersetzt, also ungefähr in der Zeit, als man in Europa von den griechischen Quellen Kenntnis bekam.

Von größerer Wirkung war wohl der weit verbreitete Text *Reisen des Ritters John Mandeville*, der Mitte des 14. Jh. verfasst worden ist. Vorgeblich sind dies die Erinnerungen eines englischen Ritters, in denen er seine Reisen beschreibt, unter anderem seine Pilgerfahrt ins Heilige Land und seinen Besuch beim Sultan von Ägypten. Vermutlich wurde das Buch zunächst in einer Variante des Französischen abgefasst, die seit dem Mittelalter in England und Frankreich gebräuchlich war, und dann in verschiedene Sprachen übersetzt, so auch 1480 ins Deutsche. So wurde es zu einem der populärsten nichtreligiösen Bücher des Spätmittelalters. Später wurde klar, dass *Das Buch von Sir John Mandeville* ein unter einem Pseudonym verfasster, fiktiver Reisebericht war. Trotzdem bleibt dies ein wichtiger Text, weil er die Vorstellungen des Lesepublikums über den Osten geprägt hat. Es heißt, dass Christoph Kolumbus es eingehend studiert hätte, um sich über China und Indien zu informieren. In diesem Buch wird auch der Turm von Babylon beschrieben, wobei Sir John nicht vorgibt, Babylon bereist zu haben. In Worten des Jeremiabuches betont er, dass dort lange niemand dort gewesen sei, „denn die Wüste ist voll von Drachen, Schlangen und giftigen Würmern". Dies ist ein Beispiel für ein Phänomen, das sich uns im Fortgang noch stärker erschließen wird: Was als „wirkliches Babylon" präsen-

---

[61] Tudelas Reisebericht liegt in deutscher Übersetzung vor: *Jüdische Reisen im Mittelalter*, 1. Eine englische Übersetzung ist unter https://archive.org/stream/HighRes328820130673 04/HighRes_32882013067304_djvu.txt zugänglich. Mehr über mittelalterliche Reiseschriftsteller findet sich bei Invernizzi, *Die ersten Reisenden*; Reade, *Disappearance and Rediscovery*, 20–30 sowie Ooghe, *The Rediscovery of Babylonia*, 231–252.

tiert wird, wird anhand der üblichen, auf der Bibel und insbesondere den biblischen Propheten fußenden mythischen Perspektive beschrieben und gedeutet.[62]

In ähnlicher Weise ging der deutsche Arzt und Botaniker Leonhard Rauwolf vor. Er unternahm eine Reise in den Vorderen Orient und besuchte mehrere Städte im Irak, unter anderem Bagdad und eine Ruine, die er für Babylon hielt. Sehr wahrscheinlich hat es sich dabei um Anbar gehandelt, das in der Nähe des heutigen Falludscha liegt. Seinen Bericht über die Reise veröffentlichte er unter dem Titel *Aigentliche beschreibung der Raisz, so er vor dieser zeit gegen Auffgang inn die Morgenländer, fürnemlich Syriam, Judæam, Arabiam, Mesopotamiam, Babyloniam, Assyriam, Armeniam u.s.w. nicht ohne geringe mühe unnd grosse Gefahr selbs volbracht*; ein Exemplar befindet sich im Besitz des Deutschen Historischen Museums in Berlin. Es wurde 1693 ins Englische und Holländische übersetzt.[63] Rauwolf hat Babylon als heruntergekommen dargestellt und als moralisch verkommene Stadt, die noch immer in Trümmern lag. Anders gesagt beschreibt er, was er durch die Brille der biblischen Sichtweise Babylons gesehen hat.

Im 17. und 18. Jh. haben eine Reihe Reisender aus Europa über ihr Erleben Babylons geschrieben. Häufig hielten sie das, was sie sahen, für etwas anderes, so wie es auch Rauwolf getan hatte. Manchmal erwarteten sie, etwas ganz Bestimmtes zu sehen, und jede Stadt, die sie verlassen und in Trümmern vorfanden, schien ihnen Babylon zu sein. Selbst Reisende mit Kenntnis der arabischen Geographie, die wussten, wo sich die Ruinen befanden, schienen an diesen kaum interessiert und hielten sie nicht für sehenswert.[64]

Eine Ausnahme stellt hierbei der junge Italiener Pietro della Valle dar, der 1616 in die Welt aufbrach, um einem Liebeskummer zu entfliehen. Anders als bei anderen Beschreibungen, in denen die trostlose Atmosphäre und das Furchteinflößende der Ruinen besonders betont wurde, hat Pietro della Valle in zurückhaltender und genauer Weise von den Gebäuden und Objekten des nördlichsten Trümmerfeldes von Babylon berichtet. Heute gilt seine Beschreibung als erste wissenschaftliche Aufzeichnung über das antike Babylon.[65] Auch war er der erste Europäer, der sachlich über die Keilschrift schrieb, die noch nicht entschlüsselt war.

Diese Beispiele können ein Bild davon vermitteln, dass die Reiseberichte den LeserInnen zwar neue Erkenntnisse über Babylon vermitteln konnten, durch sie aber auch die hinlänglich bekannten *biblischen* Auffassungen der Stätte immer weiter tradiert wurden. Tatsächlich wurden – von wenigen Aus-

---

[62] Die jüngste Ausgabe in heutigem Deutsch ist Buggisch, *Reisen des Ritters John Mandeville*; das Zitat findet sich dort auf S. 86.
[63] Das Buch ist digital erfasst und lässt sich kostenlos herunterladen.
[64] Reade, *Disappearance and Rediscovery*, 25.
[65] Ooghe, *The Rediscovery of Babylonia*, 239.

nahmen abgesehen – sachliche Informationen über die besuchten (oder angeblich besuchten) Orte für weniger wichtig gehalten, als die überkommenen Vorstellungen zu bestätigen.

Wie ich im 5. Kapitel („Die Entdeckung Mesopotamiens") zeigen werde, hat sich das überlieferte Erbe des biblischen Babylons in hohem Maße darauf ausgewirkt, wie europäische BesucherInnen das deuteten, was sie sahen und gefunden zu haben meinten, als sie sich ab dem Ende des 16. Jh. zur wissenschaftlichen Erkundung Babylons aufmachten. Ihre überkommenen Vorstellungen von Babylon waren älter als die Wirklichkeit vor Ort und deren Deutung und spielten in die Letztgenannten mit hinein. Trotz des zunehmend auf Fakten beruhenden Wissens war dieses Erbe übermächtig. In diesem Zusammenhang ist es kurzweilig, Gustave Dorés Radierung aus dem Jahr 1865 einer Fotografie des charakteristischen Minaretts von Samarra im Irak gegenüberzustellen. Seit dem 10. Jh. haben Reisende dieses Minarett auf ihren Reisen gesehen, auch wenn es nur wenige für Babylon gehalten haben. Die Ähnlichkeit zwischen diesem Gebäude und Dorés Turm zu Babel ist verblüffend. Handelt es sich hierbei um puren Zufall, oder ist Dorés Illustration der Sprachverwirrung durch diesen Turm inspiriert worden?

Abb. 4.5: Die Sprachverwirrung;
Gustave Doré, Radierung, 1865

Babylon, das Exotische und die Apokalypse 77

Abb. 4.6: Das Minarett von Samarra, Nordirak, 10. Jh.
Foto: Jeffrey Chin

Babylon, das Exotische und die Apokalypse

Vom Ende des 17. bis zum 18. Jh. gab es wenig Berührungen zwischen Europa und Mesopotamien, und wegen lokaler Unruhen wurde das Reisen zunehmend schwieriger. Doch das Interesse der LeserInnen an Reiseberichten aus früheren Zeiten hielt unvermindert an. Gegen Ende des 18. Jh. begann eine neue Phase der Erkundungen und Reisen, und um die Wende zum 19. Jh. kam der Orient in

Europa groß in Mode. Das durch die Berichte von Kaufleuten und Abenteurern geweckte Interesse wurde durch Napoleons Ägyptenfeldzug bzw. die Ägyptische Expedition sowie durch die Entschlüsselung der Hieroglyphen 1822 noch einmal verstärkt. Die preußische Expedition Forschungsreise nach Ägypten zwischen 1842 und 1845 trug in hohem Maße dazu bei, dass die Ägyptologie zu einem Forschungsgebiet wurde. Die sogenannte „Ägyptomanie" griff um sich, und Pyramiden, Obelisken, Sphingen, Statuen ägyptischer Gottheiten und ägyptische Baukunst erfreuten sich im Westen zunehmender Beliebtheit, auch in den noch jungen Vereinigten Staaten von Amerika. Sowohl in der Architektur als auch in der Bildenden Kunst wurden ägyptische Motive aufgenommen. Ein gutes Beispiel dafür ist die 1826 vollendete Ägyptische Brücke in St. Petersburg mit Sphingen, ägyptisierenden Säulen und Hieroglyphen-Schmuck. In den USA sind bekannte Beispiele dafür die 1838 erbauten Halls of Justice in New York, eine Einrichtung, die heute als „The Tombs" (Grabmale) bezeichnet wird, sowie das in den 1840er Jahren als ägyptischer Obelisk gestaltete Washington Monument. Als Artefakte aus Ägypten und Mesopotamien auf dem europäischen Antikenmarkt erworben werden konnten, entwickelten europäische KünstlerInnen ganz neue Vorstellungen davon, wie Babylon und der Turm zu Babel auch hätten anders aussehen können.

Mesopotamische Kunst und Bildhauerei wurde im Westen als etwas Fremdes und Anderes wahrgenommen und dem Bereich zugeordnet, den Frederick N. Bohrer als „Exotismus-Diskurs" bezeichnet.[66] assyrische Skulpturen wurde oft noch nicht einmal als Kunst angesehen, was im 5. Kapitel näher zu betrachten sein wird. Die materielle Kultur Assyriens war bis in die 1850er Jahre im Westen völlig unbekannt, wo KritikerInnen und Öffentlichkeit gleichermaßen von griechischer Kunst und Bildhauerei schwärmten. Nun stellte man dieser die assyrischen Plastiken gegenüber, die dabei nicht gut abschnitten. Nachdem die klassische Kunst und Architektur von der Öffentlichkeit in England und Frankreich, wo die ersten assyrischen Objekte ausgestellt wurden, als Ursprung der eigenen Kunst ausgemacht worden war, wurde die neuentdeckte mesopotamische Kunst als fremd und andersartig angesehen und einer anderen Kultur zugeordnet.

Doch bereits vor diesen ersten Funden der materiellen Kultur schufen KünstlerInnen schon Gemälde, die Motiven aus dem antiken Mesopotamien verwendeten und teilweise sehr bekannt waren. Schließlich entwickelte sich ein Trend, ja beinahe eine Besessenheit, apokalyptische Szenen unter Rückgriff auf antike mesopotamische Städte zu illustrieren. Beispielhaft sei hierfür das

---

[66] Bohrer, *Orientalism and Visual Culture*, vor allem 62–65 sowie 105ff. In diesem Werk geht es vor allem um das Bild Assurs und weniger um das Babylons; allerdings ist seine kritische Analyse der Rezeption der Darstellung Mesopotamiens in Großbritannien, Frankreich und Deutschland im 19. Jh. von großem Wert für unser heutiges Verständnis davon, wie das Wissen und die Einstellungen über die Vergangenheit Mesopotamiens Gestalt angenommen haben.

Werk John Martins genannt, eines englischen Landschaftsmalers der Romantik. Er schuf mehrere Szenerien mit antiken biblischen Städten wie den *Untergang Babylons*, das *Fest Belsazars* oder den *Untergang Ninives* und ebenso über die Sintflut und Szenen der biblischen Endzeit. Das geschah zwischen 1818 und 1830, also bevor die ersten Ausgrabungen in Mesopotamien in den 1840er Jahren begannen, und damit auch lange vor der Ausgrabung Babylons (1899–1917). Martins Gemälde erreichten in Ausstellungen ein großes Publikum, und von ihnen wurden hunderttausende Drucke angefertigt. Deutlich ist auf ihnen zu erkennen, dass sie sich auf die klassischen Quellen beziehen sowie auf biblische Motive wie die Feuersbrunst und den Untergang dieser antiken Städte. Beim *Untergang Babylons* greift er bei den Säulen wohl auf klassische oder ägyptische Vorbilder zurück, worin sich der europäische und insbesondere englische Kunstgeschmacks dieser Zeit spiegelt. Landschaften waren eben so beliebt wie klassische und ägyptische Motive.

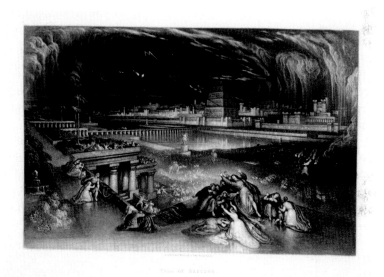

Abb. 4.7: Der Untergang Babylons; John Martin, ca. 1835

„Umgekehrte Geschichte": Das Zusammengehen von Kunst und Wissenschaft

Die Annahme mag naheliegen, dass historische Kenntnisse über Babylon und andere antike Stätten die künstlerische Darstellung von Motiven aus diesen Kulturen beeinflusst hätten. Doch auch in umgekehrter Richtung war ein Einfluss zu bemerken. Die Kunst hatte Auswirkungen darauf, wie das *historische* Babylon abgebildet wurde. Dies lässt sich gut anhand eines Aquarells des schottischen Architekturhistorikers James Fergusson illustrieren, das sich im Britischen Museum befindet.

Abb. 4.8: Die rekonstruierten Monumente von Nimrud; Aquarell, James Fergusson, 1853

Dieses Aquarell von Fergusson, eine Wiedergabe der Stadt Nimrud in Nordmesopotamien, wird so präsentiert, als ob es auf den archäologischen Entdeckungen und Beschreibungen des Gebiets basieren würde. Zunächst hatte Fergusson eine ähnliche Rekonstruktion für das Titelblatt von Austen Henry Layards Buch *Discoveries amont the Ruins of Nineveh and Babylon* aus dem Jahr 1853 veröffentlicht.[67] Die Skizze trägt den Titel *Nordostfassade und großer Eingang des Sanherib-Palastes (Kujundschik), rekonstruiert nach einem Entwurf von J. Fergusson*. Sie beruht also mutmaßlich auf einer vor Ort angefertigten Skizze. Gleiches lässt sich auch bei der im Aquarell gezeigte Szene vermuten. Diese wurde erstmals als Titelbild der zweiten Reihe von Layards *Monuments of Nineveh* abgedruckt.[68] Doch dieses Aquarell scheint zweifellos von John Martins Panorama-Ansichten von Ninive und Babylon beeinflusst zu sein. Martins Bilder entspringen aber allein seiner Phantasie und sind keine Landschaftsbilder, die reale Gegebenheiten abbilden würden. Fergusson hat seine Vorstellung vom Aussehen der assyrischen Paläste mehrfach bildlich umgesetzt. Vergleicht man

---

[67] Austen Henry Layard, *Discoveries among the Ruins of Nineveh and Babylon*. Im Wiederabdruck bei Gorgias 2002 ist das Bild von Fergusson nicht enthalten. Es findet sich unter https://archive.org/details/discoveriesamon00layagoog. Eine deutsche Übersetzung durch Zenker ist 1856 in Leipzig erschienen.

[68] Austen Henry Layard, *A Second Series of the Monuments of Nineveh*.

Fergussons Aquarell mit einem von Martins Landschaftsbildern, dann ist die Ähnlichkeit frappierend. Also trägt die erste englische Publikation der damaligen archäologischen Entdeckungen in Mesopotamien eine von Fergussons Phantasielandschaften auf ihrer ersten Seite. Allerdings lautet die Bildunterschrift: „Ein Blick auf die Paläste von Nimrud nach einer Skizze von James Fergusson", wodurch der Eindruck erweckt wird, Fergusson wäre dort gewesen und hätte die Skizze vor Ort angefertigt, was aber nicht der Fall war.

Fergussons Abbildung ist nicht nur ein Beispiel für den künstlerischen Einfluss durch ein zeitgenössisches Werk, was an sich nicht problematisch wäre. Weil es jedoch dazu verwendet wird, eine wissenschaftliche Publikation über die Kulturdenkmäler einer bestimmten Stätte zu illustrieren, wird es zu dem, was die irakische Kunsthistorikerin Zainab Bahrani als „umgekehrte Geschichte" bezeichnet hat.[69] Mit anderen Worten: Das künstlerische Feingefühl einer bestimmten Epoche wird zur Interpretation neuen historischen Wissens herangezogen. Bahrani spricht davon, dass die Platzierung von Fergussons Bild – „ein rekonstruierter Blick auf Nimrud nach der Vorstellung einer orientalistischen Abbildung aus dem 19. Jh." – als Titelblatt von Layards Veröffentlichung dazu geführt hat, „orientalistische Phantasie und wissenschaftliche Dokumentation zu vermischen". Sie ist der Ansicht, dass dies nicht ohne Einfluss darauf blieb, wie Menschen im Westen den antiken Vorderen Orient wahrgenommen und verstanden haben. Die Sicht des Orients als einer Kultur im Niedergang verschmolz mit den ersten Versuchen, eine wissenschaftliche Beschreibung zu geben, und hat auf diese Weise die Wissensvermittlung und -konstruktion geprägt.[70] Diese Vermischung lässt sich heute leichter erkennen, da wir auf eine vor über 150 Jahren geschaffene Illustration zurückblicken. Es kann uns daran erinnern, dass wir Umsicht walten lassen sollten, wenn es darum geht, was sich wohl prägend auf unsere Sicht unserer eigenen Zeit auswirkt; hier könnten Einflüsse wirksam werden, die wir im Moment noch kaum erkennen können.

Die Folgen dieser Vermischung für die Wissensproduktion wiegen noch schwerer, wenn wir uns vor Augen führen, dass Fergusson auch eine Architekturgeschichte verfasst hat, die explizit rassistische Züge trägt.[71] Er zeichnet die

---

[69] Zainab Bahrani, History in Reverse, 15–28.
[70] Wenn Bahrani Fergussons Bild als „orientalistisch" bezeichnet, dann verwendet sie den Begriff wohl dazu, um eine bestimmte Kunstrichtung des 19. Jh. zu bezeichnen, in der Szenen aus dem Nahen Osten dargestellt werden. Der Begriff lässt allerdings auch an die aktuellere Verwendung denken, die mit Edward Saids Buch Orientalismus (engl. Original 1978) verbunden ist. Auch wenn er sich in seinem Werk vor allem auf Romanliteratur konzentriert und nicht auf die Bildende Kunst, waren die zugrunde liegenden theoretischen Überlegungen prägend für viele wissenschaftliche Disziplinen und für die kritische Neubewertung der langen Geschichte des westlichen Kolonialismus.
[71] James Fergusson, A History of Architecture, Bd. 1, 52–85. In Band 1 findet sich die rassentheoretische – hier „ethnographisch" genannte – Grundlegung der Arbeit. Zu finden unter https://archive.org/details/historyofarchite001ferg.

Entwicklung der Architekturstile in rassentheoretischer Begrifflichkeit nach. Angesichts dessen wird das bei Martins Werk so offensichtlich vorliegende Konzept von Niedergang und Fall, das sich aber auch generell im Rahmen des Orientalismus findet, auf verhängnisvolle Weise bedeutsam. Durch diesen Deutungsrahmen wird der rassentheoretische Blick auf die Entwicklung der Kulturen und kulturellen Ausdrucksformen der Zeit – in diesem Fall der Architektur – verstärkt. Fergusson bringt deutlich zum Ausdruck, dass die semitischen Kulturen für einen Prozess des Niedergangs und der Auflösung stehen, was zu seiner Zeit keine unübliche Sichtweise war.

Die künstlerische Einordnung der assyrischen und babylonischen Kultur als dekadent und böse hat das Verständnis von Babylon noch auf andere Weise beeinflusst. Die Grundlage hierfür war nun keine Theorie der Rassenunterschiede, sondern bestand in den vielen Unheilsankündigungen in der Bibel und der Tatsache, dass Assyrien und Babylon in den biblischen Erzählungen die Feinde Israels sind. Griechische Quellen haben diese Vorstellung gestützt. Ein Beispiel ist der durch den Geschichtsschreiber Diodor überlieferte Text über den letzten assyrischen König Sardanapal. Bei Diodor liebt der König die Pracht, schwelgt im Luxus, zieht sich Frauenkleider an, hat weibliche wie männliche Konkubinen und Liebhaber und stirbt schließlich, als die Stadt Ninive in der Schlacht gegen die Meder niederbrennt. Und in der Tat wird das quadratische Gebäude in Fergussons Gemälde als Sardanapals Mausoleum identifiziert. Später hat die Geschichtsschreibung herausgefunden, dass ein assyrischer König dieses Namens nie existiert hat.[72] Das Sardanapal-Motiv, eines degenerierten Königs, der einen würdelosen Tod erleidet, erfreute sich in der Frühromantik einiger Beliebtheit; es ist Gegenstand eines Stückes von Lord Byron (1821), eines Gemäldes von Delacroix (1828) sowie einer Kantate von Hector Berlioz („La Mort de Sardanapale" 1830).[73]

Im Westen hatte sich eine Vorliebe für mesopotamische Kunst entwickelt, und man ließ sich von den Motiven antiker Stätten inspirieren. Jahrhundertelang waren die Bibel und die griechischen Quellen die Vorlagen für die westlichen Eindrücke von Babylon gewesen. Obwohl einige AbenteurerInnen Babylon – oder was sie dafür hielten – bereist hatten, war ihr Blick durch die biblische Brille geprägt, und ihre Auffassung, dass es sich um eine verfallene Stadt handelte, die der Strafe Gottes anheim gefallen war, hatte sich bestätigt. Aber mit dem 19. Jh. begann eine neue Epoche in der Beziehung zwischen dem Westen und Babylon. Diese Geschichte beginnt mit den Forschungsreisenden, von denen die assyrischen Paläste ausgegraben wurden.

---

[72] Der Name könnte eine Verballhornung des Namens Assurbanipal sein, der tatsächlich ein assyrischer König war; allerdings war Assurbanipal überhaupt nicht so, wie Diodor ihn dargestellt hat, und er war auch nicht der letzte assyrische König.

[73] Eine Beschreibung und Analyse dieser europäischen Manifestationen der „orientalischen" Kultur findet sich bei McGeough, *The Ancient Near East in the Nineteenth Century*, Bd. 3.

5 Die Entdeckung Mesopotamiens

Mesopotamien: Der antike Irak

„Mesopotamien" bedeutet „zwischen den Flüssen", was auch im deutschen Begriff „Zweistromland" zum Ausdruck kommt. Der griechische Name wurde ursprünglich zur Zeit Alexanders des Großen zur Bezeichnung des Verwaltungsbezirks Syrien verwendet, der innerhalb eines großen Euphrat-Bogens lag. Vielleicht war der Name bereits zuvor im Aramäischen in Gebrauch, einer semitischen Sprache. Heutzutage wird mit „Mesopotamien" meist ein Gebiet bezeichnet, das in etwa dem Irak entspricht. Daneben wird der Begriff für die großen Zivilisationen der Antike verwendet, zu denen Sumer, Assur und Babylon gehörten. Im Laufe der Zeit wurde das Gebiet auch von PerserInnen und GriechInnen regiert: den AchämenidInnen (538–332 v. Chr.), Alexander dem Großen (332–323 v. Chr.), den griechischen bzw. hellenistischen HerrscherInnen (323–141 v. Chr.), den PartherInnen (141 v. Chr.–224 n. Chr.) sowie den SassanidInnen (224–636 n. Chr.).

In der jüdischen und christlichen Tradition kannte man den Namen Mesopotamien aus der Bibel, wo er zur Bezeichnung der Heimat Abrahams dient (zum Beispiel in Genesis 24,10). Mesopotamien, von dem manchmal auch als dem Land der Aramäer gesprochen wird, ist eine Übersetzung des hebräischen *'aram naharajim*. Im Neuen Testament wird Mesopotamien in Apostelgeschichte 2 als einer der Orte genannt, aus denen die Menschen zu Pfingsten in Jerusalem zusammenkamen. Es lässt sich nicht mit Sicherheit sagen, woher der Begriff „Irak" stammt, aber er hat sich nach der islamischen Eroberung 637 n. Chr. verbreitet.[74]

Im 18. Jh. – vor der Entschlüsselung der Keilschrift – besaß der Name „Mesopotamien" einen magischen Klang. Der Name wurde mit Unbekanntem und Exotischem verknüpft. Gegenwärtig assoziieren viele Menschen mit Mesopotamien immer noch etwas Exotisches, wobei der Unterschied darin liegt, dass wir jetzt wirklich einiges über die Kulturen des antiken Mesopotamien wissen.

---

[74] Ich verwende die Begriffe Mesopotamien bzw. Zweistromland und Irak synonym, während die moderneren Begriffe Vorderasien und Naher Osten eine größere Region bezeichnen, zu der die heutige Türkei, der Libanon, Syrien, Israel, Palästina, Jordanien, die Arabische Halbinsel und manchmal auch Ägypten und der Iran gehören. Eine eingehende Diskussion findet sich in J.J. Finkelstein, *Mesopotamia*, 73–92.

Keilschrift: Die erste Schrift der Welt

Die Entschlüsselung der Keilschrift ist ein zentraler Aspekt bei der Entdeckung Mesopotamiens. Als Keilschrift wird ein Schriftsystem bezeichnet, das etwa 3.300 Jahre lang für eine Reihe von Sprachen wie das Sumerische, die akkadischen Dialekte des assyrischen und Babylonischen sowie das Hethitische und Persische verwendet wurde. Gegen Ende des ersten nachchristlichen Jahrhunderts verschwand die Keilschrift als Schriftsprache; nun waren das Aramäische und Griechische, die in einer alphabetischen Schrift geschrieben wurden, die dominierenden Sprachen der Region. In der Forschung ist unklar, ob die ägyptischen Hieroglyphen älter sind oder die Keilschrift; manchmal wird angenommen, dass sie sich etwa zur gleichen Zeit unabhängig voneinander entwickelt haben.[75]

Das Altpersische war die erste Sprache, deren keilschriftlicher Text entschlüsselt wurde. Georg Friedrich Grotefend, einem deutschen Philologen und Leiter eines Gymnasiums, gelang es Anfang des 19. Jh., die altpersische Keilschrift mit Hilfe der Aufzeichnungen von Carsten Niebuhr teilweise zu verstehen.[76] Dabei griff er auch auf die Arbeiten des dänischen Philologen Rasmus Rask zurück. Rask war durch Russland, die Region um das Kaspische Meer sowie Persien gereist, um Sprachphänomene zu dokumentieren. In der altpersischen Schriftsprache wurden Keilschriftzeichen wie ein Alphabet als Lautzeichen verwendet; jedem Zeichen wurde also ein bestimmter Lautwert zugeordnet. Als erstes wurde eine Liste von Königsnamen identifiziert, die sich in Inschriften auf Denkmälern in Persepolis fanden; es handelte sich um persische Könige, die man aus der Bibel und griechischen Quellen kannte, wie etwa Darios und Xerxes. Später stellte sich heraus, dass auf einer der Inschriften die Namen der Satrapien (der Verwaltungsgebiete des Persischen Reiches) aufgelistet waren, über die Darios geherrscht hatte. Auf dieser Grundlage gelang es dem französischen Gelehrte Eugène Burnouf im Jahr 1836, die Keilschriftzeichen zu deuten, mit denen das Altpersische geschrieben wurde. Der aus Norwegen stammende Philologe Christian Lassen publizierte einen Monat vor Burnouf die persische Inschrift und veröffentlichte später alle bis dahin be-

---

[75] Zum Thema Keilschrift im Allgemeinen siehe Cancik-Kirschbaum, *Die Keilschrift* (mit einer Darstellung der im Pergamonmuseum aufbewahrten Tafeln), sowie Edzard, *Keilschrift*. Es gibt eine Reihe nützlicher Darstellungen der Keilschrift und der Geschichte ihrer Entschlüsselung; so etwa Gordon, *Forgotten Scripts*; Bottéro, *Mesopotamia: Writing, Reasoning, and the Gods*, 55–66; ein vollständiger Bericht über die Entdeckung der Behistun-Inschrift, die zur Entzifferung der Keilschrift führte, findet sich bei Booth, *The Discovery and Decipherment of the Trilingual Cuneiform Inscriptions*.

[76] Dazu siehe in Kapitel 1 die Beschreibung von Niebuhrs Reisen durch Vorderasien zwischen 1761 und 1767.

Keilschrift: Die erste Schrift der Welt

kannten persischen Inschriften. Unabhängig von Burnouf konnte Henry Rawlinson die Inschrift ungefähr zur gleichen Zeit entschlüsseln.

Dieser Durchbruch beim Altpersischen konnte jedoch nicht die Frage nicht beantworten, wie die Keilschrift zu lesen war. Zum Schreiben des Akkadischen (der semitischen Sprachen Assyrisch und Babylonisch) wurden Keilschriftzeichen nicht einfach als Lautzeichen verwendet. Die an der Entschlüsselung keilschriftlicher Inschriften Arbeitenden entdeckten nach und nach, dass die Zeichen auch eine semantische Bedeutung besitzen. Ein Zeichen kann also eine bestimmte Bedeutung haben und nicht nur für einen Laut stehen; es handelt sich also um Logogramme. Manchmal bezeichnet ein und dasselbe Zeichen mehr als eine Sache, auch wenn diese Bedeutungen oft in Beziehung miteinander stehen. So kann beispielsweise ein Zeichen, das „Fuß" bedeutet, auch „gehen" heißen. Zudem werden Personennamen auf komplizierte Weise geschrieben, weshalb sie schwer zu lesen sind. Wenn die Zeichen zum Ausdruck von Lautwerten oder Lauten verwendet werden, kann nicht nur ein Laut pro Zeichen gemeint sein. Das Akkadische ist eine Silbenschrift, was bedeutet, dass ein Zeichen eine Silbe und nicht nur einen Laut bezeichnen kann. Einige Zeichen tragen auch Informationen über die Morphologie; das heißt, dass mit ihnen unterschieden werden kann, ob ein Wort ein Substantiv oder ein Verb ist oder ob es zu bestimmten Kategorien wie den Götternamen oder Städten gehört. Außerdem kann ein und dasselbe Zeichen auf – bis zu sechs oder sogar acht – unterschiedliche Weisen verstanden werden. Dies macht die Interpretation von Texten extrem schwierig. In gewisser Weise erinnert die Keilschrift an das System der chinesischen Schriftzeichen, die auch zum Schreiben mehrerer Sprachen wie etwa des Koreanischen und Japanischen verwendet werden.

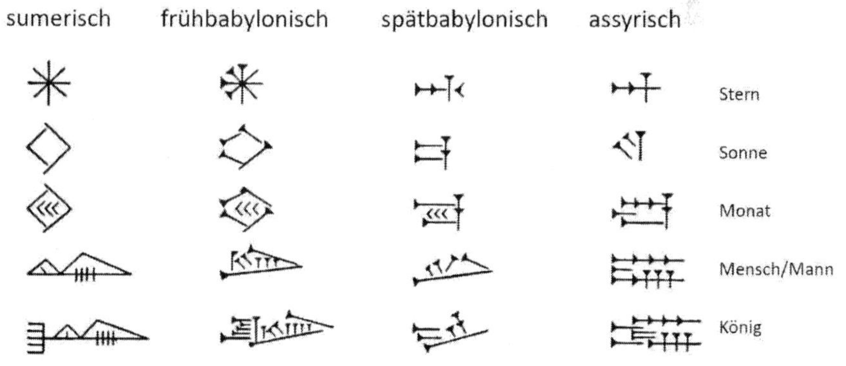

Abb. 5.1: Beispiele für Keilschriftzeichen

Die erwähnte Inschrift war von Carsten Niebuhr im Rahmen der ersten europäischen Wissenschaftsdelegation (wie im 1. Kapitel geschildert) kopiert worden; es zeigte sich, dass sie für die Entschlüsselung der Keilschrift von großer Bedeutung sein sollte. Dabei geht es um die dreisprachige Behistun-Inschrift, die man als „Stein von Rosette für die Keilschrift" bezeichnen könnte.[77] Niebuhr hatte nur den persischen Teil der Behistun-Inschrift kopiert, was sich als Glücksfall erwies, da dieser viel leichter zu entschlüsseln war als die anderen Teile. Später gelang es Henry Rawlinson, einem Colonel der Ostindien-Kompanie, als Erstem, die beiden anderen, in elamitischer und babylonischer Sprache abgefassten Inschriften zu kopieren. Rawlinson war von 1836 bis 1838 in der Nähe von Behistun stationiert, und so war es ihm möglich, die hoch oben an einer Felswand angebrachten und damit fast unzugänglichen Inschriften zu erreichen, wobei er Seile, Leitern und Hängebrücken zu Hilfe nahm.

Henry Rawlinsons Karriere begann 1827, als er als Kadett in den Dienst der Ostindien-Kompanie eintrat, einem riesigen Konzern, der zwischen 1612 bis 1857 faktisch über weite Teile des indischen Subkontinents herrschte. Er studierte Persisch und wurde zur Ausbildung der Armee des Schahs abkommandiert. Am Anfang des 19. Jahrhunderts war Persien – der heutige Iran – zwar neutral, aber ein umkämpftes Gebiet, in dem vor allem Großbritannien und Russland miteinander um Einfluss rangen, was auch als „großes Spiel" bezeichnet wird.[78] Rawlinson interessierte sich für antike Inschriften und wurde so auf die Behistun-Inschrift aufmerksam. 1835 gelang es ihm – unabhängig von Burnouf –, den persischen Teil zu übersetzen. Hiervon ausgehend konnte er auch die beiden anderen Abschnitte entschlüsseln. Nachdem er in den verlorengegangenen britischen Krieg in Afghanistan 1839–1842 involviert gewesen war, gelang es ihm 1845, in Bagdad einen politischen Posten zu bekommen. Rawlinson blieb bis 1849 in Vorderasien und kehrte dann nach über zweiundzwanzig Jahren in der Region nach London zurück. Während seiner Zeit in Bagdad unternahm er große Anstrengungen zur Entschlüsselung der Keilschrift.

Von Rawlinsons Bemühungen wusste der irische Priester und Orientalist Edward Hincks nichts, als er zwischen 1835/1836 und 1857 mehr als zwei Jahrzehnte lang zeitgleich mit Rawlinson daran arbeitete, den Keilschrift-Code zu entschlüsseln. Später versuchte sich noch der Deutsch-Franzose Julius Oppert an der unbekannten Sprache, und auch Henry Fox Talbot, ein britischer Wegbereiter der Fotografie, sowie der englische Sprachwissenschaftler Edwin Norris unternahmen ähnliche Versuche. In der Zwischenzeit waren bei Grabungen in Ninive zwischen 1843 und 1853 zahlreiche neue Texte entdeckt worden, und

---

[77] Der Stein von Rosette wurde von Napoleons Truppen in Ägypten entdeckt und war sehr wichtig für die Entschlüsselung der ägyptischen Hieroglyphen.

[78] „Das große Spiel" („The Great Game") bezieht sich auf den geostrategischen Kampf zwischen dem russischen Reich und dem britischen Empire im 19. Jh. um die Vorherrschaft in Teilen Zentral- und Vorderasiens. Von zentraler Bedeutung war dabei die Kontrolle über Afghanistan, wo es von 1839–1842 zum Krieg kam. Zu der vor allem im britischen Kontext verbreiteten Sichtweise eines „großen Spiels" siehe Hopkirk, *The Great Game. On Secret Service in High Asia*.

zwar nicht nur Monumentalinschriften, sondern auch Tontafeln mit unterschiedlichen Texten.

Es dauerte etliche Jahre, bis die in Ninive ergrabenen Paläste und Gebäude eindeutig zugeordnet werden konnten, auch weil die Namen besonders schwer zu entziffern waren. Deshalb wussten die Forscher nicht, wer die entdeckten Paläste erbaut hatte. Ein erster großer Fortschritt bei der Entschlüsselung des Akkadischen datiert in das Jahr 1850. Edward Hincks veröffentlichte einen Aufsatz, in dem er die Grammatik und Struktur des assyrischen erläuterte. Auch Henry Rawlinson publizierte eine Darlegung, in der er seine eigenen Beobachtungen um einige zentrale Erkenntnisse von Hincks ergänzte, vor allem um die Entdeckung des silbenbildenden Charakters der Schrift. Beide lagen im Streit miteinander, weil Rawlinson die Arbeit von Hincks nicht entsprechend würdigte und die Ergebnisse insgesamt als seine eigenen ausgab.[79]

Der offizielle Durchbruch in der Geschichte der Entschlüsselung der Keilschrift lässt sich auf das Jahr 1857 datieren. Es wurde ein Art Blindversuch gestartet, bei dem die vier führenden Übersetzer jeweils den gleichen unbekannten Text erhielten und jeder seine Übersetzung einreichen sollte. Die Übersetzungen von Rawlinson und Hincks wiesen deutliche Übereinstimmungen auf. Oppert und Talbot wichen an manchen Punkten ab und enthielten einige Fehler, die sich durch Opperts mangelnde englischen Sprachkenntnisse sowie durch Talbots vergleichsweise geringes Alter und seine fehlende Erfahrung erklären ließen. Mit diesem Wettstreit galt die Keilschrift offiziell als entschlüsselt. Julius Oppert stellte als Erster die These auf, dass die Keilschrift ursprünglich zum Schreiben einer nicht semitischen Sprache geschaffen worden sei. Dies bestätigte sich später. Oppert hat die Sprache auch zutreffend als Sumerisch bestimmt. Insgesamt ist die Geschichte der Keilschrift-Entschlüsselung verwickelt und noch nicht vollständig dokumentiert.

Assyrien: Die Entdeckung der Vergangenheit und die nationalen Interessen Europas

Die Erforschung des alten Mesopotamien wurde als „Assyriologie" bezeichnet, weil Assyrien die erste der beiden wichtigen Kulturen der Region war, die entdeckt wurde. Assyrien umfasst den nördlichen Teil, während die südlichen Gebiete als Babylonien oder einfach Babylon bezeichnet werden. Neben Ägypten waren dies die Supermächte des biblischen Kosmos.

Die Forschungen und Grabungen Paul-Émile Bottas und Austen Henry Layards förderten, wie sich dann zeigte, die Residenzstädte der assyrischen

---

[79] Larsen, *Versunkene Paläste*, 436–442.

KönigInnen zutage. Als einer der ersten ForscherInnen versuchte Layard, einen Plan der Stadt Babylon anzufertigen. Anhand der Lebensläufe von Botta und Layard lässt sich gut erkennen, wie damals die Erkundung der Vergangenheit und die ersten Ausgrabungen Hand in Hand gingen mit den geostrategischen Interessen ihrer Herkunftsländer. Wir werden noch sehen, dass sich in dieser Epoche der Entdeckungen, Erkundungen und Ausgrabungen die Haltung gegenüber Asien gut erkennen lässt, die den archäologischen Unternehmungen europäischer DiplomatInnen und ForscherInnen zugrundeliegt. Die Absichtserklärungen der EuropäerInnen hörten sich oft erst einmal gut an. Häufig wurde behauptetet, dass sie die Spuren der Vergangenheit bewahren wollten, denen die damalige Bevölkerung dieser Regionen keine besondere Bedeutung beimaß. In dieser Haltung kommt jedoch auch die zeitgenössische eurozentrische Weltsicht zum Ausdruck, die auf andere Völker und Kulturen herabsah, die als „natürlicher" und damit implizit als minderwertig galten.

Im Rückblick auf das 19. Jh. ließe sich nun kritisch über unsere jüngere Vergangenheit urteilen – unter anderem über die Art und Weise, wie jetzt die Geschichte der „Entdeckung" Mesopotamiens neu erzählt wird. Selbst wenn sich im Rückblick Fehler und Borniertheit erkennen lassen, wird hingegen leicht der Einfluss übersehen, den die Haltungen früherer Epochen auf uns ausübten und bis heute ausüben. Der seit der Mitte des 19. Jh. angesammelte Schatz an wissenschaftlichem und historischem Wissen bildet noch immer die Grundlage für das westliche Verständnis des alten Vorderen Orients. Die von Botta, Layard und anderen entdeckten alten mesopotamischen Kulturen wurden als Teil der westlichen Geschichte rezipiert und interpretiert. Insbesondere war es die Verbindung zur Bibel, die bei den EuropäerInnen das Interesse an diesen Kulturen weckte. In Europa gehörte die Suche nach Ausstellungsobjekten für die Museen, die Begeisterung für die eigene Vergangenheit und die geostrategischen Interessen zusammen. Dies ging allerdings damit einher, dass man sich für die tatsächlich in diesen Gebieten lebenden Menschen kaum interessierte, wobei Layard manchmal als Ausnahme angesehen wird. Weil er nicht der Oberschicht entstammte, könnte er im Umgang mit den Menschen im Allgemeinen und insbesondere in der Art und Weise seiner Beschreibung der verschiedenen Kulturen, mit denen er in Kontakt kam, einen anderen Blickwinkel eingenommen haben. Im Großen und Ganzen knüpfen die EuropäerInnen jedoch nur insoweit Beziehungen zur einheimischen Bevölkerung vor Ort, wie es aus praktischen Gründen notwendig war. Kaum einmal waren sie daran interessiert, wie die damaligen Bewohner ihre VorfahrInnen sahen, deren Welt sie gerade ausgruben, oder welches Interesse sie vielleicht an ihnen hatten.[80]

---

[80] Zu einer kritischen Überprüfung der Folgen dieser westlichen, imperialistischen Herangehensweise an die Erforschung Mesopotamiens und der Wissenschaft, die auf dieser frühen Phase aufbaut, siehe: Bahrani, Çelik und Eldem (Hg.), *Scramble for the Past. A Story of*

Die ersten in Europa bekannt gewordenen mesopotamischen Objekte waren von Claudius Rich (1787–1821) nach Großbritannien gebracht und ab 1836 im Britischen Museum ausgestellt worden. Rich lebte in Bagdad und vertrat in der Region die Ostindien-Kompanie, und er interessierte sich für Geschichte und Inschriften. Er war auch nach Babylon gereist. Im Unterschied zu den Forschern, die Babylon durch die Brille der Bibel betrachteten, war Rich einer der ersten, die sich bei ihrer Beschreibung kritisch mit den Quellen wie der Bibel oder den antiken griechischen Texten auseinandersetzten. Dabei findet sich in einer illustrierten amerikanischen Bibel aus dem Jahr 1818 die wahrscheinlich erste Illustration mesopotamischer Kunst, die größere Verbreitung erfahren hat; sie zeigt einen Holzschnitt vom Turm zu Babel und zwei Keilschrifttafeln, die perfekt wiedergegeben wurden.[81]

Die neuzeitlichen Bemühungen um eine Entdeckung Mesopotamiens waren zunächst davon geprägt, dass England und Frankreich darum konkurrierten, im Nahen Osten Fuß zu fassen und ihre Nationalmuseen aufzubauen. Das Movens dieser Bemühungen war das europäische Streben danach, den Einflussbereich durch militärischen Imperialismus, Diplomatie und Handel zu erweitern; gegen Ende des 19. Jh. wurde aus dieser Einflussnahme unverhohlener Kolonialismus. Admiral Nelsons Sieg über Napoleon bei Abukir in Ägypten im Jahr 1798 ist ein gutes Beispiel dafür, wie eng die militärischen Bestrebungen mit der Suche nach Objekten verknüpft waren, die sich in Museen ausstellen ließen. Die britische Royal Navy zerstörte die französische Flotte und nahm das meiste von dem an sich, was die französische Expedition zusammengetragen hatte. Vor allem nach der Schlacht von Waterloo 1815, als die Briten den größten Teil der Schätze des Louvre beschlagnahmten, versuchten die Franzosen erneut, Objekte für ihr Museum in ihren Besitz zu bringen. In den 1830er Jahren hatte der aus Deutschland stammende Julius Mohl, der innerhalb der wissenschaftlichen Zirkel von Paris einigen Einfluss hatte, den Traum, Objekte aus Ninive zu erwerben, die im Pariser Louvre ausgestellt werden könnten.

Paul-Émile Botta

Paul-Émile Botta erschien Julius Mohl als der Richtige, um die Antiken zu erwerben, und so wurde er 1841 als französischer Konsul nach Mossul im Nordirak entsandt. Zu dieser Zeit stand das Gebiet unter osmanischer Herrschaft. Zuvor hatte Botta von 1826 bis 1829 die Welt umsegelt; dabei hatte er sich vor

---

Archaeology in the Ottoman Empire, 1753–1914, insbesondere der Essay von Malley, *The Layard Enterprise. Victorian Archaeology and Informal Imperialism in Mesopotamia*, 99–123.

[81] Diese Bibel ist beschrieben in: Benjamin R. Foster, *The Beginnings of Assyriology*, 46.

allem mit Naturphänomenen beschäftigt und viele Pflanzen und Tiere gesammelt und beschrieben. Er war eine Zeitlang in Ägypten gewesen und sprach Arabisch. Auch hatte er den Bericht von Carsten Niebuhr gelesen, zu dem eine Karte von Mossul gehörte, auf der ein von Niebuhr als Ninive bezeichnetes Gebiet mit mehreren Hügeln eingezeichnet war. Botta und sein Auftraggeber folgerten, dass sich unter diesen Hügeln Ruinen befinden könnten. Bottas Aufgabe in Mossul bestand darin, Spuren der antiken Stadt Ninive zu finden. In Ninive selbst konnte er jedoch nicht reüssieren. Der riesige Grabhügel namens Kujundschik war noch nicht ergraben worden. Nirgends hatte es hier bislang archäologische Ausgrabungen gegeben, und Botta und seine Mitarbeiter verfügten nicht über das nötige methodische Know-how, um ein Bild von den zahlreichen Schichten an Überresten menschlicher Besiedlung zu gewinnen.[82]

Nach enttäuschenden und frustrierenden Jahren gelang Botta ein Durchbruch. Bekannte hatten von einem etwas weiter entfernt liegenden Dorf namens Chorsabad erzählt, wo Gerüchten zufolge Schätze aus der Antike vergraben waren. Er hatte seine Zweifel daran, schickte aber ein Arbeitsteam dorthin, um einige Probegrabungen durchzuführen, bei denen Reliefs und Statuen entdeckt wurden. Nach und nach gelangte Botta zu der Überzeugung, dass diese echt waren. Er begab sich nach Chorsabad, wo er einen ganzen assyrischen Palast fand.

Als das Bauwerk sechs Jahre später zugeordnet werden konnte, zeigte sich, dass es sich um den Palast des neuassyrischen Königs Sargon II. handelte, der von 722–705 v. Chr. in Assyrien herrschte. Die Stadt trug den Namen Dur-Scharrukin. Da sie aufgegeben worden war, musste sich die Ausgrabung nur durch eine einzige Siedlungsschicht hindurchkämpfen, und diese lag zum Glück nur knapp unter der Erde. Botta und sein Arbeitsteam fanden riesige Flachreliefs aus Kalkstein, mit denen die Wände und Tore des Palastes verziert waren. Am Ende ergruben sie mehr als vierzehn Räume und mehrere riesige

---

[82] Die Fakten der Entdeckung Mesopotamiens im 19. Jh. sind in mehreren hilfreichen Darstellungen dokumentiert, zu denen auch drei kurze Essays im Band *Wahrheit* der Berliner Ausstellung von 2008 zählen: Taylor, *Die britischen Forschungsreisenden*; Chevalier, *Die archäologischen Ausgrabungen Frankreichs*; sowie Marzahn, *Die deutschen Ausgrabungen*. Ein Klassiker ist Lloyd, *Foundations in the Dust*. Fagan, *Return to Babylon*, ist eine gute, relativ neue und breite Einführung; bei Liverani, *Imagining Babylon*, findet sich eine weitere Darstellung; Larsens erweiterter Bericht *Versunkene Paläste* sticht besonders durch die zahlreichen Zitate aus Layards Briefen und anderen Primärquellen heraus. Eine kritische Perspektive auf Botta und Layard findet sich bei Bohrer, *Layard and Botta. Archaeology, Imperialism and Aesthetics*. Ein deutschsprachiger Artikel zu Botta findet sich im Reallexikon der Assyriologie und Vorderasiatischen Archäologie (RlA): Weißbach, *Botta, P.É.*; eine Übersetzung seiner Briefe und Schriften aus seiner Zeit in Ninive ins Englische liegt vor in *Illustrations of Discoveries at Nineveh*. Layards eigene Bücher sind jetzt auch im Nachdruck erhältlich; so etwa: *Nineveh and Its Remains*, Bd. I; *Discoveries among the Ruins of Nineveh and Babylon*; sowie auch in deutscher Übersetzung (Meissner, N.N.W., *Niniveh und seine Ueberreste*, sowie: Zenker, *Niniveh und Babylon*).

Statuen von geflügelten Stieren, die über fünf Meter hoch und mehrere Tonnen schwer waren. Die eigentlichen Ausgrabungsarbeiten waren allerdings zeitaufwändig und führten zu Konflikten mit den örtlichen Behörden. Man kann sich unschwer vorstellen, dass die örtlichen Oberhäupter diese Auswärtigen und ihr Projekt misstrauisch beäugten. Doch zwischen Mai und Oktober 1844 gelangten dank Botta und seinem Zeichner Eugène Flandin die ersten assyrischen Kunstwerke erstmals wieder ans Licht, seit sie vergraben und vergessen worden waren.

Zuerst konnten Botta und seine Mitarbeitenden natürlich die Bedeutung ihres Fundes nicht einschätzen. Die Entdeckungen wurden 1845 in der französischen Zeitschrift *Journal asiatique* veröffentlicht, doch weder der Name der Stadt noch ihr Alter waren bekannt und ebenfalls nicht, was die verschiedenen Reliefs oder die vielen in den Stein gemeißelten Inschriften bedeuteten. Diese Entdeckung ermöglichte aber europäischen HistorikerInnen und SprachwissenschaftlerInnen, die sich für das antike Mesopotamien interessierten, erste Einblicke in eine *völlig unbekannte* Welt. Botta konnte einen Teil der Relikte nach Frankreich bringen, was mit enormen Schwierigkeiten verbunden war. Zuerst mussten die tonnenschweren Statuen über 25 km auf dem Landweg nach Mossul transportiert werden, und dann wurden sie auf Flößen, die zum Teil dank luftgefüllter Schafhäute über Wasser gehalten wurden, den Tigris abwärts nach Bagdad und weiter nach Basra befördert. Von dort aus wurden sie per Schiff ganz um den afrikanischen Kontinent herum transportiert (der Suezkanal wurde erst 1869 eröffnet).

Im Jahr 1847 fand die erste Ausstellung assyrischer Monumente in Europa statt. Niemand fragte sich, ob es richtig war, die Objekte aus den Ausgrabungen nach Europa zu bringen. Damals ging es darum, zu den ersten zu gehören, die diesen Teil der Geschichte entdeckten, und für sich die Ehre zu reklamieren, sich für dieses kulturelle Erbe stark zu machen.

Austen Henry Layard

Botta war nicht der einzige, der sich in Ninive auf die Suche nach der antiken Geschichte machte. Die Konkurrenz zwischen Frankreich und Großbritannien hatte zu dieser Zeit schon zu einem Wettlauf um den Erwerb von Altertümern für die Nationalmuseen geführt. Dieser Wettbewerb hat jedoch das persönliche Verhältnis zwischen den beiden wichtigsten Ausgräbern und Entdeckern, nämlich Paul-Émile Botta und dem Engländer Austen Henry Layard, nicht beeinträchtigt. Sie blieben sich während der Jahre, in denen sie in der gleichen Region arbeiteten, freundschaftlich verbunden, was man von den späteren AusgräberInnen nicht immer sagen kann. Als junger Mann reiste Layard zunächst nach Ceylon (dem heutigen Sri Lanka). Er hatte keine Universität besucht und strebte einen Posten im Bereich des Handels an. Diese Reise führte ihn sowohl nach Persien (also in den heutigen Iran) als auch in verschiedene Teile des Irak. Etwa auf der Hälfte der Reise war er so angetan von dem, was er im Vorderen Orient erlebte, dass er sich umentschied und, statt nach Ceylon weiterzureisen, nach Konstantinopel ging, der kaiserlichen Hauptstadt des Osmanischen Reiches, wo er sich erbot, für das Britische Konsulat zu arbeiten.

Layard und Botta begegneten sich 1842 in Mossul, als beide ihre Entdeckungen noch gar nicht gemacht hatten. Von da an blieben sie im Kontakt und hielten sich gegenseitig über ihre Arbeit auf dem Laufenden. Botta berichtete Layard ausführlich über seine Entdeckungen in Chorsabad. Er schickte Layard sogar Kopien all seiner Berichte, so dass Layard sie sogleich lesen konnte, als er in Konstantinopel war, und nicht darauf warten musste, dass sie ihm aus Europa zugeschickt wurden.

Nach dem kurzen Besuch in Mossul im Sommer 1842 kehrte Layard 1845 dorthin zurück, um mit Unterstützung des britischen Konsuls in Konstantinopel, Sir Stratford Canning, eine zweimonatige Probegrabung durchzuführen. Da er keine gültige Grabungserlaubnis besaß, begann er seine Ausgrabungen unter der Hand in einem Nimrud genannten Hügel etwa 35 km südöstlich von Mossul. Diese ersten Grabungen ließen sich als Schatzsuche einordnen und waren eine Art Geheimoperation. Doch tatsächlich gab es damals keine offiziellen Vorschriften, wie sie heute für archäologische Projekte üblich sind. Layard verfügte über hervorragende Menschenkenntnis und war ein geschickter Netzwerker. So konnte er Arbeitskräfte anwerben, die der Pascha von Mossul nicht gut behandelt hatte und die deshalb zur Mitarbeit an einem Projekt bereit waren, das möglicherweise auf den Widerstand der örtlichen Behörden stieß. Layard und sein Ausgrabungsteam entdeckte sehr bald Wände mit Inschriften, waren aber enttäuscht, keine Flachreliefs entdeckt zu haben, wie Botta sie in Chorsabad gefunden hatte. Doch der britische Major Rawlinson, der die Fortschritte von Bagdad aus verfolgte, versicherte Botta, dass Inschriften von größerem Wert seien. Obwohl die Keilschrift noch nicht entschlüsselt war, erklärte Rawlinson, dass Texte auf lange Sicht viel bedeutsamer sein würden als Kunstobjekte. Rawlinson hatte seine eigenen Gründe, sich den Zugang zu Texten zu sichern; er bemühte sich um die Entschlüsselung der Keilschrift und wollte mehr Material bekommen, mit dem er arbeiten konnte.

Im Sommer 1846 konnte Layard einen *Ferman* – eine Grabungserlaubnis des osmanischen Sultans – erlangen, der ihm auch das Recht einräumte, Funde nach England zu schicken. Schließlich gewährte ihm auch die britische Regierung finanzielle Unterstützung. Doch schon bevor er diese Bestätigung erfuhr, hatte Layard – seiner Ansicht nach – vielversprechende Entdeckungen gemacht. Er war nun davon überzeugt, dass es auch in Nimrud Skulpturen und Reliefs von der Art gab, wie Botta sie in Chorsabad gefunden hatte.

Abb. 5.2: Statuen von geflügelten Stieren und Löwen, die *Lamassu* genannt werden, schmückten die assyrischen Paläste; Zeichnung von Henry Layard, 1853

Seine Ahnung hatte Layard nicht getrogen, und die Ausgräber fanden bald einen gigantischen Kopf, der, wie sich zeigte, zu einer von zwei riesigen Statuen geflügelter Löwen gehörte. Es wurden auch massive Statuen geflügelter Stiere entdeckt, die an beiden Seiten eines Eingangs gestanden hatten. Als die Ausgrabungen Ende 1846 begannen, gelangen Layard rasch weitere Entdeckungen; meist handelte es sich um Reliefs, aber auch um Objekte aus Glas und Elfenbein, die heute als einzigartig gelten. Später fand er auch Fresken. Diese verfielen im Kontakt mit der Luft jedoch rasch, aber laut Layard entsprachen die Motive denen auf den von ihm gefundenen Reliefs. In der Mitte des Hügels stieß er auf einen Palast mit weniger gut erhaltenen Reliefs. Doch gerade hier machte er eine der bedeutendsten Entdeckungen dieser ersten Ausgrabungsphase.

Layard und sein Arbeitsteam fanden einen fast zwei Meter hohen schwarzen Stein, der sowohl mit Bildern als auch mit Inschriften geschmückt war. Er lag auf der Seite und war sehr gut erhalten. Layard konnte die Inschriften nicht lesen, aber die Bilder legten Zeugnis von einem Feldzug in ein fernes Land ab, und sie zeigten Kriegsbeute in Gestalt seltsamer Tiere wie beispielsweise Elefanten und Nashörnern. Layard vermutete, dass es sich um Königin Semiramis und ihren Feldzug nach Indien handelte. Er schickte den Obelisken unverzüglich nach Bagdad, wo Rawlinson überaus angetan war und erklärte, dass sich allein wegen dieses Fundes alle Mühen in Nimrud gelohnt hätten.

Abb. 5.3: Der Schwarze Obelisk aus Nimrud in Assyrien; auf dem Relief ist auf der einen Seite der Abgesandte des israelitischen Königs Jehu zu sehen, der vor seinem assyrischen Oberherrn niederkniet

Erst 1866 und damit zwanzig Jahre später gelang es dem 26-jährigen George Smith, die Inschriften auf diesem Stein zu deuten, der man heute als „Schwarzen Obelisken" bezeichnet. Smith arbeitete am Britischen Museum daran, Keilschrifttafeln zu transkribieren und zu übersetzen. Er konnte den aus der Bibel bekannten König Jehu als die Figur bestimmen, die sich vor dem assyrischen König Salmanassar verneigt und ihm Respekt zollt.

In allen Inschriften aus den drei Palästen, die Layard ausmachen konnte – aus dem Nordwest-Palast, dem zentralen Palast und dem Südwest-Palast – werden die Namen von Königen genannt. Layard konnte diese Namen zwar nicht lesen, aber er konnte die Zeichen erkennen und merkte, dass sich bestimmte Namen wiederholten. Ausgehend von den Namen und der Untersuchung der Reliefs erstellte Layard eine Chronologie der Paläste. Er ging davon aus, dass der Nordwest-Palast der älteste war und vor der Zerstörung der Stadt aufgegeben wurde. Der zentrale Palast sei eine Generation später erbaut worden, nahm er an, doch dieser sei so schlecht erhalten, dass man sonst kaum etwas über ihn sagen könne. Der Südwest-Palast sei erst viel später gebaut worden, und für seinen Bau waren Materialien sowohl vom Nordwest-Palast als auch vom zentralen Palast verwendet worden. Er war noch nicht fertiggestellt, als die Stadt zerstört und niedergebrannt wurde. Layard verglich die Reliefs in stilistischer Hinsicht miteinander und kam auf dieser Grundlage zu dem Schluss, dass der Südwest-Palast in die gleiche Zeit wie Bottas Palast in Chorsabad zu datieren sei.

Layard verschiffte seine Funde Richtung London, schloss die Arbeiten ab und verließ Mossul im Juni 1847. Die Reliefs wurden in London ausgestellt, woraufhin sich eine Debatte darüber entwickelte, wie die Reliefs als Kunstwerke zu bewerten waren. Die ästhetischen Ideale der Zeit waren geprägt von der Verehrung der antiken griechischen Kunst, und das schlug sich in der öffentlichen Resonanz auf diese ausgesprochen ungriechischen Stücke nieder. Dem Zeitgeschmack zufolge besaß die – in den Worten Johann Joachim Winckelmanns, des einflussreichen Kunsthistorikers im 18. Jh. – „edle Einfalt, stille Größe" der altgriechischen Plastiken nicht ihresgleichen.[83] Kritiker waren der Ansicht, dass sich die Kunst Assyriens trotz der großen handwerklichen Leistung, die sich in den Reliefs zeigte, nicht weiterentwickeln konnte, wie das in Griechenland der Fall gewesen war. Der Tenor der Kritik war, dass die assyrischen Plastiken sehr alt seien. Nicht ganz folgerichtig war dabei die Annahme, dass sie alt sein müssten, weil sie so schön waren. Die KritikerInnen nahmen an, dass das assyrische kulturelle Erbe der Zerstörung anheimgefallen war, so dass die Qualität der Plastiken später nicht herausragend war. In der Debatte herrschte die Ansicht, dass die ältesten Skulpturen die schönsten gewesen seien und das Niveau später nicht gehalten werden konnte.[84]

Dabei war offensichtlich, dass die biblischen Vorstellungen von Babylonien und Assyrien in der Mitte des 19. Jh. die Ansichten über die assyrische Plastik beeinflussten oder auch einen Schatten auf sie warfen, und das gilt auch allgemein für die Interpretation des dort gefundenen Materials. Eine der wenigen deutlichen Ausnahmen hiervon bildete der Kunsthistoriker Richard Westmacott, der sich ernsthaft um einen Vergleich mit der griechischen Kunst bemühte und die Reliefs ziemlich treffsicher auf etwa 650–620 v. Chr. datierte. Doch

---

[83] Wiencke, Johann J. Winckelmann.
[84] Larsen, *Versunkene Paläste*, 143–146; 233–237; Larsen, *Europe Confronts Assyrian Art*, 26–35; 50. Etwas allgemeiner geht es bei Marchand, *Down from Olympus*, um den enormen Einfluss der antiken griechischen Kunst und ihre Rolle als Messlatte für die Kunst in Europa und insbesondere in Deutschland.

auch er ging selbstverständlich davon aus, dass die assyrische Plastik der griechischen nicht das Wasser reichen konnte.

Layards erstes Buch aus dem Jahr 1849 – in dem sich das in Kapitel 4 vorgestellte Fergusson-Aquarell findet – war in England ein voller Erfolg. Es vereinte in sich eine Abenteuergeschichte, einen Reisebericht, ein Geschichtsbuch und einen Entdeckungsbericht. Frustrierend war allerdings, dass die Keilschrift immer noch nicht entschlüsselt war, denn so konnte Layard die Paläste weder zeitlich ansetzen noch beim Namen nennen. Dennoch sorgte das Buch dafür, dass das Interesse an den Funden geweckt wurde, und Layard erfuhr im Britischen Museum endlich etwas Anerkennung. Sogar Prinz Albert und eine Regierungsdelegation besuchten die Ausstellung. Layards Buch war mit einem schmalen Budget produziert worden, weshalb der Band erschwinglich war und so ein breites Lesepublikum erreichte. Ganz anders war das bei Bottas Funden in Frankreich, die in wunderbar gebundenen, hochpreisigen Bänden veröffentlicht wurden. Infolgedessen wurden die Funde in Frankreich nicht von einer breiteren Öffentlichkeit rezipiert, und ihre Wirkung auf die Kunst und die öffentliche Meinung blieb deutlich hinter der in der angelsächsischen Welt zurück.

Der König und die Paläste erhalten Namen

Als sein Buch erschien, war Layard auf dem Weg nach Mossul bereits wieder in Konstantinopel angekommen. Nun ging es darum, auch in Babylonien, also weiter im Süden, Ausgrabungen durchzuführen. Obwohl Layard jüngst größere Anerkennung erfahren hatte, verfügte er weder über die notwendigen Mittel, noch besaß er einen neuen *Ferman*. Vielmehr hatten der britische Vizekonsul Christian Rassam sowie Henry James Ross, ein in Mossul ansässiger britischer Geschäftsmann, in den zwei Jahren, die Layard in England verbracht hatte, weiter am Hügel von Kujundschik gegraben, um den britischen Anspruch auf Ninive aufrechtzuerhalten. Als Layard 1849 zurückkehrte, sah er, was sie zutage gefördert hatten. Kujundschik war der Hügel von Mossul, wo Botta nur wenige Jahre zuvor nichts hatte entdecken können.

Die Reliefs, die Rassam und Ross in Kujundschik gefunden hatten, waren durch einen Brand zerstört worden, aber Layard erkannte, dass ihr Stil den Reliefs aus Chorsabad mehr ähnelte als denen aus Nimrud. So fand sich beispielsweise eine Technik wie die Zentralperspektive, und neben Figuren wurden auch Landschaften dargestellt. Darüber hinaus schien es so, als ob in jedem Raum an den Wänden eine Geschichte erzählt wurde, meist über einen Feldzug.

Im Laufe des Jahres 1850 machte Layard einige weitere bedeutsame Entdeckungen. In dem Palast, den er auf dem Hügel von Kujundschik freigelegt hatte, fand er parallel zu einer Art Fassade die Überreste zehn kolossaler Stierstatuen. Teile dieser Fassade waren in einer Schlucht verschwunden. Layard vermutete, dass dieser Palast von (dem aus der Bibel bekannten) Sanherib erbaut worden war. Diese These wurde auch von Inschriften gestützt, die Edward Hincks gelesen hatte, doch Rawlinson widersprach hier vehement. Es sollten die zwischen den Beinen dieser Stiere gefundenen Inschriften sein, durch die das Rätsel schließlich gelöst werden konnte.

Während seiner Grabung in Kujundschik arbeitete Layard weiter in Nimrud und brachte Funde aus der vorherigen Ausgrabung wie etwa große Löwen mit menschlichen Gesichtern außer Landes. Auch hielt er Ausschau nach neuen Ruinen. Es gelang ihm unter anderem, einen Raum voller Gegenstände aus Metall zu entdecken – Schwerter und Dolche, Schilde, Hämmer, Sägen –; daneben fanden sich dort auch Objekte aus Elfenbein inklusive ganzer Stoßzähne sowie Glasflaschen. Auf einer der Flaschen befand sich eine Inschrift, die den König von Chorsabad als Besitzer der Kleinodien nannte. Hinsichtlich der Datierung wurde der Nordwestpalast in Nimrud durch diese Entdeckung noch enger mit Chorsabad verknüpft.

Zu dieser Zeit (1849) waren sich französische SprachwissenschaftlerInnen und andere ExpertInnen bereits sicher, dass es sich bei dem Erbauer des Palasts in Chorsabad um Sargon II. handelte (der in Jesaja 20,1 erwähnt wird), dessen Regierungszeit sie auf 710–668 v. Chr. datierten. Dass es Sargon war, traf zu, und die Datierung war nahezu korrekt. Der irische Sprachwissenschaftler Edward Hincks hatte eine Zeitlang behauptet, der Palast in Kujundschik sei von Sanherib erbaut worden. Rawlinson dagegen bestritt lange, dass die aus der Bibel bekannten Könige etwas mit diesen Palästen zu tun hätten, möglicherweise weil er die Bibel im Hinblick auf historische Angaben für nicht verlässlich hielt. Größeres Vertrauen setzte er in die griechischen Quellen. Trotzdem veröffentlichte Rawlinson 1851 einen langen Artikel, in dem er in einem der in den Inschriften auf den Stierstatuen in Kujundschik erwähnten Könige Sanherib erkannte, ohne allerdings zu erwähnen, dass Hincks dies bereits zuvor behauptet hatte. Wie sich zeigte, war dies zutreffend. Die Könige waren nun bekannt, sie konnten namentlich benannt werden, und glücklicherweise passten diese Namen zu denen, die aus den biblischen Berichten über Assur bekannt waren.

Rawlinson präsentierte auch mehrere andere „neue" Entdeckungen als seine eigenen, obwohl Hincks bereits zuvor die gleichen Thesen veröffentlicht hatte. Unter anderem trifft das für die Idee zu, dass die Keilschrift eine Silben- und keine Alphabetschrift ist. Die Geschichte der Entschlüsselung der Keilschrift ist eng mit dem Kampf zwischen diesen beiden Männern verknüpft, also dem Engländer Rawlinson (der 1851 zum Lieutenant Colonel befördert worden war), der von der Oberschicht im viktorianischen England unterstützt wurde, sowie dem irischen Priester und Gelehrten Edward Hincks. In jüngerer Zeit hat sich herausgestellt, dass Rawlinson für die Entschlüsselung mehr Ehre zuteil wurde, als ihm eigentlich gebührte; Hincks' Arbeit wurde erst vor kurzem angemessen gewürdigt.⁸⁵ Dies lag vor allem an der Stellung, die Rawlinson in der britischen Klassengesellschaft innehatte – Hincks besaß nicht den gleichen Status. Eine der bedeutendsten Leistungen Rawlinsons war die Veröffentlichung der seiner Ansicht nach wichtigsten Texte durch das Britische Museum in einer Reihe von Bänden unter dem Titel *The Cuneiform Inscriptions of Western Asia* (1861–1884).

Assyrien wird in die Weltgeschichte eingeschrieben

Erstmalig war es in den 1850er Jahren möglich, die assyrischen Paläste in die *Weltgeschichte* einzuordnen. Das Konzept einer Weltgeschichte war in der Renaissance entstanden und basierte längere Zeit auf der Bibel, wie wir bei den illustrierten Bibeln gesehen haben, die als allgemein bekannte Geschichte angesehen wurden (3. Kapitel). In der Zeit der Aufklärung wuchs das Bewusstsein dafür, dass die Welt größer war, und in Europa interessierte man sich zunehmend für alles, was möglicherweise der Ursprung der eigenen Kultur gewesen sein konnte.

Henry Layards zweites, 1853 erschienenes Buch ist eines der ersten einer Geschichtsschreibung, die sich assyrischer Quellen bedient. Dass er nun auf assyrisches Material zurückgriff, ist der wesentliche Unterschied zum ersten Buch; dort hatte er gezwungenermaßen im Dunkeln getappt, weil er nicht wusste, wer die von ihm ausgegrabenen Paläste erbaut hatte. Die in den Inschriften erzählten Geschichten konnten nun auch mit den Erzählungen der Bibel verglichen werden.

Auf den Reliefs aus einem der Räume des Palastes in Ninive wird die Geschichte der Eroberung der Stadt Lachisch durch Sanherib erzählt. Diese Stadt findet sich auch in der Bibel; dort ist sie eine von mehreren Städten in Juda, die der assyrische König erobert hat (2 Könige 18,13–14). Die Bilder aus dem assyrischen Palast erzählten nun zum ersten Mal die Geschichte aus der Perspektive des Feindes Judas, und zwar in ausgezeichneter Detailliertheit. Nun lag der Bericht des Siegers von der Belagerung und den Schlachten vor, die zur Niederlage des Reiches Juda geführt hatten.

Die Öffentlichkeit interessierte sich sehr für diesen neuen Entdeckungen, doch sie wurden auch als bedrohlich wahrgenommen. Viele Menschen befürchteten, es könnte etwas auftauchen, was den biblischen Texten widerspräche. Zu dieser Zeit wurde die biblische Sicht der Geschichte bereits durch neue

---

[85] Mehr über diese Neubewertung sowie eine ausgezeichnete Bibliographie finden sich bei Cathcart, *The Earliest Contributions to the Decipherment of Sumerian and Akkadian*.

Entwicklungen in der Geologie infrage gestellt. Vielfach wurde an der Vorstellung festgehalten, dass die Geschichte der Menschheit immer noch der biblischen Darstellung entsprach, auch wenn die Möglichkeit in Betracht gezogen wurde, dass die Erde älter sein könnte als in der Bibel angegeben, worin bereits ein Zugeständnis an manche geologischen Überzeugungen dieser Zeit lag. Nur wenige Jahre später geriet selbst diese gemäßigte Ansicht durch die Veröffentlichung von Charles Darwins *On the Origin of Species by Means of Natural Selection* (dt.: Die Entstehung der Arten durch natürliche Zuchtwahl) im Jahr 1859 ins Wanken.

Die Bibliothek Assurbanipals und die Leistungen des irakischen Gelehrten Hormuzd Rassam

Eine der bedeutendsten Entdeckungen von Texten aus dem antiken Irak war der Fund der Textsammlung, die als „Bibliothek Assurbanipals" bezeichnet wird. Zahlreiche dieser Texte wurden in Kujundschik gefunden. Henry Layard wurde allein die Ehre ihres Fundes zuteil, doch die eigentliche Entdeckung hatte sein Kollege Hormuzd Rassam gemacht. Rassam war ein assyrischer Christ aus Mossul, der mit Layard seit dessen erster Grabungen in Mossul zwischen 1842 und 1845 zusammengearbeitet hatte. Er war der jüngere Bruder Christian Rassams, des britischen Vizekonsuls in Mossul; Christian Rassam und seine englische Frau waren einige Jahre lang wichtige Kontaktpersonen für die Briten in Mossul.

Hormuzd Rassam hatte ab 1845 in England studiert und wurde 1852 damit beauftragt, die britischen Arbeiten in Assyrien zu überwachen, nachdem Layards nach England zurückgekehrt war. Zu dieser Zeit war das Interesse der Franzosen an der Region wieder erwacht, und ein erneuter Wettlauf um den Erwerb von Objekten für die Nationalmuseen hatte begonnen. Rassam fand sowohl die Bibliothek Assurbanipals als auch eine große Zahl anderer Keilschrifttafeln. Aufgrund des Zeitdrucks und der knappen Finanzmittel fand die Ausgrabung in Eile statt und wurde nicht gut dokumentiert. Zudem schrieb Rassam nicht das Buch, das ihm den Ruhm verschafft hätte, der ihm hätte gebühren können. Sein Bericht über die Ausgrabungen ist erst vierzig Jahre später 1897 erschienen. Dieser Bericht stellt ein interessantes Gegen-Narrativ zur gängigen Version der Entdeckungen dar und ist zugleich ein Gegenentwurf zu der bei den EuropäerInnen häufig anzutreffenden Haltung, dass sie sich die Schätze des antiken Irak angeeignet hätten, als ob sie ihnen zugestanden hätten. Rassam stammte aus Mossul, wollte aber in der britischen Gesellschaft

Anerkennung finden. Sein Bericht ist zutiefst durch seine Erfahrungen als „britischer Orientale" geprägt, als der er sich selbst bezeichnete.[86]

Die nach der Entdeckung der Bibliothek Assurbanipals erschienene neunte Auflage der *Encyclopædia Britannica* lässt erkennen, wie wenig Ehre Rassam zuteil wurde. Dort heißt es, dass Henry Layard und George Smith (der 1873 nach Mossul gereist war) die Entdeckungen gemacht hätten. Ebenso wenig wurde Rassam in einem Artikel von Victor Place, dem französischen Konsul in Mossul, namentlich erwähnt, sondern die Entdeckung wurde weniger bedeutenden Menschen zugeschrieben. Rassam wurde auch nicht erwähnt, als die Funde im Britischen Museum ausgestellt wurden; stattdessen wurde Rawlinson, der zu dieser Zeit Rassams Vorgesetzter in Bagdad war, die Anerkennung für die Entdeckung des Palasts von Assurbanipal zuteil. Die Marginalisierung Rassams geht wohl größtenteils darauf zurück, dass er aus dem Irak und damit nicht aus Europa stammte. Er zählte schlicht nicht. Wahrscheinlich hatte er sehr darum kämpfen müssen, Zugang zum britischen Gentlemen's Club zu erlangen und die vielen dort geltenden unausgesprochenen Verhaltensregeln zu befolgen.

Als Rassam Ninive ausgrub, war das Verhältnis zwischen Franzosen und Briten in Mossul nicht mehr so ungetrübt wie zu Layards Zeit. Rawlinson als britischer Vertreter in Bagdad sowie der französische Konsul Place hatten sich darauf geeinigt, Kujundschik unter sich aufzuteilen. Dies führte dazu, dass Rassam nicht an der Nordseite des Hügels graben konnte. Trotzdem grub Rassam dort heimlich nachts und entdeckte den Palast Assurbanipals. Die Franzosen hatten anscheinend davon Abstand genommen, dort jemals zu graben, weshalb Rassam sich im Recht fühlte, als er das Vorhaben selbst in Angriff nahm. Die Tatsache, dass er heimlich grub, spricht jedoch dafür, dass er befürchtete, dass man ihn daran hindern könnte.

Assyrien war die erste der beiden großen Kulturen Mesopotamiens, die Mitte des 19. Jh. von den Europäern „entdeckt" wurde. Während des hektischen Jahrzehnts zwischen 1842 und 1852 versuchten mehrere der bereits erwähnten ForscherInnen, die Überreste der antiken babylonischen Kultur im Süden des Landes zu untersuchen, doch sie gaben rasch frustriert auf. Layard war bereits 1840 auf seinen Reisen durch den Irak nach Babylon gelangt, und ihm war sehr daran gelegen, die Hügel zu erforschen und aufzuspüren, was dort im Verborgenen liegen mochte.

---

[86] Kazanghi, *Hormuzd Rassam*.

Zu guter Letzt: Babylon!

Bereits im Jahr 1811 hatte Claudius Rich Babylon besucht und eine detaillierte Beschreibung der Ruinen sowie eine Karte veröffentlicht. Doch bis zu einer systematischen Ausgrabung sollten noch fast hundert Jahre vergehen. In den Jahren 1849 und 1850 war der Brite William Kennett Loftus der erste Mensch aus Europa, der sich auf den langen Weg in den Süden Babyloniens machte. Er war Geologe und in die so genannte Türkisch-Persische Grenzkommission berufen worden. Deren Zweck bestand darin, Verhandlungen im Namen Großbritanniens zu führen und so zu versuchen, für Klarheit im Grenzgebiet des (heutigen) Irak und Iran zu sorgen. Umstritten war die Frage des Zugangs zum Schifffahrtsweg im Schatt el-Arab, der nach dem Zusammenfluss von Euphrat und Tigris in den Persischen Golf mündet. Um diesen Streitpunkt ging es auch in den 1980er Jahren; nun diente er als Vorwand für Saddam Husseins Krieg gegen den Iran. Das Gebiet südlich von Babylon war unwegsames, sumpfiges Gelände, das man nur in den Wintermonaten bereisen konnte. Loftus führte Probegrabungen in Warka (Uruk) und Senkere (Larsa) durch.[87]

Ein Jahr nach Loftus reiste auch Layard nach Babylon. Mit diesem Abstecher wollte er einen Teil des Auftrags erfüllen, der ihm für seine zweite Reise in die Region aufgegeben war. Im November 1850 ging er an Bord eines Floßes auf dem Tigris und fuhr von Mossul aus Richtung Süden. Die Ruinen von Babylon hatte er vor zehn Jahren zum ersten Mal gesehen. Das Ergebnis der ungefähr einen Monat dauernden Grabungen mit einhundert Arbeitskräften war ernüchternd, und Layard entschied, dass sich die Fortsetzung der Grabung nicht verantworten ließe, weil die finanziellen Mittel knapp waren und man nichts Passendes für das Britische Museum gefunden hatte. Er unternahm den Versuch, einen weiter südlich gelegenen Hügel namens Niffer zu erforschen, wo sich das antiken Nippur befunden hat. Auch hier war er enttäuscht und beschloss, dass sich Grabungen weder in Babylon noch in Nippur lohnten.

Erst später kamen in Nippur sowie in der antiken Stadt Lagasch große Mengen beschriebener Tafeln zutage, die für die Archäologie von großem Wert waren. Doch so weit war es 1850 noch nicht. Die Ruinen in Südmesopotamien waren anders als die Städte und Paläste, die Layard in Ninive ausgegraben hatte, und stellten vor ganz andere Herausforderungen. Hier gab es keine Reliefs oder behauene Steine. In den Ebenen im Süden wurde mit Lehm und Lehmziegeln gebaut, und von den antiken Gebäuden und Mauern war nur noch ein hügeliges Durcheinander vorhanden. Weil die archäologischen Methoden noch nicht so weit entwickelt waren, musste Layard angesichts dieser Schwierigkei-

---

[87] Larsen, *Versunkene Paläste*, 366–380. Zur Türkisch-Persischen Grenzkommission siehe Ateş, *The Ottoman-Iranian Borderlands*. Siehe auch Loftus' Reisetagebuch, *Travels and Researches in Chaldaea and Susiana*.

ten kapitulieren. Ein weiteres Problem bestand darin, dass der Nutzen einer Ausgrabung noch immer dadurch bestimmt wurde, was sich wohl von den Funden in europäische Museen wegschaffen lassen würde; Layard konnte nichts entdecken, wodurch sich die Kosten rechtfertigen ließen. Hinzu kam die instabile politische Situation im Süden sowie die Tatsache, dass Layard in dieser Zeit schwer an Malaria erkrankt war und immer wieder unter Fieberschüben litt. Auch hatte er sich eine Lungenentzündung zugezogen und überlebte die Rückreise nach Mossul nur knapp.

Auch eine aus Fulgence Fresnel und Julius Oppert bestehende französische Delegation begab sich zu dieser Zeit nach Babylon, obwohl Frankreich eigentlich vor allem in Chorsabad tätig war. Fresnel hatte Arabisch studiert und versah seit einiger Zeit seinen Dienst als Konsul in Dschidda am Roten Meer. Auf der Expedition nach Babylon 1851 fanden er und Oppert farbenprächtige Stücke glasierter Ziegelsteine. Insgesamt waren sie allerdings mit den Ergebnissen der Ausgrabung nicht zufrieden, und sie standen wegen fehlender Finanzmittel unter Druck. Um nachverfolgen zu können, wie sich der Lauf des Euphrat mit der Zeit veränderte, hatten sie darum gebeten, einen Landvermesser mitnehmen zu dürfen. Ihrem Wunsch wurde aber nicht entsprochen, vielleicht weil sie ihrer Zeit voraus waren.[88] Erst in den 1980er Jahren wurde der Landschaftsarchäologie und der prähistorischen Archäologie ein wichtiger Platz in der Archäologie eingeräumt.

Die meisten Funde aus Chorsabad und alle Funde aus Fresnel und Opperts Erkundung Babylons im Jahr 1851 gingen bedauerlicherweise 1855 – zusammen mit Places persönlichen Gegenständen – auf dem Transport in die Hafenstadt Basra verloren. Fast eineinhalb Jahre lang standen die Kisten mit allen Funden im Binnenhafen von Mossul. Ein Schiff sollte aus Paris kommen und die Ladung in Basra abholen, doch aufgrund des Krimkriegs, der sich hinzog und einen Großteil der maritimen Ressourcen band, waren kaum Schiffe verfügbar. Nicht vom Verlust betroffen war eine Karte der Umgebung von Babylon, die später für die deutschen Ausgrabungen in Babylon eine wichtige Rolle spielte.[89]

---

[88] Larsen, *Versunkene Paläste*, 404–416.
[89] Larsen, *Versunkene Paläste*, 451–458.

Wegweisende Grabungen im Süden und das Suchen nach Tafeln

Nachdem das Rätsel der Entschlüsselung der Keilschrift gelöst war, bestand die nächste große Aufgabe bei der Erforschung Mesopotamiens darin, die im Britischen Museum und im Louvre aufbewahrten Tausende von Fragmenten aus Nimrud und Kujundschik zu katalogisieren und Zeichnungen von ihnen anzufertigen. Das war mühselig, und es tauchen auch heute nach mehr als hundert Jahren immer noch neue, nicht identifizierte Fragmente auf, die Lücken in bekannten Texten schließen und neue Informationen liefern können. In der zweiten Hälfte des 19. Jh. wurde die Suche nach neuen Tontafeln intensiviert, und die Funde förderten nach ihrer sukzessiven Übersetzung und Deutung neue und entscheidende Erkenntnisse über Babylonien zutage.

Nachdem Hormuzd Rassam im britischen Auslanddienst tätig gewesen war – wo er unter anderem an der Beendigung eines Geiseldramas in Äthiopien mitwirkte, nachdem Kaiser Tewodros II. eine kleine Gruppe britischer Staatsbürger mehrere Jahre lang gefangen gehalten hatte – wurde er in den Irak zurückbeordert, um für das Britische Museum möglichst viele beschriftete Tontafeln zu beschaffen. Mittlerweile war die Deutung der Texte von Nimrud und Kujundschik so weit fortgeschritten, dass der eigentliche Wert der Tafeln ermessen werden konnte. Das hatte allerdings zur Folge, dass nun mehr nach Tafeln gesucht wurde, die auf dem Antikenmarkt verkauft werden konnten. 1876 tauchten auf dem Antikenmarkt von Bagdad einige Tafeln auf, die angeblich aus dem Marduk-Tempel in Babylon stammten. Durch die hohe Nachfrage europäischer und amerikanischer Sammler und Museen stieg der Wert der Funde, die bei archäologischen Grabungen entdeckt wurden. Das wiederum brachte einheimische Arbeitskräfte und auch Grabungsangestellte dazu, die Artefakte illegal an sich zu nehmen, und immer mehr beschriftete Tontafeln nahmen ihren Weg zu Antikenhändlern in Bagdad.

Diese Ausplünderung setzte sich in den folgenden Jahren fort; seinen Höhepunkt erreichte das illegale Treiben in der Zeit um den Ersten Weltkrieg, ohne in der Nachkriegszeit aufzuhören. Erst gegen Ende der 1930er Jahre waren die Behörden des neu gegründeten Staates Irak in der Lage, den illegalen Antikenhandel zu kontrollieren. Daraufhin nahm dieser erheblich ab, bis 1991 der zweite Golfkrieg ausbrach, im Zuge dessen mehrere Museen geplündert wurden. Der Druck auf den Irak während des Boykotts in den 1990er Jahren und die daraus resultierende Verzweiflung der Menschen führte dazu, dass der illegale Handel wieder zunahm. Auch kam es zu illegalen Grabungen an archäologischen Grabungsstätten. Während der von den USA angeführten Invasion im Jahr 2003 wurde das Irakische Nationalmuseum verwüstet und geplündert, und zehntausende Objekte verschwanden von dort. Die illegalen Grabungen nahmen danach enorm zu, weil das System zum Schutz der Stätten des kulturellen Erbes zusammenbrach. Daneben richteten auch Militäraktionen und die Einrichtung von Militärlagern – auch in Babylon selbst – Schäden an.[90]

Abb. 5.4: Die Königin der Nacht; vermutlich eine Abbildung der Göttin Ischtar. Terrakottarelief ohne Herkunftsnachweis aus der Umgebung Babylons

Als Rassam zum Sammeln von Tontafeln entsandt wurde, hatten die osmanischen Behörden bereits neue Gesetze eingeführt, die es ihnen ermöglichten, eine stärkere Kontrolle über den Verkauf von Antiken auszuüben (in den Jahren 1874 sowie 1884).[91] Rassam konnte jedoch alle notwendigen Papiere vor-

---

[90] Emberling und Hanson (Hg.), *Catastrophe! The Looting and Destruction of Iraq's Past*; Stone und Bajjaly, *The Destruction of Cultural Heritage in Iraq*; Polk und Schuster (Hg.), *The Looting of the Iraq Museum, Baghdad. The Lost Legacy of Ancient Mesopotamia*.

[91] Eine kurze Einführung in die osmanischen Antikengesetze bietet Kersel, *The Changing Legal Landscape for Middle Eastern Archaeology*.

weisen und erhielt die Erlaubnis, ein großes Gebiet nach Tafeln abzusuchen. Von 1880 bis 1881 führte er Ausgrabungen in Sippar nördlich von Babylon durch, wo er zehntausende Tafeln beim Tempel des Sonnengottes Schamasch fand. Das Britische Museum erhielt zwischen 1878 und 1882 Tausende von Tafeln, die angeblich aus Babylon stammten. Obwohl nicht sicher war, wo genau sie herkamen, waren diese Texte doch eine Informationsquelle von unschätzbarem Wert. Einen noch größeren Wert hätten sie allerdings gehabt, wenn der Fundkontext hätte bestimmt werden können.

Eine neue Sicht auf die Geschichte der Menschheit

Die ersten Ausgrabungen in Südmesopotamien begannen, als Rassam in Babylon war. Dabei handelte es sich um die französische Expedition nach Lagasch und die amerikanische Ausgrabung in Nippur. Zwischen 1877 und 1900 gruben die Franzosen unter der Leitung von Ernest de Sarzec in Telloh, das für das antike Lagasch gehalten wurde, insgesamt elf Kampagnen lang und entdeckten dabei fast 40 000 beschriftete Tafeln. Auch in den folgenden Jahren wurden die Ausgrabungen fortgesetzt. Der größte Fund völlig intakter Tafeln, die sich noch an ihrem ursprünglichen Ort befanden, wurde leider von illegalen Ausgräbern heimlich ausgegraben, aufgeteilt und auf dem illegalen Markt an Sammler und Museen in Europa und den USA verkauft, wodurch es der Wissenschaft nicht möglich war, die Botschaft der Tafeln im ursprünglichen Fundkontext nachzuzeichnen.[92] Die Tafeln konnten als Verwaltungstexte aus den Tempelarchiven des antiken Sumer identifiziert werden. Viele stammten aus der Regierungszeit Ur-Nansches um 2500 v. Chr. Später fanden Historiker heraus, dass Ur-Nansche der Begründer der ersten Dynastie von Lagasch gewesen war.

Die zweite große und wegweisende Ausgrabung in Babylonien wurde von den USA in den Jahren 1889-1900 in Nippur vorgenommen. Es war die erste amerikanische Ausgrabung in der Region, und sie wurde unter der Leitung verschiedener Direktoren durch die Universität von Pennsylvania durchgeführt, aber privat finanziert. Im Jahr 1900 wurde eine riesige Bibliothek mit fast 30 000 Tafeln gefunden, die über einen Zeitraum von über zweitausend Jahren (von ca. 2500 bis 300 v. Chr.) entstanden war. Leider gab es bei dieser Grabung

---

[92] Zu Lagasch siehe Lloyd, *Die Archäologie Mesopotamiens*, 132-134 und 189-190. Ein knapper Überblick über die Ausgrabungen in Telloh und Nippur findet sich bei Fagan, *Return to Babylon*, 225-242. Später stellte sich heraus, dass es sich bei dem von de Sarzec ergrabenen Hügel um Girsu handelte, das religiöse Zentrum des Reichs von Lagasch. Einen Überblick über die Entwicklung der weltweiten Antikengesetze und das Problem des illegalen Antikenhandels bietet Renfrew, *Loot, Legitimacy, and Ownership*.

zahlreiche Probleme, und sie endete in einem Konflikt zwischen einigen Beteiligten.[93]

Viele der in Nippur gefundenen Texte stammen aus der Akkade-Zeit (2350–2193 v. Chr.) und der Ur III-Zeit (2112–2004 v. Chr.). Eine Zeitlang waren die ForscherInnen der Ansicht, dass der südwestliche Teil von Nippur, den sie „Tafelhügel" (Tablet Hill) nannten, eine Schreibschule gewesen sei. Später stellte sich heraus, dass sich in der Stadt, in der es über hundert Tempel gab, an zahlreichen Stellen Archive und Bibliotheken fanden. Mehr als zweitausend Jahre lang war Nippur – von nur kurzen Episoden abgesehen – ein religiöses Zentrum gewesen. Erstaunlich viele der wichtigsten heute bekannten religiösen Texte aus Sumer wurde hier gefunden. In vielerlei Weise war Nippur das religiöse Zentrum des südlichen Zweistromlandes gewesen. Einzig Babylon konnte Nippur in dieser Hinsicht das Wasser reichen.

Nachdem Zehntausende von Tafeln in Nippur und Lagasch entdeckt worden waren, zeichnete sich ab, dass die Geschichte Babyloniens bis 2500 v. Chr. zurückreichte oder sogar noch weiter. Schlagartig erstreckte sich die Geschichte Babylons nun deutlich weiter in die Vergangenheit, was die Sicht auf die Geschichte der Region völlig veränderte. Die in der Bibliothek Assurbanipals entdeckten Texte bezogen sich auf diese Vergangenheit, doch die Texte selbst waren viel jünger. Die ersten Ausgrabungen in antiken sumerischen Städten hatten nun Tafeln mit Texten zutage gefördert, die tatsächlich dieser frühen Zeit entstammten.

In der Bibelforschung wurde durch diesen gravierenden Perspektivwechsel eine gründliche Korrektur der Geschichte notwendig. Ägypten war nicht mehr die einzige Supermacht mit einer Hochkultur, die weit in die Vergangenheit zurückreichte. Sumer, Akkade, Babylonien und Assyrien waren schon über 1500 Jahre vor der Entstehung des Königtums in Israel Großmächte gewesen. Das biblische Geschichtsbild musste erweitert und ganz neu gedacht werden.

Als der Inhalt der sumerischen Texte in den folgenden Jahren bekannt wurde, ergaben sich hierdurch auch detaillierte Kenntnisse über das Funktionieren der Verwaltung in den Stadtstaaten Sumers und Akkades zu bestimmten Zeiten. Nun standen Erkenntnisquellen zur Verfügung, die seit dem Nieder-

---

[93] Einen Einblick in manche der Kontroversen zwischen den mit der Nippur-Grabung Befassten vermittelt der Artikel *The Rise and Fall of Hermann Hilprecht* der UPenn Gazette vom Januar/Febrzar 2003. Die Ergebnisse der Nippur-Ausgrabung wurden in der Reihe *The Babylonian Excavation* der Universität von Pannsylvania veröffentlicht: Babylonian Expedition of the University of Pennsylvania. *The Babylonian Expedition: Series A: Cuneiform Texts.* Philadelphia, 1893. Ausführlicher wird das Projekt in Meade, *The Road to Babylon* beschrieben. Siehe auch Ousterhouts Darstellung einiger der an der Nippur-Ausgrabung beteiligten Personen: *Archaeologists and Travelers in Ottoman Lands. Three Intersecting Lives.* Von 1948 bis heute hat das Oriental Institute der Universität Chicago in Nippur gegraben; dies ist die älteste durch die USA geleitete Ausgrabung überhaupt; ihre Jahresberichte finden sich unter: https://oi.uchicago.edu/research/projects/nippur-expedition#History_Excav.

gang dieser Kulturen vor 4.500 bis 2.500 Jahren nicht mehr zugänglich gewesen waren. Es zeigten sich nun in Umrissen, wie sich die Kultur Babyloniens entwickelt hatte, wie das antike Sumer seinen Aufstieg genommen hatte, wie die Dynastie von Akkade entstanden war und Babylonien später seine Blütezeiten erlebte. Doch die Stadt Babylon harrte noch immer ihrer Erforschung.

Die Stadt Babylon

1887 reiste ein deutscher Architekt namens Robert Koldewey zusammen mit dem Arabisten Bruno Moritz und dem Kaufmann H. F. Ludwig Meyer nach Babylon. Koldewey hatte zuvor von 1882 bis 1883 als Architekt an der amerikanischen Ausgrabung von Assos an der türkischen Westküste teilgenommen und 1885–1886 im Auftrag des Kaiserlich Deutschen Archäologischen Instituts auf der Insel Lesbos gegraben. Auf der Reise durch den Südirak führten Moritz und Koldewey Probegrabungen in Surghul und El-Hiba (Lagasch) durch, deren Ergebnisse Koldewey aber nicht überzeugten. Viele Jahre danach merkte er einmal an, dass er jemanden, der ihm 1887 gesagt hätte, dass er zwanzig Jahre später Babylon ausgraben würde, für verrückt erklärt hätte.[94]

Zehn Jahre später wurde Koldewey nach Abschluss mehrerer anderer Projekte eingeladen, an einer Vorexpedition nach Mesopotamien teilzunehmen, um nach geeigneten Stätten für deutsche Ausgrabungen Ausschau zu halten. Auf dieser Reise schloss sich ihm der Orientalist Eduard Sachau an. Sechs Monate lang bereisten sie ein Gebiet, das sich im Osten von Indien bis nach Ägypten im Westen und im Süden von Aden bis nach Chorsabad und Aleppo im Norden erstreckte. An dem Ort, an dem das antike Babylon lag, stießen sie auf zahlreiche Bruchstücke farbiger Glasur. Sachau war nicht nur semitist, sondern wusste auch viel über den muslimischen Gelehrten Al-Biruni, der im 11. Jh. im heutigen Afghanistan und Indien gelebt hatte. Als Sachau und Koldewey der Kommission in Berlin ihre Ergebnisse vorstellten, wurde Babylon als Grabungsort ausgewählt und Koldewey mit der Leitung der Ausgrabung beauftragt.

---

[94] Wartke, *Robert Koldewey und Sendschirli*, 69.

Die Deutschen treffen ein: Ausgrabungen in Babylon

Letztlich wurden die Behörden durch die Bruchstücke der bereits von den Franzosen fast fünfzig Jahre zuvor beschriebenen bunt glasierten Ziegel davon überzeugt, dass es sich lohnen würde, ein Großprojekt in Angriff zu nehmen, bei dem Babylon im Zentrum stünde, nämlich Deutschlands erste große Ausgrabung in Mesopotamien. Anders als englische oder französische Forschungsreisende waren die deutschen erst seit kurzem auf der Suche nach Objekten für ihre Nationalmuseen im Nahen Osten unterwegs. In Ägypten, Griechenland, in manchen türkischen Regionen – wie Troja – und sogar in Palästina hatten sie mit ihren Erkundungen bereits 1899 begonnen, doch in Mesopotamien erst jetzt.[95]

Seit der ersten Phase der Entdeckungen in Ninive zwischen 1842 und 1852 hatten sich in Europa auch in politischer Hinsicht große Veränderungen vollzogen. Nach dem Deutsch-Französischen Krieg 1871 kam es zur Gründung des deutschen Reiches. Zunächst nahm Deutschland unter Reichskanzler Bismarck eine eher zurückhaltende außenpolitische Haltung ein, die auf ein ausgeglichenes Kräfteverhältnis in Europa angelegt war. Doch mit Kaiser Wilhelm II. wendete sich das Blatt. Zwei Jahre nachdem Wilhelm II. den Thron bestiegen hatte, ersetzte er Bismarck 1888 durch einen anderen Kanzler, und es begann eine Zeit zunehmend expansiverer Außenpolitik, die vom Kaiser als *Weltpolitik* bezeichnet wurde. Deutschland baute seine Verbindungen zum Osmanischen Reich aus, was sich auf die Bedingungen für mögliche Ausgrabungen positiv auswirkte. Ein Beispiel für die weitreichenden Ambitionen des Deutschen Reiches in Vorderasien, die schließlich zur Beeinträchtigung der Beziehungen zu Russland, Frankreich und England führten, ist der Bau der Bagdadbahn von Berlin nach Bagdad.

Als 1899 mit den Ausgrabungen in Babylon begonnen wurde, hatten sich die archäologischen Methoden deutlich weiterentwickelt und waren auf einem ganz anderen Stand als zu der Zeit, in der Botta und Layard mehr als fünfzig Jahre zuvor Tunnel gegraben hatten, um an Steinreliefs zu gelangen. Außerdem ging die deutsche Expedition im Unterschied zu den Ausgrabungen in Nippur und Lagasch (Girsu-Telloh) viel sorgfältiger und systematischer vor. In vielerlei Hinsicht wurden durch die Ausgrabung von Babylon die methodischen Standards für die moderne Archäologie gesetzt. Da Grabungsleiter Koldewey zudem Architekt war, wusste er, wie wichtig es war, sich einen Überblick über die Größe der Gebäude zu verschaffen und die Anlage der Stadt zu dokumentieren. Die bei der Ausgrabung in Babylon angewandten Methoden dienten als

---

[95] In gründlicher und umfassender Weise wird das deutsche Interesse am „Orient" sowohl in wissenschaftlicher, intellektueller, politischer als auch in wirtschaftlicher Hinsicht in der Monographie von Marchand, *German Orientalism in the Age of Empire* behandelt.

Vorbild für die Ausgrabungen in den Ruinenhügeln der näheren Umgebung. Diese Hügel werden im Nahen Osten als *Tells* bezeichnet. Der Begriff ist vom hebräischen *tel* bzw. dem arabischen *tal* abgeleitet und bezieht sich auf einen künstlichen Hügel, der über die Jahrhunderte durch zahlreiche Besiedlungsschichten entstanden ist. Die von Koldeweys Leuten angewandten Methoden wurden von den vor Ort angeworbenen Arbeitskräften jeweils an die nächste Generationen weitergegeben; so wurden spezielle Techniken zum Auffinden von Mauern entwickelt sowie zum Entdecken von Gebäudegrundrissen in den sensiblen antiken luftgetrockneten Lehmziegeln. Besonderes Augenmerk galt der Stratigraphie (einer Methode, nach der die verschiedenen ergrabenen Erdschichten dokumentiert werden) und der Dokumentation des Kontextes von Kleinfunden. Die Ausgrabungen im Irak nach dem Ersten Weltkrieg, die auch unter amerikanischer, britischer oder anderer Leitung standen, orientierten sich alle an dem Verfahren, das nun als „deutsche Methode" bezeichnet wurde.[96]

Die Grabung in Babylon war das erste Projekt der kurz zuvor gegründeten Deutschen Orient-Gesellschaft. In Auftrag gegeben wurde das Projekt von Beauftragten der Königlichen Museen zu Berlin. Sie verhandelten mit den osmanischen Behörden, um die erforderlichen Genehmigungen zu erhalten, stellten Koldewey als Direktor ein und übertrugen der Deutschen Orient-Gesellschaft die Verantwortung für die Projektleitung.[97] Zunächst stellte der jüdische Geschäftsmann James Simon die Mittel bereit, später geschah dies durch den Kaiser selbst. Simon war in Berlin damals sehr bekannt; er führte eines der größten Baumwollunternehmen Europas und war der größte Steuerzahler Berlins. Auch war er ein Förderer der wachsenden deutschen Kultur und ein Freund Kaiser Wilhelms. Simon leitete viele philanthropische Projekte für Jüdinnen in Deutschland und sprach sich dafür aus, dass sich Jüdinnen in Palästina niederließen.[98]

---

[96] Eine praktische und gut zu lesende Darstellung der Ausgrabung von Babylon findet sich bei Leurpendeur, *Babylon wird ausgegraben*; einen Überblick über die „deutsche Methode" gibt Fagan, *Return to Babylon*, 246–253; weitere Einblick ein Koldeweys Beitrag zur archäologischen Methodik und zur Architekturgeschichte liefern van Ess, *Koldewey*, sowie und Machule, *Robert Koldewey*. Die „Ankunft" der Deutschen in der Assyriologie und der Archäologie Mesopotamiens ordnet Mario Liverani in seinem einzigartigen und meisterhaften Werk *Imagining Babylon* insbesondere in Kapitel 2.1 in ihren Kontext ein.

[97] Suzanne Marchand ordnet die Deutsche Orient-Gesellschaft in ihren damaligen geistesgeschichtlichen Kontext ein: *German Orientalism in the Age of Empire*, 162–174.

[98] Zu James Simon siehe Matthes, *James Simon. Mäzen im wilhelminischen Zeitalter*; sowie ders., *James Simon. Sammler und Mäzen*.

Das Ischtar-Tor, die Prozessionsstraße und der Marduk-Tempel

Die bei den Ausgrabungen in Babylon gefundenen Überreste stammen hauptsächlich aus der letzten Blütezeit Babylons, als es im 6. Jh. v. Chr. das Zentrum des Reiches von Nebukadnezar II. war. Nebukadnezar machte Babylon wieder zur größten Stadt Vorderasiens. Dies ist das Babylon, das Jerusalem bedroht, zerstört und verwüstet und so dem judäischen Königtum ein Ende bereitet hatte. Bei den Ausgrabungen fanden sich aber auch Spuren des ersten Babylon, also der Hauptstadt des altbabylonischen Reiches, des ersten Königreichs in Mesopotamiens, deren berühmtester König Hammurapi war (1792–1750 v. Chr.).[99]

Die spektakulärste Entdeckung der deutschen Grabung war das Ischtar-Tor mit der Prozessionsstraße, die durch das Tor hindurch in die Stadt führte. Die zuvor gefundenen Stücke bunt glasierter Ziegel stammten von diesen Bauwerken. Es zeigte sich, dass die Stadtmauer genau so massiv war, wie Herodot behauptet hatte. Die Mauern von Babylon bildeten ein komplexes Verteidigungssystem mit einer äußeren und einer inneren Mauer bei einer Gesamtstärke von 22 Metern. An einigen Stellen gab es in den Mauern weitere Verteidigungsanlagen, so dass ihre Stärke noch mehr an Herodots Angabe von 26 Metern herankam.

Abb. 5.5: Das Ischtar-Tor; Rekonstruktion von Robert Koldewey

---

[99] Koldewey, *Das wieder erstehende Babylon*.

Die Ausgräber begannen mit dem größten Hügel namens El-Kasr, dem „Palasthügel". Sie gruben von Osten her einen Graben und gelangten an die Prozessionsstraße, die vom Ischtar-Tor aus in südlicher Richtung entlang der Ostseite dieses riesigen Palastkomplexes verlief. Im Hügel El-Kasr legten die Ausgräber einen der Paläste Nebukadnezars frei, nämlich den Südpalast, das größte Gebäude Babylons. In dieser Südburg lag der Thronsaal Nebukadnezars, dessen Wände ebenfalls farbig glasiert und verziert waren. An der nordöstlichen Ecke des Palastes legten die Ausgräber ein Gebäude mit zahlreichen Bögen frei. Koldewey vermutete, dass dies der Ort gewesen sein könnte, an dem sich die Hängenden Gärten befanden.

Das Ischtar-Tor wurde erst in den Jahren 1909 und 1910 vollständig ausgegraben. Es zeigte sich, dass der Bau aus mehreren Schichten bestand. Die oberste, von Nebukadnezar erbaute Schicht bestand aus bunt glasierten Ziegeln und war teilweise oberhalb des heutigen Bodens zu sehen. Unterhalb davon fanden sich Reste einer mittleren Schicht sowie eine vollständig erhaltene untere Schicht. Die unten liegenden Schichten des Tores waren aus Ziegelsteinen gefertigt und zeigten Reliefs mit Stieren und einem drachenähnlichen Geschöpf namens *Muschchuschu*. Beide Tiere waren mit zwei der wichtigsten babylonischen Gottheiten verbunden: der Stier mit dem Wettergott Adad und das drachenähnliche Wesen mit Marduk, dem Stadtgott von Babylon. Nebukadnezar hatte sein Tor auf den Fundamenten früherer Bauwerke errichtet.[100]

Koldewey und sein Team entdeckten, dass die Prozessionsstraße aufgrund des stetig steigenden Grundwassers mehrmals angehoben worden war. Der Anstieg des Wassers ist der Hauptgrund dafür, dass von der altbabylonischen Stadt so wenig erhalten ist. Einige Abschnitte der neubabylonischen Schicht der Prozessionsstraße wurden mit großen Kalksteinen gepflastert, die in ein Bett aus Bitumen – einem asphaltartigen Material (das auch in der biblischen Geschichte vom Turm genannt wird) – gelegt wurden. Direkt südlich des Ischtar-Tors waren einige dieser Steine noch vollständig erhalten. Dahinter führte die Straße durch ein Gebiet, das oft von Wasser überschwemmt wurde, das nach Westen in einen Euphrat-Arm floss. Nebukadnezar hatte diesen Straßenabschnitt und auch das System von Kanälen erneuern lassen, durch die das Wasser um den Südpalast herumgeleitet wurde. Auch südlich des Hügels El-Kasr war ein mit hartem Kalkstein gepflasterter Abschnitt der Straße noch gut erhalten, auf dem sich Weiheinschriften Nebukadnezars fanden. Einige dieser Steine trugen auf der Unterseite den Namen des Assyrerkönigs Sanherib – sie waren von Nebukadnezar wiederverwendet worden. Sanherib hatte in der Stadt, die er später komplett zerstörte, Ausbesserungen vornehmen lassen und ihr nach der Eroberung etwa hundert Jahre vor Nebukadnezar seinen Stempel aufgedrückt (siehe im 6. Kapitel). Wo die Prozessionsstraße entlang der Außen-

---

[100] Koldewey, *Das wieder erstehende Babylon*, 32–39; die vollständige Publikation der Funde findet sich bei Koldewey, *Das Ischtar-Tor*.

mauern des Etemenanki-Komplexes verlief (des Komplexes, zu dem die antike Zikkurat gehörte; siehe unten), fanden sich in ihr Schichten aus gebrannten Ziegeln mit dem Stempel Nebukadnezars. Koldewey beschreibt eine dort gefundene Bauinschrift mit der Angabe, dass Nebukadnezar die Straße gebaut habe, sowie einem Datum des Baus.

Die Stücke der glasierten Ziegel, die die Finanziers vom Unternehmen der Grabung in Babylon überzeugt hatten, stammten von den Stier- und *Muschchuschu*-Reliefs des Ischtar-Tors sowie von Löwenreliefs, die die Mauern entlang der Prozessionsstraße schmückten.[101] Der Löwe war das Symbol der Göttin Ischtar.

Der höchste Hügel in Babylon, der über 25 Meter hoch war, wurde Tell Amran-ibn-Ali genannt und lag unweit des El-Kasr im Süden. In diesem Hügel fanden sich die Überreste des wichtigsten Gebäudes von Babylon, des Esangila, des Marduk-Tempels. *Esangila* ist sumerisch und bedeutet „Haus des erhobenen Hauptes". Um ihn zu untersuchen, mussten Schächte durch mehr als 20 m Schutt gegraben und enorme Mengen an Trümmern entfernt werden. Der Haupttempel ist fast quadratisch, misst etwa 80 mal 86 m und besitzt einen Innenhof von etwa 30 mal 38 m. Es handelt sich um eines der ältesten Gebäude Babylons, das vielleicht in Teilen noch aus der altbabylonischen Zeit König Hammurapis stammt. Der Tempelkomplex war von Nebukadnezar restauriert worden, und es gehörten zu ihm mindestens noch zwei weitere Tempel, von denen wohl einer dem Gott Ea gewidmet war.[102]

Zwischen dem El-Kasr und Esangila befanden sich die Überreste der babylonischen Zikkurat, des Tempelturms *Etemenanki*, was „Haus der Fundamente von Himmel und Erde" bedeutet. Dies war ein wohl sieben- bis achtstöckiger Turm, der vermutlich das Vorbild des Turms zu Babel war. Der Etemenanki stand innerhalb einer großen rechteckigen Backstein-Anlage, in der sich mehrere zum Turm gehörige Gebäude befanden. Bei diesen könnte es sich um Lagerräume, Räume für öffentliche Versammlungen und Wohnungen für die PriesterInnen und anderes zum Tempelkomplex gehöriges Personal gehandelt haben. In diesen Bereich gelangte man durch ein Tor in der östlichen Mauer der Anlage, das einen Zugang von der Prozessionsstraße aus ermöglichte. In südlicher Richtung befand sich höchstwahrscheinlich ein Tor, das zum etwa 250 m südlich des Etemenanki-Komplexes liegenden Esangila führte.[103]

Schon früh hatte George Smith einen in der Stadt Uruk im Süden entdeckten Text beschrieben, in dem von Etemenanki gesprochen wird. In diesem Text ist von einem Turm mit sieben Stockwerken die Rede. Der Text diente bei den

---

[101] Koldewey, *Das wieder erstehende Babylon*, 27–31.
[102] Koldewey, *Das wieder erstehende Babylon*, 200–209; Wetzel und Weißbach, *Das Hauptheiligtum des Marduk in Babylon, Esangila und Etemenanki*.
[103] Koldewey, *Das wieder erstehende Babylon*, 179–193, beschreibt dies erstmals nach den achäologischen Ausgrabungen, während Schmid, *Der Tempelturm Etemenanki*, eine eingehende Untersuchung über alles liefert, was man heute über Etemenanki weiß.

Ausgrabungs- und Interpretationsarbeiten in Babylon als Orientierung; leider erwies er sich aber nicht als sehr hilfreich. Außerdem war der Text während der eigentlichen Ausgrabung bereits verloren gegangen, und Koldewey und seine Leute lag nur eine von George Smith angefertigte vorläufige Beschreibung vor.[104] Es existieren weitere Texte, in denen die Gebäude und Stadtviertel von Babylon beschrieben werden. Diese haben manchmal eher Verwirrung als Klarheit gestiftet, doch sie enthielten auch Angaben, die für die Identifizierung von Bauwerken und für die Skizzierung eines Plans der Stadt von Nutzen waren.

Koldewey grub auch mehrere andere Tempel in Babylon aus – in der Stadt könnte es einst mehr als hundert Tempel gegeben haben, zu denen der Nabu-Tempel, der Ischtar-Tempel und der Ninmach-Tempel zählten. Grabungsteams erkundeten ebenfalls ein Areal mit Wohnvierteln und legten Teile der gewaltigen äußeren und inneren Mauern Babylons frei. Etwa 400 m nördlich des Ischtar-Tors wurde außerhalb der inneren Stadtmauern, aber innerhalb der Außenmauern auch die Sommerresidenz der neubabylonischen Könige ausgegraben.

Die deutsche Ausgrabung lieferte einen detaillierten Überblick über die Anlage einer antiken Stadt im heutigen Irak, und durch sie wurden diese Informationen erstmals zugänglich. Die von ihnen entwickelten neuen Methoden ermöglichten es ihnen, die Umrisse von Gebäuden und Mauern ausfindig zu machen, die aus ungebrannten Lehmziegeln erbaut worden waren.[105] In keiner der früheren Grabungen waren alle Funde so sorgfältig erfasst worden. Sie wurden nummeriert, ihr Kontext wurde notiert, und alles wurde abgezeichnet oder fotografiert. In den ersten Jahren waren bei der Ausgrabung auch Keilschrift-Fachleute zugegen. Später war Koldewey selbst für die Textfunde – insgesamt rund 5.000 beschriftete Tafeln – verantwortlich. Die Ausgrabungen dauerten nahezu ohne Unterbrechung von 1899 bis 1917, also siebzehn Jahre lang. Koldewey selbst hielt sich vom Beginn im Jahr 1899 bis 1914 ununterbrochen im Irak auf. Nach der Niederlage Deutschlands im Ersten Weltkrieg übernahm Großbritannien die Macht im neu geschaffenen Mandatsgebiet Irak, und die Deutschen mussten sich aus Babylon zurückziehen.

---

[104] Smith starb, bevor er die Möglichkeit hatte, ihn in Gänze zu veröffentlichen, doch der Text wurde inzwischen wiedergefunden und von George publiziert: *Babylonian Topographical Texts*, 418. Koldewey zitiert Smiths Übersetzung in *Das wieder erstehende Babylon*, 189–190.

[105] Van Ess, *Koldewey*, 91–103.

Karte 5.1: Skizze von Babylon zur Zeit Nebukadnezars im 6. Jh. v. Chr.

Altes und neues Babylon begegnen sich

Nachdem die Ausgrabung erste bedeutende Ergebnisse hervorgebracht hatte, stellte sich eine wichtige Frage: In welchem Verhältnis standen diese Ruinen zu der Machtfülle, die man in Europa in den vergangenen Jahrhunderten mit Babylon in Verbindung gebracht hatte? Die früheren Ausgrabungen in Assyrien, Nippur und Lagasch hatten völlig neue Erkenntnisse über das antike Mesopotamien und die ältesten Kulturen in Sumer, Assyrien und Babylonien erbracht. Die Entdeckung der assyrischen Paläste und die Entschlüsselung der Keilschrift hatten in England, Frankreich, Deutschland, den USA und anderen

Ländern für Aufsehen gesorgt. Auch die Entdeckung der antiken Schöpfungs- und Sintflutmythen – wie etwa der in das große Epos von Gilgamesch eingebetteten Sintflutgeschichte – wurde von einer breiten Öffentlichkeit wahrgenommen. Die meisten Kontroversen wurden aber durch den sogenannten „Babel-Bibel-Streit" ausgelöst. Diese Debatte über die Bedeutung Babylons wurde in Deutschland hitzig geführt, solange in Babylon gegraben wurde.[106]

Was war mit dem Turm zu Babel? Was mit den Hängenden Gärten? Der Turm wurde zwar gefunden, doch übrig waren nur noch die Fundamente. Koldewey behauptete zwar, er habe die Hängenden Gärten gefunden, aber dies stieß nicht auf allgemeine Zustimmung, und oft wurde bezweifelt, dass es die Gärten überhaupt gab. Es wurden weder Monumente noch gewaltige Skulpturen gefunden, die nach Europa gebracht und in einem Museum hätten ausgestellt werden können, wie das bei griechischen Skulpturen oder assyrischen Stieren und Reliefs der Fall gewesen war. Es gab auch nichts Spektakuläres wie die Akropolis von Athen, die Pyramiden von Gizeh oder die ägyptischen Königsgräber von Luxor, das man hätte besichtigen können.

Bis dahin war Babylon eine Rolle zugekommen, die auf die biblischen Erzählungen zurückging; es war Feind, Gegner oder Großmacht gewesen, entweder als Gottes Werkzeug zur Bestrafung Jerusalems oder als die Stadt, die Gott bestrafen wollte, oder aber als Symbol für das römische Reich oder eine andere unterdrückerische Macht. Im europäischen Bewusstsein lebte Babylon durch die Geschichten der Bibel, und vor diesem Hintergrund hatten die Babylon-Reisenden ihre Beobachtungen gedeutet. Historische Texte aus Griechenland, die in der Renaissance wiederentdeckt worden waren, hatten diesen Eindruck Bild um die Beschreibungen des Turms, der Tempel und der Dimensionen der Stadt ergänzt und das biblische Bild einer riesigen Stadt bestätigt, deren BewohnerInnen viele Götter verehrten. Auch die Mythen von den Hängenden Gärten und einem luxuriösem Leben bei Hofe gingen auf griechische Quellen zurück.

Am Ende bestand das bedeutendste Ergebnis der Ausgrabungen in Babylon wohl darin, dass die Stadt den Anspruch auf den ihr zukommenden Platz in der mesopotamischen Geschichte geltend machen konnte. Im nächsten Kapitel werden wir sehen, wie diese Geschichte ausgesehen haben könnte, deren Mittelpunkt Babylon bildete.

---

[106] Mit dem Babel-Bibel-Streit befasse ich mich eingehender im 7. Kapitel.

6 Von den Quellen Babylons

An der Wende zum 20. Jh. waren enorme Mengen an materiellen Überresten der mesopotamischen Kultur zusammengetragen worden. Es dauerte jedoch noch eine ganze Weile, bis das im Irak zu Tage geförderte Material entschlüsselt und interpretiert werden konnte und sich daraus eine kohärente historische Darstellung dieser Gesellschaften ergab. Die bedeutendsten Keilschrifttafeln stammten aus der Bibliothek Assurbanipals in Ninive, aus den sumerischen Stadtstaaten Lagasch und Nippur sowie aus Babylon. Zusammen mit den Reliefs aus Assur und den Überresten der Monumentalarchitektur und der materiellen Kultur aus Babylon und anderen Städten bildeten diese Tafeln nun die wichtigste Erkenntnisquelle für das antike Babylonien und Assyrien. Als die Texte nach und nach entschlüsselt und übersetzt waren, konnte die Forschung erstmals eine Darstellung der Geschichte entwerfen, die auf den materiellen Hinterlassenschaften der Kultur Babylons basierte. In den folgenden Jahrzehnten kamen wichtige Archive aus Assur, Kalchu, Sippar und Uruk hinzu.

Seit der Mitte der 1880er Jahre wurden die bahnbrechenden Erkenntnisse, die durch die Entschlüsselung der Keilschrift in den 1850er Jahren gemacht werden konnten, von HistorikerInnen in ersten großen Geschichtsdarstellungen des Altertums zusammengefasst. In Deutschland, England und Frankreich erschienen umfangreiche und oft mehrbändige Werke.[107] Die Überreste der babylonischen Monumentalarchitektur förderten neue Erkenntnisse über die Stadt Nebukadnezars II. im 6. Jh. v. Chr. zutage, doch die Geschichte Babylons erschöpfte sich darin bei weitem nicht. Ausgrabungen jüngeren Datums in mehreren antiken Städten ließen das Wissen noch weiter anwachsen; deshalb musste das Bild, das man sich in der Geschichtswissenschaft seit etwa 150 Jahren gemacht hat, erweitert und komplexer gestaltet werden. Viele der entdeckten Texte lagern noch immer unveröffentlicht in den Magazinen von Museen. Die Publikation einiger Texttafeln, die bei den Ausgrabungen in Babylon ge-

---

[107] Einige Beispiele hierfür sind: G. Rawlinson, *The Five Great Monarchies of the Ancient Eastern World*; Eduard Meyer, *Geschichte des Altertums*; Maspero (Pietschmann), Geschichte der morgenländischen Völker im Altertum; sowie R.W. Rogers, *A History of Babylonia and Assyria*. Zu den ersten Geschichtsdarstellungen der antiken Welt, die auch die archäologischen Funde aus Babylon berücksichtigten, zählen King und Hall, *Egypt and Western Asia in Light of Recent Discoveries*; King, *A History of Babylon*; sowie Jastrow, *The Civilization of Babylonia and Assyria*. Zu den ersten Geschichtsdarstellungen, die auf der Grundlage der Funde aus Assyrien entworfen wurden, zählt G. Smith, *Assyria. From the Earliest Times to the Fall of Nineveh*.

funden wurden, ist immer noch nicht abgeschlossen.[108] Historische Darstellungen müssen aufgrund neuer Entdeckungen permanent auf den neuesten Stand gebracht werden, und es dauert oft eine Weile, bis Missverständnisse und Fehler korrigiert sind.

Die Fortschritte in der prähistorischen Archäologie (bzw. Vor- und Frühgeschichte), einer um 1900 noch jungen Disziplin, führten bald zu neuen Erkenntnissen über die frühe Entwicklung des Menschen. Erst seit dem letzten Jahrhundert wissen wir, dass der Homo sapiens etwa 200 000 Jahre lang in Gesellschaften von Jägern und Sammlern gelebt hat. Mesopotamien zählte zu den ersten Regionen der Erde, an dem der Übergang zur Landwirtschaft und Sesshaftigkeit geschah. Deshalb sind Babylon und Assyrien von so großer Bedeutung, wenn man den Prozess nachzeichnen möchte, der als neolithische Revolution bezeichnet wird: als nämlich die Menschen begannen, Nahrungsmittel anzubauen, die aufbewahrt werden konnten. Sie bauten Getreide an und domestizierten Tiere. Ebenfalls in Mesopotamien kam es zu den ersten Urbanisierungsprozessen der Erde; die mesopotamischen Stadtstaaten gehören weltgeschichtlich zu den ersten Städten.[109]

Die archäologischen Funde zeigen uns ein völlig anderes Babylon als das in der Bibel beschriebene. Das bedeutet nicht, dass die biblische Sicht auf Babylon stark verzerrt oder völlig falsch wäre. Nebukadnezar II. ist eine archäologisch belegte, historische Figur, und er hat tatsächlich Jerusalem erobert und den dortigen Tempel zerstört. Aber dies geschah erst, als die Geschichte Babylons an ihr Ende gekommen war und Babylon eine letzte Blütezeit erlebte. Als Nebukadnezar die Expansion seines Reiches vorantrieb, gab es Babylon schon seit 2000 Jahren. Lange vor der Entstehung der Königreiche in Juda und Israel hatten die BabylonierInnen bereits in Tempeln ihre Gottheiten verehrt, Bewässerungskanäle gegraben, Felder bestellt, Literatur verfasst, die Klassiker ihrer Zeit wurden, sowie Astronomie und Mathematik hervorgebracht.

---

[108] So hat es Eva Cancik-Kirschbaum im *Eröffnungsvortrag* des International Meeting der Society of Biblical Literature in Berlin am 7. August 2017 gezeigt. Bei Pedersén, *Archives and Libraries in the Ancient Near East* findet sich ein Überblick über die wichtigsten Archive der mittelbabylonischen Zeit; nützlich ist auch Pederséns Übersicht *Die Wiedergewinnung der zeitgenössischen schriftlichen Quellen*. In den letzten zwanzig Jahren sind zunehmend sumerische und akkadische Texte auf Online-Webportalen wie ETANA (www.etana.org) und CDLI (https://cdli.ucla.edu) zugänglich gemacht worden. Deutsche Übersetzungen vieler altorientalischer Texte liegen in der Reihe *Texte aus der Umwelt des Alten Testaments* (TUAT) sowie in der Neuen Folge derselben Reihe (TUAT.NF) vor. Die jüngste Geschichte Babylons, in der auch Quellentexte vorgestellt werden, ist Beaulieu, *A History of Babylon*.

[109] Ein früher Klassiker der Vor- und Frühgeschichte ist Childe, *Man Makes Himself*. Zu den frühesten Urbanisierungsprozessen siehe Chadwick, *The First Civilizations*. David Wengrow untersucht in seinem Buch *What Makes Civilization?* die Ausdrucksformen von Menschen im Übergang von der Jungsteinzeit zur frühen Bronzezeit. Einen umfassenden Überblick über die Ur- und Frühgeschichte der Welt, in dem auch Mesopotamien eine Rolle spielt, hat Hermann Parzinger vorgelegt: *Die Kinder des Prometheus*.

Frühe Kulturen in Mesopotamien

Gegen Ende der Jungsteinzeit entwickelte sich im alten Vorderen Orient nach dem Übergang zur Landwirtschaft die so genannte Obed-Kultur. Ihr Charakteristikum ist eine singuläre, einheitliche Dorfkultur, die sich über ein recht großes Gebiet erstreckte. Zu dieser Zeit brauten die Menschen Bier, bearbeiteten Metall und stellten Keramik mit Hilfe einer Drehscheibe her. Die Dörfer besaßen in ihrem Kern bereits viel von dem, was sich in der späteren Stadtkultur auch findet, wie etwa öffentliche Gebäude und Tempel. Die Obed-Kultur war in der mesopotamischen Schwemmlandebene zwischen den Bergen und dem Persischen Golf angesiedelt, und dort führte der Handel zu Innovationen bei Waren und Produkten. So begannen die Menschen beispielsweise, Hefe aus Getreide statt aus Früchten zu verwenden – so entstanden das erste Brot, das durch Hefe aufging, sowie das erste aus Getreide gebraute Bier. Der Handel hielt sich noch in Grenzen, doch seine Anfänge führten wahrscheinlich dazu, dass Stempelsiegel und Schriftzeichen aus Lehm geformt wurden. Die Dörfer waren wichtige Knotenpunkte für die entstehende Handelsbranche, die in den folgenden Generationen weiterentwickelt wurde.[110]

Die zur Urbanisierung – zum Wachsen der Städte – führenden Prozesse sind komplex. In der Geschichtswissenschaft wird angenommen, dass die Städte auf eine Landwirtschaft mit einem höher entwickelten Bewässerungssystem angewiesen waren. Dadurch konnten Lebensmittelvorräte angelegt werden, und die Einwohner konnten sich spezialisieren und unterschiedliche Aufgaben übernehmen. Die Städte waren auch vom Handel abhängig, um an Rohstoffe und andere notwendige Ressourcen zu gelangen, die es vor Ort nicht gab; zu nennen wären etwa Metalle, Edelsteine, verschiedene Sorten Holz, Textilien und Duftharze wie Weihrauch und Myrrhe. Möglicherweise konnten Städte anderswo bereits vor der Entwicklung der Landwirtschaft entstehen, aber in Mesopotamien war anscheinend die Landwirtschaft der entscheidende Faktor.[111]

Von daher ist der Bibel Recht zu geben, wenn in ihr davon die Rede ist, dass die mesopotamischen Städte Babel, Erech, Akkade und Kelach zu den ersten Städten gehören, die nach der Sintflut von den Nachkommen Noachs angelegt wurden. Zu den weltweit ersten Entwicklungen im Bereich der Landwirtschaft, der Urbanisierung, der Schriftsysteme und des Beamtentums kam es wohl im Laufe des 4. Jt. v. Chr. zeitgleich in Mesopotamien und Ägypten. Dieser

---

[110] Nissen, *Frühformen sesshaften Lebens*.
[111] Jüngere Forschungen deuten darauf hin, dass es Zentren mit hoher Bevölkerungsdichte in Teilen Anatoliens (in der heutigen Türkei) gegeben hat, ohne dass sich dort Hinweise auf eine Landwirtschaft gefunden hätten; dazu siehe zum Beispiel Çevik, *The Emergence of Different Social Systems in Early Bronze Age Anatolia*.

Prozess lässt sich besonders gut in Uruk (dem biblischen Erech und heutigen Warka) beobachten.[112]

Um 3000 v. Chr. findet sich im Südirak eine überraschend homogene Stadtkultur. Die größte Stadt war Uruk mit wohl etwa 50 000 Einwohnern sowie mit Ackerland, das sich im Umkreis von 16 km um die Stadt herum erstreckte. Ähnliche Städte unterschiedlicher Größe entstanden relativ schnell in einem großen Gebiet. Archäologische Spuren für diese „Uruk-Expansion" finden sich im Nordwesten bis Habuba Kabira im heutigen Syrien und im Nordosten bis in den irakischen Teil Kurdistans. Die Uruk-Kultur hatte eine Schrift, die wohl ursprünglich dazu geschaffen wurde, um Listen von Handelsgütern, Vorräten, Maßeinheiten für den Tauschhandel sowie von Menschen mit verschiedenen Aufgaben zu führen.[113]

„Bier und Brot"

Das am weitesten verbreitete Getränk im antiken Mesopotamien war Bier. Alle tranken es: Frauen, Männer und Kinder, Arme und Reiche. Die alten MesopotamierInnen waren der Ansicht, dass sich der Mensch durch das Bier vom Tier unterschied, und man glaubte, dass die Gottheiten das Getränk geschickt hätten, damit die Menschen zufrieden wären. Von den Nomaden sprach man in Babylon geringschätzig als denjenigen, die „keine Gerste kennen". Als Enkidu – der Wilde aus dem Gilgamesch-Epos – zivilisiert werden sollte, wurde er zunächst von der Hure Schamchat verführt und dann mit Brot und Bier versorgt – und war daraufhin froh und zufrieden. Dann schnitt man ihm das Haar, wusch ihn, salbte ihn mit Öl, und so „wurde er zu einem Menschen".[114] Dem Epos zufolge machten Bier und Brot, Liebesspiel und Kleidung Enkidu zum Menschen.

In Bier und Getreide wurde auch der Lohn gezahlt, und einige der ältesten schriftlichen Dokumente sind Lohnlisten. „Brot und Bier für einen Tag" – ein bis vier Liter für einen Mann – war die Standardration für einen Tag, die den Arbeitskräften am Tempel von den PriesterInnen gezahlt wurde. Darüber hinaus gab es an Nahrungsmitteln neben der Tagesration noch Datteln, Zwiebeln, gelegentlich Fleisch oder Fisch oder auch Kichererbsen, Linsen, Rüben und Bohnen.

Wein wurde im Norden Assyriens angebaut, doch er war nie so beliebt wie das Bier. Wein konnte nur einmal im Jahr gekeltert werden, wenn die Trauben

---

[112] Stone, *The Development of Cities in Ancient Mesopotamia*; Liverani, *Uruk. The First City*.
[113] Nissen, Damerow und Englund, *Archaic Bookkeeping*.
[114] Tafel II, Zl. 44–46; P 90–111; die Zitate finden sich nach Maul, *Gilgamesch-Epos*, 59 nur in der altbabylonischen Überlieferung.

reif waren, aber er ließ sich auch länger lagern. Da er aus den Bergen im Norden stammte, wurde Wein zur Zeit Nebukadnezars auch als „Gebirgsbier" bezeichnet.[115] Wein wurde mit Wasser gemischt getrunken, doch er blieb ein Getränk der Oberschicht – und für die Gottheiten.

Daneben aß man verschiedene Früchte wie Äpfel, Birnen und Granatäpfel. Es wurden Suppen, Gemüsegerichte, gebratene Vögel, Gazellenfleisch und manche Nagetierarten zubereitet. Das Fleisch von Rindern, Schafen und Ziegen wurde getrocknet, eingesalzen und geräuchert, doch Fleisch war teuer. Auch Fisch, Eier und Schildkröten standen auf dem Speisezettel. Das Essen wurde mit Kräutern und Salz gewürzt. Milch wurde normalerweise vergoren, damit sie sich länger hielt, und man stellte auch Butter, Joghurt und eine Art Hartkäse her.

Getreide – vor allem Gerste, aber auch Weizen – war als Währung so wichtig, dass Brot und Bier zum Symbol für Reichtum und Lebensglück wurden. In Gasthäusern wurden zahlreiche Biersorten gebraut und getrunken, manchmal aus einem großen Gemeinschaftsfass durch lange Strohhalme aus Schilfrohr, öfter aber auch aus Krügen.

Monatliche Gersten-Rationen für die Arbeitskräfte im Tempel und ihre Familien:

bis 5 Jahre:	10 Liter
5–10 Jahre:	15 Liter
10–13 Jahre:	20 Liter
Männer:	40–60 Liter
Frauen:	30 Liter
ältere Menschen:	20 Liter[116]

Das antike Sumer: Der Ursprung der babylonischen Kultur

Sumer liegt im Süden Mesopotamiens, wo der Schatt el-Arab in den Persischen Golf mündet, und aus ihm ging die Kultur Babyloniens hervor – die politischen Überzeugungen, die Religion, die Ausgestaltung der Wirtschaft und nicht zuletzt die Literatur. Die französischen, deutschen und amerikanischen Ausgra-

---

[115] Nemet-Nejat, *Daily Life in Ancient Mesopotamia*, 157–162; siehe auch Standage, *Sechs Getränke, die die Welt bewegten.*
[116] Amin, Mesopotamian Beer Rations Tablet.

bungen in Lagasch und Larsa, Girsu, Nippur und Uruk haben Tontafeln zutage gefördert, die eine Fülle an Wissen über das antike Sumer enthielten.[117]

Ungefähr zwischen 2900 und 2350 v. Chr. – in der so genannten frühdynastischen Zeit – gab es in Südmesopotamien mehr als dreißig Stadtstaaten, die jeweils ihren eigenen Hauptgott und Gouverneur (*Ensi*) hatten. Zu den wichtigsten Städten zählten dabei Ur, Uruk, Umma sowie Lagasch, Kisch und Nippur. Auf Tontafeln aus frühdynastischer Zeit finden sich detaillierte Informationen über die sozioökonomischen Bedingungen zu bestimmten Zeiten; so gibt es Listen der erhobenen Steuern, Listen mit Verkäufen von Grundstücken oder Häusern, Arbeitsverträge für große Bauprojekte sowie Listen von Vorratslagern und Handelsarchive. Schwieriger ist es, die historisch korrekte zeitliche Abfolge der Ereignisse zu ermitteln. Die *sumerische Königsliste* gibt bei den frühen Königen übertrieben lange Herrschaftszeiten an. Die ersten acht Könige „vor der Flut" regierten mehrere zehntausend Jahre lang, einer von ihnen sogar 48.000 Jahre. Im Vergleich dazu kann der biblische Methusalem mit seinen 969 Lebensjahren geradezu als Jüngling gelten. Die *Königsliste* ist ein ideologischer Text, der mit der Absicht verfasst wurde, das Königtum zu legitimieren und zu erklären, wie diese Einrichtung „vom Himmel herabgekommen" ist. Einige auf der Liste erwähnte Namen finden sich auch in anderen Texten; so auch Gilgamesch, der um 2600 v. Chr. in Uruk regiert haben soll. Ob dies wirklich der Fall war, ist allerdings höchst ungewiss.

Babylon, die Mitte der Welt

Aufgrund von datierbarer Keramik wissen wir, dass es die Stadt Babylon seit etwa 2500 v. Chr. gegeben hat. In etwas jüngeren Schriftquellen wird die Geschichte der Stadtgründung erzählt. In der Antike lag die Stadt Babylon am Ufer des Arahtum-Kanals, eines Seitenarms des Euphrat. Mittlerweile hat sich der Flusslauf verlagert und fließt jetzt weiter westlich. Die antiken Städte im „Land zwischen den Flüssen" liegen nun in einiger Entfernung der Flüsse, die sie einst säumten, und deshalb gewissermaßen auf dem Trockenen; der Tigris hat nun ebenfalls ein anderes Bett, und auch die Küstenlinie des Persischen Golfs, die früher einmal bis zu 200 km weiter landeinwärts verlief, hat sich vom Wasser entfernt. Diese Flussarme waren die Lebensadern des alten Mesopotamien, wurden als Transportwege genutzt und lieferten Wasser für die Bewässe-

---

[117] Siehe im 5. Kapitel. Eine großartige, aktuelle Einführung in die Geschichte Mesopotamiens hat Frahm verfasst: *Geschichte des alten Mesopotamien*. Des weiteren ist Selz zu nennen: *Sumerer und Akkader*; siehe auch Charpin, *The History of Ancient Mesopotamia. An Overview*. Insbesondere zu Sumer und Akkade siehe Franke, *Königsinschriften und Königsideologie*; Postgate, *Royal Ideology and State Administration in Sumer and Akkad*, 395–405.

Babylon, die Mitte der Welt

rung und alle lebenswichtigen Zwecke. Während des Großteils seiner Geschichte war das babylonische Kernland eine Region in der Nähe der beiden Flüsse Euphrat und Tigris.

Babylonien ist eine Schwemmlandebene mit nährstoffreichen Boden- und Lehmschichten. Wenn die Flüsse im Laufe der Jahrhunderte über ihre Ufer traten, führten sie Erde und Lehm mit sich, die sich dort weiträumig ablagerten. Im Süden grenzt Babylonien an ein Sumpfgebiet. Die Menschen dort lebten in Schilfhütten und ernährten sich von den zahlreichen Pflanzen und Tieren, die es dort im Sumpf gab, und diese Lebensweise hat sich erstaunlicherweise bis in jüngste Zeit erhalten. Babylon ist ansonsten von einsamen Wüsten- und unzugänglichen Bergregionen umgeben, nämlich im Nordwesten von der syrischen Wüste und im Südwesten von der arabischen Wüste; im Osten und Nordosten liegen das Zagros-Gebirge und das iranische Hochland, wobei sich die Schwemmlandebene im Norden bis zum Taurus-Gebirge erstreckt, das heute in der Türkei liegt.

Abb. 6.1: Die babylonische Karte rückt Babylon in die Mitte der Welt

Mitten in dieser Region liegt die Stadt Babylon. „Babila" ist der älteste bekannte Name der Stadt, der wohl vom akkadischen *bab-ilim* herzuleiten ist: „das Tor der Gottheiten", auch wenn dies vielleicht etymologisch nicht ganz exakt ist. Ausgrabungen haben keine Hinweise auf die Herkunft dieses Namens zu Tage gefördert, doch sie haben ergeben, dass die Stadt und die Region in verschiedenen Epochen unterschiedliche Namen trugen. Im 14. Jh. v. Chr. wurden sie in einer Reihe von Texten als Tintir bezeichnet. Die KassitInnen, die mehrere hundert Jahre lang in Babylon herrschten, gaben der Region Babylonien einen eigenen Namen, nämlich Karduniasch, was „der Garten des Gottes Duniasch" bedeutet.

Bis etwa 1800 v. Chr. war Babylon eine unbedeutende Kleinstadt, die von einer Art Gouverneur mit dem Titel *Ensi* regiert wurde.[118] Das politische System Babylons orientierte sich an zwei Vorbildern, nämlich am Reich von Akkade (2340–2193 v. Chr.) sowie der III. Dynastie von Ur (bzw. Ur III), die auch als neusumerische Dynastie bezeichnet wird (2112–2004 v. Chr.). Das Reich von Akkade war durch die Eroberung von Stadtstaaten entstanden, die nun erstmals einer gemeinsamen Zentralgewalt unterstanden. Die AkkaderInnen waren ethnisch gesehen semitinnen, die von der Stadt Akkade aus regierten, die allerdings noch nicht lokalisiert oder als ein bestimmter Ruinenhügel identifiziert werden konnte. Die berühmtesten Könige von Akkade waren Sargon und sein Enkel Naram-Sin. Sargon gelang es, die Macht über die Stadtstaaten zu erlangen; er ersetzte die Gouverneure (*Ensi*) durch ihm loyal ergebene akkadische Oberhäupter und nannte sich später „König von Akkade". Nachdem er später auch die südlicheren, sumerischen Stadtstaaten unter seine Herrschaft gebracht hatte, gab sich Sargon den Titel „König des Landes". Sargon war das Vorbild von Königen mehrerer späterer Dynastien, zu denen auch Hammurapi zählt.[119] Naram-Sin gelangt es, weitere Gebiete unter seine Herrschaft zu bringen, und er verlieh sich den Titel „König der vier Weltgegenden". Mit Naram-Sin entwickelte sich eine Königsideologie, der zufolge KönigInnen als göttlich betrachtet wurde. Die Nachfolger Naram-Sins waren jedoch nicht in der Lage, sich an der Macht zu halten, und eine Reihe von Invasionen führten zum Niedergang Akkades.

Zum nächsten Zusammenschluss unter einer Zentralgewalt kam es in Südmesopotamien in der – oft als „sumerische Renaissance" bezeichneten – Regierungszeit der III. Dynastie von Ur. Dank umfangreicher Textfunde aus den 1890er Jahren aus Lagasch und Nippur sowie aus den 1930er Jahren aus Ur verfügen wir bei manchen Perioden über genaues historisches Wissen. Viele

---

[118] Eine knappe, aber breit angelegte Einführung findet sich bei Jursa, *Die Babylonier*. Nützliche historische Überblicke in englischer Sprache sind: Arnold, *Who Were the Babylonians?*; Foster und Foster, *Civilizations of Ancient Iraq*; sowie das gründliche Werk von Beaulieu, *A History of Babylon*. Als Klassiker wären zu nennen: Saggs, *Mesopotamien*; Roux, *Ancient Iraq*. Einen ganz eigenen Ansatz hat A. Leo Oppenheim mit *Ancient Mesopotamia* vorgelegt.

[119] André-Salvini, *Früheste historische Erwägungen und Gründungsmythen*.

Tontafeln geben umfassende Einblicke in einen blühenden Zentralstaat mit Handelsverbindungen bis in das Industal. Ur-Namma, der Gründer der Ur III-Dynastie, vereinigte Südmesopotamien wieder zu einem zentral regierten Territorialstaat und nannte sich selbst „König von Sumer und Akkade". Er ließ umfangreiche Infrastruktur- und Bauprojekte durchführen, und er soll auch der Erbauer der Zikkurat von Ur sein. Sein Sohn Schulgi war der wichtigste König dieser Dynastie von Ur, und ihm wird die Gründung von Bibliotheken in Nippur und Ur zugeschrieben. Unter Schulgi erlebte das alte Sumer eine kulturelle Renaissance, eine Erneuerung von Literatur und Bildung. Schulgi schuf bedeutende Institutionen der Rechtsprechung, und das früheste bekannte Gesetzbuch stammt aus seiner Zeit.[120] Rückblickend erschien den BabylonierInnen die sumerische Literatur als das Ideal, dem sie mit ihrer eigenen literarischen Tradition nachzueifern suchten, und sie nahmen sich in den kommenden Epochen ihrer Geschichte des reichen Erbes der Sumerer an.

Als Ur schließlich durch elamitische Invasionen zerstört wurde, waren die Verwüstungen so groß, dass die neue literarische Gattung der Stadtklage entstand. Das Genre einer „Klage über eine zerstörte Stadt" hat viele Jahrhunderte überdauert. Das biblische Buch der Klagelieder, in dem die Trauer über die Zerstörung Jerusalems zum Ausdruck gebracht wird, weist eine Reihe von Gemeinsamkeiten mit dieser Gattung des Stadtklagelieds auf. Der Bibel zufolge stammte Abrahams Familie aus „Ur in Chaldäa" (Gen 11,28), aber Abraham wird auch als „heimatloser Aramäer" (Dtn 26,5) bezeichnet, was auf die Herkunft seiner Familie aus Aram oder Mesopotamien hindeutet.

Die AmurriterInnen und das altbabylonische Reich: Die erste Blütezeit Babylons

Zwischen 2000 und 1700 v. Chr. entwickelte sich Babylon von einer zuvor kleinen Stadt zu einem politischen Machtzentrum. Zu Beginn dieser Zeit ließ sich in Mesopotamien eine neue ethnische Gruppe nieder, die AmurriterInnen. Sie waren semitinnen und wohl aus dem Nordwesten eingewandert, und textlich sind sie bereits um 2400 v. Chr. belegt. Ungefähr 200 Jahre lang dominierten sie die Region. Indem sie ihre eigenen Traditionen mit der älteren sumerisch-akkadischen Kultur verbanden, schufen die AmurriterInnen eine einheitliche Kultur in ganz Südmesopotamien.

Nach dem Zusammenbruch des neusumerischen Reiches bzw. der III. Dynastie von Ur um die Jahrtausendwende (2000 v. Chr.) übernahmen die Amurri-

---

[120] Sallaberger, Šulgi; Klein, *Shulgi of Ur. King of a Neo-Sumerian Empire*.

terInnen nach und nach in weiteren Städten die Macht. Sie machten Nippur zu einem Zentrum des Schreibens und bauten dabei auf das, was König Schulgi zuvor geschaffen hatte. Ein Großteil der bedeutenden älteren sumerischen Literatur wurde bewahrt und überliefert, und es wurden auch neue Werke verfasst wie zum Beispiel Texte, in denen die Könige der sumerischen Städte gepriesen wurden. Aus dieser Sammlung literarischer Texte und aus Sammlungen von Omina, Gesetzbüchern sowie anderer Textgattungen entstand ein wichtiger Grundstock des sumerischen Erbes, der für die künftige Identität der babylonischen Kultur prägend werden sollte.

Der Amurriter Sumu-abum gründete 1894 v. Chr. in Babylon eine neue Herrschaftsdynastie. Der bekannteste Herrscher ist dabei Hammurapi (1792–1750 v. Chr.), der sechste König der Dynastie. Während seiner Regierungszeit entwickelte sich Babylon zu einer bedeutenden Stadt. In königlichen Archiven wurden Listen mit Berichten, in denen die wichtigsten Ereignisse jedes Regierungsjahrs aufgezeichnet wurden, aufbewahrt – sie sind für die Rekonstruktion der altbabylonischen Chronologie von großem Wert. Diese Ereignisse waren in der Regel militärischer oder religiöser Natur und wurden von SchreiberInnen aufgeschrieben. HistorikerInnen können diese Informationen mit anderen Funden in Beziehung setzen und Texte datieren. So lässt sich beispielsweise ein Text über den Bau eines Tempels datieren, wenn dieses Ereignis in der Königschronologie erwähnt wird. Dieser „Jahresformeln" werden in der gesamten altbabylonischen Zeit durchgängig notiert.

Vor Hammurapi verzeichneten die Könige in Babylon selbst wie auch in nahegelegenen Städten Bauprojekte und Reparaturen am Tempel. Eines der wichtigsten Projekte war die Instandsetzung des Marduk-Tempels in Babylon und des Schamasch-Tempels in der Stadt Sippar. Nur ein Staat mit einer einiger Wirtschaftskraft konnte solche Bauprojekte schultern und dauerhaft für den Unterhalt dieser Tempelanlagen sorgen.

Der Tempel als zentrale Institution im antiken Mesopotamien

Die Tempel und Paläste Babylons sowie die antiken Städte im Gebiet des heutigen Irak leisteten einen wesentlichen Beitrag zur Wirtschaftsleistung. Die meisten der vielen tausend Texttafeln, die in mesopotamischen Ruinen gefunden wurden, sind Wirtschaftstexte. In ihnen werden Transaktionen wie Steuererhebungen verzeichnet und die Vorräte der Tempel aufgeführt. In vielen dieser Texte geht es um Verträge, Rechtsdokumente oder Verkäufe von Grundstücken oder Häusern. Sie geben wichtige Einblicke in die Funktionsweise der

Wirtschaft, auch wenn noch nicht restlos geklärt ist, wie dort welche Kräfte zusammengewirkt haben.[121]

Der Tempelbetrieb erforderte eine umfangreiche Verwaltung. Die wichtigste Tätigkeit war die tägliche Pflege der Statuen der Gottheiten. Sie wurden gesäubert, gekleidet und verköstigt. Jede Stadt hatte eine Hauptgottheit, und ein Großteil der landwirtschaftlich genutzten Fläche der Stadt gehörte dem dieser Gottheit gewidmeten Tempel. Alle Arbeiten rund um die Pflege der Gottheiten zählten zu den Aufgaben des Tempels; dazu gehörte der Tempelbau, die Bewirtschaftung des Landes, das Brotbacken, das Hüten und Schlachten der Tiere sowie die Herstellung der Kleidung für die Gottheiten. Egal, ob es sich nun um einen Gott wie Marduk oder eine Göttin wie Ischtar handelte, hatte die jeweilige Hauptgottheit einen Gatten oder eine Gattin und konnte darüber hinaus auch Kinder und DienerInnen haben. Jede Gottheit hatte ihren eigenen Raum, in dem der Kult abgehalten wurde, zu dem Opfer, Weihrauch und Lobpreis gehörten.

Im Tempel versahen eine große PriesterInnenschaft sowie andere Angestellte ihren Dienst. Die religiösen Handlungen drehten sich vor allem darum, die Gottheiten zu erfreuen und ihren Willen zu ergründen. Nur so konnte sich die Stadt vor den verschiedenen göttlichen Launen schützten, die sie in Gestalt von Krankheiten und der Menschen und der Pflanzen, Naturkatastrophen oder Krieg ereilen konnten. Heute mag uns diese Form der Religionsausübung allerdings fremd erscheinen.[122]

Neben den Wirtschafts- und Verwaltungstexten bilden Omentexte und magische Texte die größte Textgruppe des antiken Babylon. Das babylonische Weltbild war in dem Sinne magisch, dass die Welt als von Geistern vorgestellt wurde. Die heute häufig vorgenommene Unterscheidung zwischen Religion und Magie lässt sich auf Babylon kaum übertragen. Die BabylonierInnen hatten Angst vor bösen Mächten, und sie verfügten über zahlreiche Möglichkeiten, sich vor diesen Mächten zu schützen. Die Menschen trugen Amulette, führten Schutzrituale durch, suchten nach Vorzeichen oder erhielten sie ungefragt, und sie sprachen bestimmte Gebete, um Trost und Hilfe zu bekommen. Es gab auch Anleitungen für die Deutung unterschiedlicher göttlicher Vorzeichen. Fachleute deuteten öffentlich Vorzeichen und rezitierten Gebete, aber es gab auch Schutzgebete für den privaten Gebrauch.[123]

---

[121] Robertson, *The Social and Economic Organization of Ancient Mesopotamian Temples*. Eine Zusammenfassung der unterschiedlichen Theorien über die Rolle der Tempel und Paläste im antiken Mesopotamien findet sich bei Liverani, *Imagining Babylon*, Kap. 5.7 und 5.8.
[122] Insbesondere den mesopotamischen Religionsgedanken und die entsprechende Praxis stellt Oppenheim, *Ancient Mesopotamia*, 171–198 den religiösen Traditionen des Westens gegenüber. Siehe auch Mauls Artikel zur babylonischen Religion: *Die Religion Babyloniens*.
[123] Haas, *Magie und Mythen in Babylonien*; Farber, *Witchcraft, Magic, and Divination in Ancient Mesopotamia*.

Hammurapi – der gerechte König

Hammurapi trat seine Herrschaft in einer Zeit an, in der in der Region ein Machtgleichgewicht bestand und kein Königreich die Vorherrschaft über die anderen Reiche besaß. Hammurapi überlegte sich gut, mit wem er in wechselnden Koalitionen Bündnisse einging, und darauf ist es wohl zurückzuführen, dass das Reich der Bedrohung durch ausländische Heere an seinen Rändern standhalten konnte. Aufgrund seiner intensiven diplomatischen Bemühungen, seines guten Gespürs und auch Listigkeit gelang es ihm, seine Feinde zu seinem Vorteil gegeneinander auszuspielen.[124]

Das Machtgleichgewicht in der Region hielt sich bis zum dreißigsten Regierungsjahr Hammurapis, weshalb er sich innenpolitischen Fragen widmen und seine Position in Babylon und seiner Umgebung festigen konnte. Im zweiten Jahr seiner Herrschaft verkündete er ein sogenanntes *Mischarum*, einen königlichen Erlass, demzufolge die Rechtschaffenheit im Land wiederhergestellt wurde. Dies geschah zu dem Zweck, die Rechtsbestimmungen an die tatsächliche Praxis und die Situation anzupassen. Praktisch kam das oft einem Schuldenerlass gleich und hatte eine Kontrollfunktion für die Wirtschaft. SklavInnen konnten zu ihren Familien zurückkehren, und Steuern wurden nicht eingezogen. Die Praxis des *Mischarum* könnte den Kontext für den mittlerweile legendären Codex Hammurapi bilden.

In den nächsten Jahren ließ Hammurapi den Annalen zufolge in und um Babylon Tempel bauen. Er baute Tempel für die Götter Nanna und Adad. Er errichtete Throne für die Göttinnen Ṣarpanitu und Inanna sowie den Gott Nabu, und er baute einen Sockel für den Gott Enlil und ließ verschiedene Götterstatuen aufstellen. Er errichtete Mauern, grub Kanäle, leitete militärische Unternehmungen und führte Truppenübungen durch. Im zweiundzwanzigsten Regierungsjahr ließ er eine Statue errichten, der ihn selbst als gerechten König zeigt.

---

[124] Klengel, *König Hammurapi*; Sasson, *King Hammurabi of Babylon*; sowie der Beitrag zur Königsideologie mit vielen hervorragenden Objekten aus der Ausstellung von 2008 in Selz, *Das babylonische Königtum*.

Karte 6.1: Mesopotamien in altbabylonischer Zeit

Der Codex Hammurapi

Als die Deutschen in Babylon gruben, begann ein französisches Team mit einer Ausgrabung in den antiken Ruinen der elamitischen Stadt Susa im heutigen Iran. Im Jahr 1901 entdeckten sie einen schwarzen Basaltobelisken, der sich als monumentale Inschrift des Codex Hammurapi erwies. Möglicherweise stammte er aus der babylonischen Stadt Sippar und wurde von den ElamiterInnen 1158 v. Chr. als Beutegut mitgenommen, als sie Babylon zerstörten.

Der Codex Hammurapi besteht aus einem Prolog und einer langen Liste von Rechtsvorschriften für jeweils einzelne Rechtsfälle. Die zentrale Botschaft des Prologs bestand darin, das Königtum zu legitimieren, indem ihm göttlicher Ursprung zugeschrieben wurde – dass dem so war, fanden bereits Hammurapis akkadische und sumerische Vorfahren:

> Damals haben mich, Hammurapi,
> den frommen Fürsten, den Verehrer der Götter,
> um Gerechtigkeit im Lande sichtbar zu machen,
> den Bösen und den Schlimmen zu vernichten,
> den Schwachen vom Starken nicht schädigen zu lassen,
> dem Sonnengott gleich den „Schwarzköpfigen" [den Menschen] aufzugehen
> und das Land zu erleuchten,
> Anu und Anlil,
> um für das Wohlergehen der Menschen Sorge zu tragen,
> mit meinem Namen genannt.[125]

---

[125] Borger, *Akkadische Rechtsbücher. Der Codex Hammurapi*, 40 (CH I,27–49).

Im Zitat wird deutlich, dass der König von den Göttern eingesetzt wurde. Der Ausdruck „Schwarzköpfige" war die gängige Bezeichnung der eigenen Bevölkerung, und diente der Unterscheidung gegenüber Menschen aus anderen Ländern. Im Prolog wird die Erwartung geweckt, dass die Aufgabe des Königs darin besteht, das Recht zu schützen. Die eigentlichen Rechtsbestimmungen sind *kasuistischer* Natur; es werden also bestimmte Vergehen genannt, auf die die Bestrafung der jeweiligen Fälle folgt. Man hat kaum schriftliche Aufzeichnungen tatsächlicher Urteile gefunden, die dem Gesetz entsprechen würden. Höchstwahrscheinlich steht der Codex Hammurapi für eine Tradition der Verkündung von Rechtsbestimmungen, die königlich sanktioniert waren. Die bekanntesten Gesetze sind diejenigen, in der sich die Vorstellung des *lex talionis* – des Gesetzes der Vergeltung – spiegelt, das wir auch aus der Bibel kennen: Auge um Auge, Zahn um Zahn. In diesem Gesetz kommt der wichtige Rechtsgrundsatz zum Ausdruck, dass eine Strafe in einem angemessenen Verhältnis zum Vergehen oder Verbrechen stehen und zügellose Rache verhindert werden muss. Von daher wird so für Gerechtigkeit gesorgt. Die schweren Strafen sollten Verbrechen verhindern, und die geschädigte Partei konnte sich auch für eine finanzielle Entschädigung entscheiden.

Arbeit und Gesellschaft

Im Codex Hammurapi werden für das antike Mesopotamien drei Klassen von Menschen genannt: SklavInnen (*Wardum*) – freie Menschen, Männer oder Bürger (*Awilum*) – sowie Menschen von minderem Status (*Muschkenum*).[126]

Sklaverei war im antiken Mesopotamien nie so verbreitet wie später in der griechischen und römischen Antike. Es gab zwei Haupttypen von SklavInnen, nämlich SchuldsklavInnen und Kriegsgefangene. SchuldsklavInnen waren Menschen, die Schulden hatten und diese abarbeiten mussten, während Kriegsgefangene als Arbeitskräfte eingesetzt wurden und gegen Lösegeld freigelassen werden konnten. Man konnte Familienangehörige und sogar sich selbst in die Sklaverei verkaufen. SklavInnen arbeiteten zusammen mit Lohnarbeitskräften in großen, staatlich finanzierten Bauprojekten wie beim Bau von Straßen, Kanälen, Tempeln und militärischen Einrichtungen. Sie bewirtschafteten die Felder des Königs und arbeiteten in den Tempelanlagen.

Ein *Awilum* gehörte zur Oberschicht, und der Begriff bezeichnet häufig Menschen, die keine Schulden hatten oder kreditwürdig waren, die Land besaßen und einem Haushalt vorstanden. Doch auch Menschen, die kein Eigentum

---

[126] Zum Recht in Altbabylonien siehe Neumann, *Das Recht in Babylonien*, sowie Greengus, *Legal and Social Institutions of Ancient Mesopotamia*.

besaßen, wie etwa HandwerkerInnen, ArbeiterInnen oder Saisonarbeitskräfte in der Landwirtschaft, zählten zu dieser Gruppe. Unter diesen standen Menschen mit minderem Status (*Muschkenum*), doch vom *Awilum* unterschieden sie sich in rechtlicher Hinsicht kaum. Unter Umständen arbeiteten diese Menschen mit minderem Status in den Tempeln und erhielten Löhne oder hatten das Recht, Land zu besitzen. Von 1500 v. Chr. an wurden sie einfach als „Arme" bezeichnet. Der Begriff *Muschkenum* hat sich in mehreren Sprachen erhalten, unter anderem im Hebräischen und Arabischen und später auch in romanischen Sprachen im französischen *mesquin* und dem italienischen *meschino*.

Die Oberschicht besetzte wichtige Führungspositionen im Staatsapparat, in der Tempelverwaltung, im Militär, im Handel und in der PriesterInnenschaft. Viele Mitglieder der Oberschicht im Dienst der Tempel oder des Staates waren leitend in der Landwirtschaft tätig, denn vor allem sie war der Motor der babylonischen Wirtschaft und die Grundlage für die Entwicklung der Städte. In der Agrarwirtschaft wurden Arbeitskräfte auch mit dem Bau von Bewässerungssystemen beauftragt. Den Tempeln und dem Königshof gehörten große Ländereien, auf denen Männer wie Frauen beschäftigt waren, die entlohnt wurden. Es gab auch Land in Privatbesitz, und einige wenige städtische Äcker war vielleicht den Armen vorbehalten.

Auch der Handel war wichtig, und die Handelsverbindungen Babylons erstreckten sich über den gesamten vorderasiatischen Bereich bis nach Ägypten. Die Waren wurden vor allem auf Flüssen und über See transportiert, aber auch über Land auf Eseln, Maultieren und Pferden. Das Rad war schon Mitte des 4. Jt. v. Chr. erfunden worden, doch wegen schlechter Straßenverhältnisse oder gänzlich fehlender Straßen beschränkte sich der Transport per Wagen meist auf regionale und innerstädtische Strecken.

Zu den wichtigsten Fachleuten zählten Menschen, die Bier brauen oder Schmiede- und Webarbeiten ausführen konnten, die schreiben konnten, Goldschmiedearbeiten oder Tonwaren herstellten oder sich im Metallbau auskannten. Eines der am weitesten verbreiteten Materialien war der Ton, aus dem Babylon nahezu alles angefertigt wurde – von Haushaltswaren, persönlichen Gegenständen und Behausungen über Skulpturen, Töpfe und Gefäße, die in den Gottesdiensten in den Tempeln Verwendung fanden, bis hin zu Ziegelsteinen für den Bau großer Gebäude. Tausende von Arbeitskräften stellten aus Lehm und Ton Ziegel für öffentliche Bauwerke her. In neubabylonischer Zeit wurden die für den Bau von Tempeln und Palästen verwendeten Ziegel normalerweise gebrannt und hielten daher länger als die an der Luft getrockneten, gewöhnlichen Ziegel, die man für Wohnhäuser nahm. Die Ziegel für das Ischtar-Tor und die Prozessionsstraße in Babylon waren besonders prächtig und mit farbiger Glasur überzogen.[127]

---

[127] Das Arbeits-, Geschäfts- und gesellschaftliche Leben stellt Marzahn vor: *Die Arbeitswelt – Wirtschaft und Verwaltung, Handel und Profit*.

Hammurapi eint Südmesopotamien

Im dreißigsten Regierungsjahr Hammurapis kam es zu Umwälzungen in der Region, und Hammurapi wurde der mächtigste der Könige und vereinigte das südliche Mesopotamien unter seiner Herrschaft. In der Chronik der jährlichen Leistungen des Königs, den sogenannten *Datenlisten*, wird das dreißigste Regierungsjahr als das bezeichnet, in dem Hammurapi „die Grundlage von Sumer und Akkad festigte", und vom einunddreißigsten Jahr heißt es: Er „brachte Sumer und Akkad unter seinen Oberbefehl".[128] Der Begriff „Sumer und Akkad(e)" war seit der Ur III-Dynastie, die mehr als 350 Jahre zurücklag, nicht mehr als Bezeichnung des südlichen Mesopotamien verwendet worden. Dass Hammurapi nun diesen Ausdruck benutzt, ist als Wendepunkt in seiner Weltsicht zu anzusehen; hierin zeigt sich, dass sich der König von Babylon als Erbe sowohl des Reichs von Akkade als auch der sumerischen Traditionen betrachtet hat.

Hammurapi einte das Gebiet des heutigen Südirak und dehnte die Grenzen des ehemaligen Stadtstaates Babylon so weit aus, dass es nun ein Territorialstaat war. Sein Erfolg hielt an, und im Jahr darauf konnte er auch Mari im Nordosten entlang des Euphrat unter seine Kontrolle bringen. Das „aufgelöste Sumer und Akkad stellte er wieder her", so die *Datenliste*. Später eroberte er Eschnunna und machte seinen Einfluss auch in Assyrien im Norden geltend, wo sich eine amurritischer Dynastie des Thrones bemächtigt hatte. Als sich seine Herrschaft dem Ende neigte, herrschte Hammurapi über einen großen Teil Mesopotamiens. Wenn in der Geschichte über den Turmbau zu Babel ein König vorkommen würde, der beim Bau federführend war, dann wäre dies wohl Hammurapi gewesen.

Ein literarischer Kanon

Die Einigung Südmesopotamiens und die Pflege des sumerisch-akkadischen Erbes, durch die sich die Herrschaft Hammurapis auszeichnet, schlug sich in kulturellem und literarischem Wirken nieder, das in der altbabylonischen Zeit insgesamt sehr zunahm.[129] Diese Epoche der babylonischen Geschichte hat uns

---

[128] Die Übersetzung folgt Erich Unger, *Datenlisten*, RlA 2 (1938), 131–195, hier: 180.
[129] Röllig, *Überblick über die akkadische Literatur*; Bottéro, *Akkadian Literature. An Overview*; siehe auch Edzard, *Überblick über die sumerische Literatur*; Michalowski, *Sumerian Literature. An Overview*. Zur Schreiberausbildung siehe Finkel, *Schreiben in Babylon*; Pearce, *The Scribes and Scholars of Ancient Mesopotamia*; sowie das umfassende Werk von Charpin, *Reading and Writing in Babylon*.

eine große Bandbreite literarischer Texten aus dem alten Mesopotamien beschert, die wohl auf die gezielte Ausbildung von Schreibkundigen und die Vereinheitlichung des Curriculums zurückzuführen ist. Wer SchreiberIn werden wollte, musste alle berühmten literarischen Werke abschreiben und sich in der sumerischen Literatur sehr gut auskennen. Dieses Curriculum der Schriftgelehrtheit verbreitete sich in der zweiten Hälfte des 2. Jt. auch in von Babylon weit entfernt liegenden Regionen. So haben ArchäologInnen etwa Fragmente des Gilgamesch-Epos nicht nur – wie man hätte erwarten können – in Ninive in Assyrien gefunden, sondern auch weit weg von Babylon wie beispielsweise in der hethitischen Hauptstadt Hattuscha in Anatolien, in Ugarit an der syrischen Küste sowie in Emar, einer Stadt am mittleren Euphrat.

Literarische Texte aus dem antiken Babylon wie zum Beispiel Gedichte und große Epen oder Texte über Kunst und Mathematik wurden gewöhnlich auf Sumerisch geschrieben. Manch ein literarisches Werk – wie etwa das *Gilgamesch-Epos* – wurde jedoch in altbabylonischer (akkadischer) Sprache abgefasst. Zu dieser Zeit wurde auch eine große Zahl anderer babylonischer Texte geschaffen, zu denen wissenschaftliche Abhandlungen sowie Sammlungen von Vorhersagen und Omentexten gehören.

Gilgamesch: Auf der Suche nach Unsterblichkeit

Das *Gilgamesch-Epos* ist einer der großen Klassiker der Weltliteratur. Es wurde zu neuem Leben erweckt, nachdem es in den 1800er Jahren wiederentdeckt und in moderne Sprachen übersetzt worden war.[130] Der heldenhafte König Gilgamesch aus Uruk ist die Hauptfigur zahlreiche Gedichte der sumerischen Zeit, von denen mehrere Abschnitte erhalten sind. In der Zeit Hammurapis entstand ein auf Akkadisch verfasstes Epos über Gilgamesch. Dieses wurde später zu einem aus zwölf Tafeln bestehenden Werk vereinheitlicht und durch Abschriften verbreitet. Die älteste bekannte Abschrift des als Standardversion bezeichneten Textes wurde höchstwahrscheinlich von Hormuzd Rassam in Ninive gefunden. Ausschnitte dieser Fassung entdeckte George Smith 1872 beim Sortieren und Zuordnen von Tafelfragmenten im Britischen Museum. Smiths größte Leistung ist es, dass er die elfte Tafel des *Gilgamesch-Epos* übersetzt und vorgestellt hat, auf der sich die babylonische Version einer Flutgeschichte findet; Smiths Entdeckung wird im 7. Kapitel ausführlich besprochen.

---

[130] Eine allgemeine Einführung in das Gilgamesch-Epos hat Sallaberger, *Das Gilgamesch-Epos*, vorgelegt. Eine deutsche Übersetzung mit ausführlichem Kommentar und Erläuterungen findet sich bei Maul, *Das Gilgamesch-Epos*. Eine Einleitung in die Quellen gibt Tigay, *The Evolution of the Gilgamesh Epic*; eine eingehende Untersuchung der Spuren, die Gilgamesch heute hinterlassen hat, siehe Ziolkowski, *Gilgamesh Among Us*.

Die Standardversion des *Gilgamesch-Epos* ist die Grundlage der modernen Übersetzungen des Werkes. Da alle bisher zugeordneten 73 Tafelfragmente teilweise beschädigt sind, fehlen noch immer einzelne Passagen des Epos. Manche dieser Lücken konnten mit Hilfe von Fragmenten aus älteren Versionen in altbabylonischer oder sumerischer Sprache sowie von Übersetzungen in andere alte Sprachen wie etwa das Hethitische geschlossen werden.

Gilgamesch, der König von Uruk, ist zu zwei Dritteln Gott und zu einem Drittel Mensch. Im Epos macht sich Gilgamesch zusammen mit seinem neuen Freund Enkidu auf, um Abenteuer zu erleben. Enkidu ist ein wilder Mann und wird durch Liebesspiel, Waschen, Kleidung und Essen zum Menschen. Gemeinsam überwinden Gilgamesch und Enkidu zahlreiche Gefahren und erreichen schließlich ihr Ziel, nämlich den Unhold Humbaba, den Wächter des Zedernwaldes, zu töten. In der folgenden Episode in Uruk töten sie den „Himmelsstier", den die Göttin Ischtar gegen sie ausgeschickt hat, weil Gilgamesch ihre Annäherungsversuche abgelehnt hatte. Zur Strafe muss Enkidu sterben, und Gilgamesch ist über den Verlust seines Freundes untröstlich.

Danach begibt er sich auf eine Reise, um Utnapischtim – der oft als „der babylonische Noach" bezeichnet wird – zu finden. Er und seine Frau sind die einzigen Menschen, die die Sintflut überlebt und Unsterblichkeit erlangt haben. Nachdem Gilgamesch noch weitere Hindernisse überwunden hat, trifft er schließlich am Ende der Welt auf Utnapischtim. Gilgamesch merkt zunächst nicht, mit wem er es zu tun hat, und erklärt, auf der Suche nach Utnapischtim zu sein. Utnapischtim wirft ihm vor, unwissend zu sein, weist auf Gilgameschs Torheit hin, erinnert ihn daran, wie privilegiert er ist, und sagt ihm, dass der Tod kommt, wenn es die Götter beschließen. Als Gilgamesch schließlich erkennt, wen er vor sich hat, fragt er danach, wie er Unsterblichkeit erlangen kann. Utnapischtim erzählt von der Sintflut, vom Streit zwischen den Göttern über die Frage, ob es gut gewesen sei, eine Flut zu schicken, die alle Menschen auslöschen würde, und darüber, dass er selbst als Einziger überlebt hat. Dann stellt er Gilgamesch eine Aufgabe, die dieser meistern muss, nämlich sieben Nächte lang wach zu bleiben. Gilgamesch besteht die Prüfung nicht, aber er wird umsorgt und getröstet. Der Fährmann Urschanabi begleitet ihn dann auf der Heimreise nach Uruk. Auf dem Heimweg kann Gilgamesch in den Besitz einer Pflanze gelangen, die ihn wieder jung werden lassen soll, doch er verliert sie, nachdem er beschlossen hat, von ihr keinen Gebrauch zu machen, bevor er sie nicht an einem alten Mann ausprobiert hat. Er ist verzweifelt darüber, nichts erreicht zu haben, wo er doch so viel erreichen wollte. Als sie in Uruk ankommen, zeigt Gilgamesch Urschanabi stolz die große Stadt Uruk.

Frauen spielen eine entscheidende Rolle im *Gilgamesch-Epos*. Die Prostituierte Schamchat macht den wilden Mann Enkidu in sechs Tagen und sieben Nächten des Liebesspiels zum Menschen. Gilgameschs Mutter deutet seine Träume, in denen sich die Zukunft ankündigt. Die Göttin Ischtar übt Rache an Enkidu, als Gilgamesch ihre Avancen zurückweist, und die Gottheiten verurteilen Enkidu zum Tode, weil er und Gilgamesch den Himmelsstier getötet haben, den Ischtar geschickt hatte. Und die Wirtin Siduri spricht weise Worte zu Gilgamesch und erteilt ihm Ratschläge, wie er leben soll:

> Du, Gilgamesch, voll sei dein Bauch,
> Tag und Nacht sei andauernd froh, du!
> Täglich mache ein Freudenfest,
> Tag und Nacht tanze und spiele!
> Gereinigt seien deine Kleider,
> dein Haupt sei gewaschen (und) du mit Wasser gebadet!
> Sieh auf das Kind, das deine Hand gefasst hält,
> die Gattin freue sich auf [deinem] Schoß!
> So ist das Tun der Menschen.[131]

Und am Ende ist es Utnapischtims Frau, die dafür Sorge trägt, dass Gilgamesch nach dem gescheiterten Wachheitstest wieder gesund wird.

Das *Gilgamesch-Epos* ist ein Beispiel für die Weisheitsliteratur, in der allgemeingültige Erkenntnisse vermittelt werden: Nimm die Sterblichkeit des Lebens an und lass es dir gut gehen. In den Worten Babylons formuliert: Setze den Willen der Gottheiten um und tue das, wozu du bestimmt bist. Die Menschen sind dafür da, den Gottheiten zu dienen; die Menschen wurden dazu geschaffen, die Arbeit zu verrichten, die den Gottheiten zu mühsam war.

Die mittelbabylonische Zeit: das internationale Zeitalter

Nach der amurritischen Dynastie in altbabylonischer Zeit wurde die Macht von den KassitInnen übernommen. Diese kamen aus dem Zagros-Gebirge im Südosten und hatten sich nach und nach in der Umgebung Babylons angesiedelt. Sie waren überwiegend als Arbeitskräfte in der Landwirtschaft und als Soldaten tätig. Unter den KassitInnen erlebte das Land, das sie Karduniasch nannten, erneut eine Phase der Stabilität. Sie gründeten die neue Hauptstadt Dur-Kurigalzu, nutzten Babylon aber weiterhin als Zentrum für festliche und religiöse Anlässe. Ein in Nippur entdecktes Archiv mit Verwaltungstexten aus dieser Zeit zeugt von einem beeindruckenden Steuersystem. Die KassitInnen investierten die Steuereinnahmen in die Infrastruktur und das Bauwesen, und zwar sowohl in religiöse Einrichtungen wie auch solche des Königshofes. Alle bedeutenden Städte in ihrem Herrschaftsgebiet ließen sie instand setzen und erweitern.[132]

---

[131] Diese Rede findet sich nur in der altbabylonischen Version und nicht in der Standardversion von ca. 1100 v. Chr. Die deutsche Übersetzung stammt von Hecker, *Gilgamesch*, 666.
[132] Sommerfeld, *The Kassites of Ancient Mesopotamia. Origins, Politics, and Culture*.

Die KassitInnen waren für wichtige Fortschritte in der Pferdezucht verantwortlich. Schon in älteren Quellen werden Pferde erwähnt, doch in der kassitischen Zeit wurde die Pferdezucht in Babylonien erstmals auf planvolle Weise betrieben. Es existiert ein ganzes Archiv aus Nippur, das sich einzig den Pferden und ihren besonderen Fähigkeiten widmet. Auch die Streitwagentechnik und das Pferdegeschirr entwickelten die KassitInnen weiter.[133]

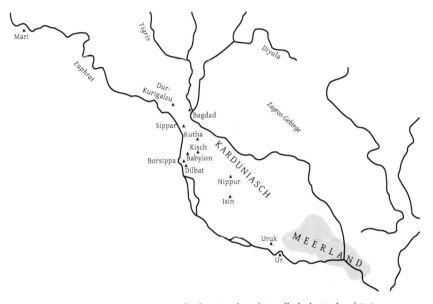

Karte 6.2: Mesopotamien in der kassitischen (mittelbabylonischen) Zeit

Von größerer Bedeutung ist aber, dass diese Zeit – als erste Epoche der Geschichte – international geprägt war und Babylonien in mittelbabylonischer Zeit ein Königreich unter vielen war. Die 1887 in Ägypten entdeckte Amarna-Korrespondenz belegt, welchen Rang Babylonien unter den damaligen Nationen Ägypten, Hatti, Mitanni und Assyrien innehatte. Dieser Fund umfasst Briefe, die von den Herrschenden der umliegenden Königreiche und den ägyptischen Vasallen in der Zeit von ca. 1385–1355 v. Chr. an Pharao Amenhotep IV. geschrieben wurden (der man eher unter dem Namen Echnaton kennt). Die Bedeutung Babyloniens geht schon daraus hervor, dass in nahezu allen Briefen das Babylonische (Akkadische) die Verkehrssprache ist, auch wenn zwei Briefe in hethitischer und einer in hurritischer Sprache verfasst sind.[134] Babylonisch

---

[133] Littauer und Crouwel, *Wheeled Vehicles and Ridden Animals*; dies., *Selected Writings on Chariots, Other Early Vehicles, Riding and Harness*.

[134] Die Entdeckung der Amarna-Korrespondenz führte zur Identifizierung des Hethitischen; ein Wegbereiter der Arbeit an den Amarna-Briefen war der norwegische Altorientalist Jørgen A. Knudtzon (*Die zwei Arzawa-Briefe*). Siehe auch Moran, *The Amarna Letters*.

war nun zur Lingua franca geworden, und zwar nicht nur in Mesopotamien, sondern auch bei den damaligen Großmächten wie Ägypten, Hatti, Mitanni und Assyrien sowie in kleineren kanaanäischen und syrischen Stadtstaaten.

Die erste „Weltliteratur"

In mittelbabylonischer Zeit wurde die Literatur der altbabylonischen Zeit kanonisiert. Die Texte, die für die überlieferte Tradition standen, wurden vereinheitlicht und abgeschrieben. Die babylonische Literatur war auch in den umliegenden Ländern verbreitet, was Funde aus assyrischen, hethitischen, syrischen, ägyptischen und elamitischen Bibliotheken belegen. So erreichten Abschriften und Übersetzungen des *Gilgamesch-Epos* zu dieser Zeit ihre weiteste Verbreitung. Ältere Sammlungen von Omina und magischen, medizinischen und astrologischen Texten, unter denen auch viele sumerische Texte aus altbabylonischer Zeit waren, wurden in Referenzwerken zusammengefasst. Auch neue literarische Texte wurden verfasst; vermutlich ist das philosophische Gedicht *Ludlul bel nemeqi* („Ich will preisen den Herrn der Weisheit") in mittelbabylonischer Zeit entstanden. Der Protagonist wird oft als „babylonischer Hiob" bezeichnet, weil es in diesem Werk – wie im biblischen Buch Hiob – um die Frage der Gerechtigkeit Gottes geht.[135]

Auf die KassitInnen geht auch die Einführung von *Kudurrus* zurück; so werden Steine bezeichnet, die an Grenzen standen. Sie stehen im Zusammenhang mit dem Brauch, dass der König den Menschen Land schenken konnte. Auf dem *Kudurru* wurde die Schenkung dokumentiert und zugleich die Grenze markiert. Die Inschriften auf diesen ca. 60 cm hohen Steinstelen enthalten Angaben über die Größe und Beschaffenheit des Landes, die Art der Besteuerung des Landes sowie eine Liste der ZeugInnen. Häufig finden sich auch Flüche über jene, die womöglich das Land oder die BesitzerInnen bedrohen, sowie im oberen Teil des Steins Abbildungen von Gottheiten, die wohl der Abschreckung dienten.

---

[135] Zur akkadischen Weisheitsliteratur und zum *Ludlul bel nemeqi* siehe von Soden, *Weisheitstexte in akkadischer Sprache*.

Das Familienleben

Was uns über das Familienleben im antiken Babylon bekannt ist, geht vor allem auf Rechts- und Wirtschaftstexte sowie auf archäologische Untersuchungen von Wohnhäusern zurück. Aus diesen Quellen lässt sich nicht umfassend ersehen, wie das Leben tatsächlich ausgesehen hat, weshalb jede Darstellung des Familienlebens eine Verallgemeinerung auf Grundlage der Quellen darstellt.[136] Die Gesellschaft im antiken Mesopotamien war eine patriarchalische. Die Herrschaft lag in den Händen von Männern, und die Herkunft des Vaters war entscheidend für den Status eines jeden Menschen. Die Aufgabe eines Mannes war es, ein „Haus" zu bauen, also einen Hausstand oder eine Kernfamilie zu gründen. Dazu gehörte auch der praktische Aspekt des Hausbaus. Erwartet wurde, dass der Mann verheiratet war, und wenn seine Frau nicht schwanger wurde, stand es ihm frei, sich eine andere zu nehmen. Die Nachkommen des Mannes gehörten zum „Haus des Vaters" und lebten auch nach dem Tod des Vaters oft zusammen. Eine Kernfamilie bestand meist aus zwei bis vier Kindern, wobei die Säuglings- und Kindersterblichkeit hoch war.

Eheschließungen wurden von den Vätern arrangiert und stellten eine wichtige Übereinkunft zwischen zwei Familien dar. Das heißt aber nicht, dass man bei der Ehe nicht auch an Liebe dachte. Wenn der Vater starb, trugen oft die Mutter oder der Bruder dafür Sorge, dass die Übereinkunft eingehalten wurde. Junge Frauen wurden als Teenager verheiratet, während Männer oft älter waren, wenn sie eine Frau nahmen. Im Codex Hammurapi wird ein Brautpreis erwähnt, der in Form von Lebensmitteln oder Silber gezahlt werden konnte und vom Vater des Bräutigams an den Vater der Braut übergeben werden musste. Diese Gabe hatte in der Regel den gleichen Wert wie die Mitgift. Scheidungen waren eher ungewöhnlich, doch es gab dafür rechtliche Regelungen für den Fall, dass der Ehemann seine Frau des Ehebruchs verdächtigte.

Die Aufgabe einer Frau war es, Kinder zu bekommen; Kinderlosigkeit wurde nicht hingenommen. Die Kinder wurden entweder von der Mutter oder von einer Amme gestillt und etwa im Alter von zwei Jahren entwöhnt. Zwei wichtige Frauenberufe waren Hebamme und Amme. Frauen arbeiteten auch Seite an Seite mit Männern in der Landwirtschaft und im Tempel. Manchmal führten Frauen eigene Unternehmen, etwa im Bereich von Grundstücks- oder Hausverkäufen, doch dies war die Ausnahme. Wenn eine Familie keine eigenen Kinder bekommen konnte, gab es die Möglichkeit der Adoption, und manchmal wurden SklavInnen freigelassen und adoptiert. Auch konnten alleinstehende Frauen Mädchen adoptieren. Wenn ein Mann kinderlos verstarb, konnte von seinem Bruder verlangt werden, die Witwe zu heiraten. Bei dieser Art der Ehe,

---

[136] Nunn, *Der Alltag in Babylon*; Stol, *Private Life in Ancient Mesopotamia*; Nemet-Nejat, *Daily Life*, 121–153.

einer Leviratsehe (die es in Assyrien gab), galten die Kinder formell als Nachkommen des ersten Ehemannes. Gegen die mit Schwangerschaften und Geburten verbundenen Risiken und Gefahren schützten sich Frauen durch Amulette, Kräutermischungen und verschiedene Gebete und Rituale. Kinder wurden mit Hilfe von Wiegenliedern beruhigt, damit sie die Gottheiten nicht stören. Weithin war man der Ansicht, dass die Gottheiten keinen Lärm ertragen konnten, und im sumerischen Werk *Atramchasis* sind vor allem die lärmenden Menschen der Grund dafür, dass die Gottheiten eine Sintflut schicken.[137]

Söhne erhielten in der Regel eine Ausbildung im Handwerk ihrer Väter, und einige handwerkliche, priesterliche oder mit dem Schreiben befasste Berufe wurden vererbt. KöchInnen, TischlerInnen und andere HandwerkerInnen nahmen manchmal Lehrlinge auf und bildeten sie aus. Die Kinder gingen nicht zur Schule, aber das Schreiben wurden in einer Art Schule gelehrt, wobei anhand eines bestimmten Lehrplans Texte durch Abschreiben gelernt wurden. Es gibt zahlreiche archäologische Funde solcher Übungstafeln. Gelegentlich gab es in diesem für das antike Mesopotamien so wichtigen Beruf auch Schreiberinnen.

Häufig war es so, dass eine Familie eine Familiengottheit verehrte, die für die Familie bei anderen, höheren Gottheiten Fürsprache einlegte. Die Familiengottheit war für das im Alltag Notwendige wie etwa Nahrung und Gesundheit zuständig. Oft fiel Frauen die Aufgabe zu, für die Familie zu beten. Auch unter den Gottheiten sind es oft Göttinnen, die Fürbitte hielten. In altbabylonischer Zeit wurde manchmal eine Tochter ins Kloster geschickt, um für ihre Familie zu beten. Männer waren für die Libation (das Trankopfer) für die Ahnen zuständig.

Der Zusammenbruch der Region

Um 1200 v. Chr. gerät der Vordere Orient in eine Krise, die mit großen Veränderungen einherging, wobei noch immer nicht geklärt ist, was genau geschehen ist.[138] Die Analyse von Pollen vom Grund des Sees Genezareth im heutigen Israel hat ergeben, dass es in der Region in dieser Zeit zu einem deutlichen Wandel des Klimas kam, worin eine mögliche Ursache für die Krise gele-

---

[137] In deutscher Übersetzung findet sich *Atramchasis* bei von Soden, *Der altbabylonische Atramchasis-Mythos*. Weiter unten widme ich mich noch dem Epos *Enuma elisch*, in dem die Auseinandersetzung zwischen den Urzeit-Gottheiten durch den Lärm ihrer Sprösslinge verursacht wird. Die umfassendste Ausgabe des *Atramchasis*-Epos, in der alle bekannten Fragmente, Transliterationen und Transkriptionen enthalten sind, liegt vor in: Lambert und Millard, *Atra-Ḫasis*.

[138] Cline, *1177 B.C.: The Year Civilization Collapsed*; Drews, *The End of the Bronze Age*.

gen haben könnte. Die dominanten Kulturen des Mittelmeerraums, zu denen die HethiterInnen in Anatolien, die mykenische Kultur in Griechenland und die meisten Stadtstaaten in Syrien-Palästina zählten, brachen zusammen, und Ägypten durchlebte eine Phase der Schwäche. In jüngerer Zeit haben einige SozialwissenschaftlerInnen die These vertreten, dass sich zahlreiche Parallelen zwischen der damaligen und unserer heutigen Zeit erkennen lassen.[139]

Als sich gegen Ende des 2. Jt. v. Chr. die Wogen wieder geglättet hatten, gab es Syrien und Südostanatolien (in der heutigen Türkei) nur mehr diverse Stadtstaaten, von denen viele Satelliten des hethitischen Reiches waren. Daneben gab es auch Staaten, die von den AramäerInnen regiert wurden, einer neuen Volksgruppe, die in dieser Region zunehmend auf sich aufmerksam machte. Assyrien war von der Mitte des 14. Jh. bis zum Ende des 12. Jh. erheblich gewachsen und herrschte um 1200 v. Chr. sogar für kurze Zeit über Babylon, doch während der Regierungszeit Tiglat-Pilesers I. (1114–1076 v. Chr.) musste das Land erhebliche Rückschläge hinnehmen. Einige aramäische Stämme eroberten einen Großteil des assyrischen Gebietes und gründeten in ganz Nordmesopotamien Stadtstaaten und kleinere Herrschaftsgebiete.

In Babylonien verlagerte sich das Bett des Euphrats weiter nach Westen, was zur Folge hatte, dass die Bevölkerung in den Städten im nördlichen Teil der Ebene abnahm und angreifbarer war. So griffen die Elamiter 1158 v. Chr. Babylon an, was das Ende der kassitischen Dynastie bedeutete. Nach der Eroberung wurde die Marduk-Statue – und wahrscheinlich auch die steinerne Stele mit dem Codex Hammurapi – von den Elamitern als Kriegsbeute mitgenommen. Bald danach bekam Babylon allerdings die neue Stärke Assyriens zu spüren, wobei Assyrien zugleich in kultureller Hinsicht zunehmend von Babylon geprägt wurde.

Marduk, der Stadtgott von Babylon

Zwischen dem Sturz der kassitischen Dynastie 1158 und der Ankunft der neuen Gruppe der ChaldäerInnen im 9. Jh. v. Chr. wurde Babylon etwa 400 Jahre von Einheimischen regiert und nicht von zugewanderten Dynastien. Zu Veränderungen kam es auch im Hinblick auf die Stellung des Gottes Marduk: Er spielte nun nicht mehr nur als Stadtgott Babylons eine wichtige Rolle, sondern war auch noch „König der Götter". Nebukadnezar I. (1125–1104 v. Chr., nicht zu verwechseln mit dem späteren Nebukadnezar II.) übte Vergeltung für die Eroberung durch Elam, indem er dessen Hauptstadt Susa angriff und die Statue

---

[139] Am bekanntesten ist vielleicht Jared M. Diamonds Buch *Collapse. How Societies Choose to Fail or Succeed*.

Marduks wieder nach Babylon zurückholte. Dies war ein großer Sieg für das Land. Marduk wurde in Babylon wieder eingesetzt und setzte seinen Aufstieg innerhalb des babylonischen Pantheons weiter fort.[140]

In vielen Teilen des alten Vorderen Orients gab es Stadtgottheiten, wobei jede Stadt eine Hauptgottheit besaß. In der altsumerischen Religion gab es Hunderte von Göttern und Göttinnen. Im Laufe des 2. Jt. v. Chr. hatte die Anzahl der Gottheiten abgenommen, und sie hatten semitische Namen und Eigenschaften bekommen, wobei manche von ihnen Merkmale und Attribute anderer Gottheiten übernahmen. Götter und Göttinnen waren auf Listen aufgeführt und in Familien organisiert. Die wichtigsten Gottheiten waren Anu, der Gott des Himmels, der Wettergott Enlil, der auch König der Götter und Herrscher der Erde war, sowie Enki, der jüngere Bruder Enlils und der Gott des Süßwasserozeans unter der Erde. Die Göttin Inanna (so ihr sumerischer Name) beziehungsweise Ischtar (wie sie im Akkadischen hieß) trat zusammen mit diesen drei männlichen Göttern auf, aber auch mit einer weiteren Trias, bestehend aus dem Sonnengott Utu/Schamasch, dem Mondgott Nanna/Sin und dem Wettergott Ischkur/Adad. Auf den Reliefs aus Babylon ist zu sehen, dass Marduk, Ischtar und Adad vor allem zur Zeit Nebukadnezars II. eine große Bedeutung hatten. Als Hauptgott Babylons stieg Marduk in der Götterhierarchie auf, wie auch Babylons Stellung seit altbabylonischer Zeit immer exponierter war. Diese Entwicklung wurde im 1. Jt. v. Chr. forciert, und in Babylon übernahm Marduk die Position, die zuvor Enlil innegehabt hatte. Marduk wurde Bel genannt, also „Herr".

Enuma elisch: Zum Lobe Marduks

Erste Fragmente des *Enuma elisch* fanden sich unter den Tafeln in der Bibliothek Assurbanipals. Sie wurden 1876 von George Smith veröffentlicht, der auch die Sintflut-Erzählung auf die elfte Tafel des *Gilgamesch-Epos* entdeckt hatte. „Enuma elisch" sind die ersten Worte des Werkes, die „als droben" heißen (was wohl „in der Götterwelt" bedeutet). Auch wenn das *Enuma elisch* oft als Schöpfungsepos bezeichnet wird, geht es in ihm in erster Linie darum, welch erhöhte Position Marduk in der Götterhierarchie innehat. Das *Enuma elisch* lässt sich nicht sicher datieren; in der Diskussion ist ein Zeitraum zwischen dem 18. Jh. v. Chr. und etwa 1100 v. Chr. Manchmal wird die Dichtung in der Forschung mit der Wiedereinsetzung Marduks nach dem Sieg über die Elamiter im Jahr 1123

---

[140] Lambert, *The Reign of Nebuchadnezzar I*.

v. Chr. in Verbindung gebracht.[141] Unabhängig von seinem Bezug zu historischen Ereignissen ist das *Enuma elisch* in jeden Fall ein wichtiges ideologisches Werk, weil in ihm der Platz Marduks in der Welt als Stadtgott von Babylon und als Gott der Gottheiten festgeschrieben wird. In der akkadischen Literatur legt kein anderes Werk den Fokus so stark auf Babylon wie das *Enuma elisch*.[142]

Im *Enuma elisch* werden die Rollen Marduks beschrieben, seine Position wird legitimiert, und er wird als König der Götter und Göttinnen gepriesen. Erzählt wird die Geschichte seines Aufstiegs: In einem Götterkampf besiegt er Tiamat, die Göttin des Salzwasserozeans, und bewahrt die Gottheiten vor der Vernichtung. Danach erschafft er die Welt aus dem Leib Tiamats. Am Ende erschafft der Gott Ea, nachdem er sich mit den anderen Gottheiten beraten hat, die Menschen aus dem Blut von Tiamats erschlagenen Gemahl, damit die Menschen die Arbeit verrichten und die Gottheiten sich ausruhen können.

Die Götter und Göttinnen wollen sich erkenntlich zeigen und fragen danach, was sie tun können, worauf Marduk antwortet, dass sie die Stadt Babylon erbauen könnten. Sie fertigen Backsteine an und bauen einen Tempel für Marduk – das Esangila –, und sie erbauen auch die Zikkurat. Der Gipfel der Zikkurat reicht bis zur Basis Escharras, des Tempels im Himmel. Danach erbauen die Götter jeweils für sich selbst Tempel und Gemächer. Am Ende versammeln sie sich zu einem großen Fest, wobei jede Gottheit ihren Platz in einem Palast oder auf einem Thron einnimmt und Marduk als König der Gottheiten mit fünfzig verschiedenen Namen geehrt wird. So dient die Gründungserzählung der Stadt Babylon zugleich als eine Geschichte, in der Marduk unter den Gottheiten Ordnung stiftet. Daraus geht die Ordnung im ganzen Universum mit Marduk als höchstem Gott hervor.

Als das *Enuma elisch* entdeckt wurde, richtete sich die Aufmerksamkeit vor allem auf die fünfte Tafel mit dem Text über die Erschaffung der Welt und der Menschen. Das ist insofern verständlich, weil sich auf dieser Tafel anscheinend Parallelen zur Schöpfungsgeschichte der Bibel fanden. Leider ist diese Tafel stark beschädigt, und bei den ersten Deutungsversuchen schoss man im Hinblick auf die Parallelen zur Bibel über das Ziel hinaus. Andere Aspekte der Geschichte wie etwa die Frage, warum Marduk in den Kampf gegen Tiamat geschickt wurde, sind erst einige Jahrzehnte nach der eigentlichen Entdeckung bekannt geworden und führten anfänglich zu Fehldeutungen.[143]

---

[141] Eine Einführung in das *Enuma elisch* findet sich bei Foster, *From Distant Days*. Genauere Angaben über die historischen Ereignisse im Umfeld des Aufstiegs von Marduk liefern Jursa, *Die Babylonier*, 28, sowie Beaulieu, *A History of Babylon*, 159–163.

[142] Lambert, *Enuma elisch*; Hecker, *Enūma eliš*. Eine umfassende, kritische und kommentierte Übersetzung haben Kammerer und Metzler vorgelegt: *Das babylonische Weltschöpfungsepos Enûma elîsch*.

[143] Hierzu gehört auch die These von George Smith, wonach sich der Schöpfungsbericht – wie die biblische Erzählung in der Genesis – an einem Sechs-Tage-Schema orientiert, so-

Im weiteren Verlauf der Geschichte Babylons gehörte das Verlesen des *Enuma elisch* zur Feier des *Akitu-Festes*, einer ein- oder zweimal jährlich zelebrierten Feierlichkeit, die in ganz Mesopotamien begangen wurde. In Babylon wurde bei diesem Fest der Ankunft Marduks und seines Einzugs in die Stadt gedacht und sein Sieg über Tiamat und sein Aufstieg zur höchsten Macht aufgeführt. Die Feierlichkeiten dauerten zwölf Tage, und am fünften Tag fand eine rituelle Demütigung des Königs vor Marduk statt. Dem König wurden die Kleidung sowie die Krone, die Juwelen und das königliche Zepter abgenommen; anschließend wurde er von einem Priester vor der Marduk-Statue an den Ohren gezogen, geschlagen und gedemütigt. Der König wurde aufgefordert, niederzuknien und ein „negatives Sündenbekenntnis" zu sprechen, das sich auf die Vergangenheit bezog:

> Ich habe [nicht ge]fehlt, Herr der Länder, war nicht nachlässig gegenüber deiner Göttlichkeit.
> Ich habe Babylon [nicht zugr]unde gerichtet, nicht seine Vernichtung befohlen.
> Ich habe Esagil [nicht ins Wan]ken gebracht, nicht seine Riten in Vergessenheit geraten lassen.
> Ich habe [nicht] die unter (göttlichem) Schutz stehenden Bürger [geo]hrfeigt, [nicht bewirkt], dass sie verachtet werden!
> [Ich habe achtge]geben auf Babylon, nicht seine Umfassungsmauern zerstört.[144]

In diesem Ritual wird augenfällig, dass Marduk über dem König steht. Interessanterweise wird dabei auch formuliert, wie der König sein Volk behandeln soll: „Ich habe [nicht] die unter (göttlichem) Schutz stehenden Bürger [geo]hrfeigt, [nicht bewirkt], dass sie verachtet werden!" Hierin wird vielleicht – zumindest theoretisch – zum Ausdruck gebracht, wie man im antiken Babylon über die Bürgerrechte dachte. Nach der Erniedrigung des Königs wurden ihm seine Kleidung, seine Insignien und seine Würde zurückgegeben. Schließlich schlug der Priester dem König ein zweites Mal auf die Wange, und wenn beim König Tränen flossen, hieß das, dass Marduks Haltung ihm gegenüber wohlwollend war. Wenn auf den Schlag jedoch keine Tränen folgten, deutete das darauf hin, dass Marduk zornig war und vor einem feindlichen Angriff warnte. Der Höhepunkt des Rituals bestand in einer Prozession, bei der die Marduk-Statue öffentlich durch die Straßen der Stadt zum Tempel getragen

---

wie die Vorstellung, dass Marduk die Chaosmächte besiegte, oder auch die Ansicht, dass dies das Ergebnis eines Kampfes zwischen Licht und Finsternis war.

[144] Cohen, *The Cultic Calendars of the Ancient Near East*, 447; eine eingehende Diskussion der Rolle Marduks beim *Akitu*-Fest in Babylon findet sich dort 437–353; ein Klassiker ist immer noch Zimmern, *Zum babylonischen Neujahrsfest* (zu diesem Ritual dort 39–42). Eine Untersuchung jüngeren Datums, in der auch die ideologische Dimension des *Akitu*-Festes behandelt wird, hat Beate Pongratz-Leisten vorgelegt: *Ina Šulmi Īrub. Die kulttopographische und ideologische Programmatik der akītu-Prozession in Babylonien und Assyrien im 1. Jahrtausend v. Chr.*, Baghdader Forschungen 16, Main: Philipp von Zabern 1994. Das „negative Sündenbekenntnis" oben orientiert sich an der Übersetzung von Farber, *Rituale*, 222; die Gattungsbezeichnung findet sich bei Jursa, *Die Babylonier*, 87.

wurde. Deshalb war die Prozessionsstraße in Babylon so wichtig. Sie begann außerhalb der Stadt, führte durch das Ischtar-Tor und weiter zum Esangila, dem Marduk-Tempel.

Auch die Bedeutung Nabus, des Gottes der Schreibkunst und Sohnes Marduks, wuchs mit der Zeit, und so bekam er schließlich beim *Akitu-Fest* ebenfalls eine wichtige Funktion. Er war der Hauptgott der Stadt Borsippa unweit von Babylon. In der Zeit Nebukadnezars I. wuchs das Interesse an der Geschichte, und es gab erneut Bestrebungen, einen Kanon der akkadischen Literatur zu schaffen. In neubabylonischer Zeit spielten beim *Akitu-Fest*, das nun anscheinend ein Doppel-Fest war, sowohl Nabu als auch Marduk eine wichtige Rolle.

Die assyrische Vorherrschaft

Im späten 10. Jh. v. Chr. stieg Assyrien zur Supermacht auf, und in den folgenden dreihundert Jahren machte es seinen Einfluss in Babylon geltend. Das neuassyrische Reich expandierte enorm und wurde schließlich das größte Reich, das es bis dahin auf der Erde gegeben hatte. Die Region wurde zum Schauplatz eines Machtkampfes zwischen den AssyrerInnen und den ChaldäerInnen, den letzten Neuankömmlingen in diesem Landstrich. Vom „Schwarzen Obelisken" und auch durch die Entdeckungen von Layard und Botta in Ninive, Chorsabad und Nimrud wissen wir, dass weiter im Westen das Reich Israel ein Vasallenstaat Assyriens wurde. Auch in der Bibel hat die assyrische Herrschaft ihre Spuren hinterlassen. Eine Zeitlang herrschten die assyrischen Könige tatsächlich über Babylon. Einer dieser Könige eroberte 722 v. Chr. Samaria, die Hauptstadt Israels, und innerhalb weniger Jahrzehnte dehnte sich das neuassyrische Reich im Westen bis nach Ägypten aus. Die von Layard und Botta entdeckten Königspaläste waren die der letzten assyrischen Könige.[145]

Sanherib aus Ninive war einer dieser Könige. Um 700 v. Chr. hatte er Jerusalem vergeblich belagert und große Anstrengungen unternommen, um die zahlreichen verfeindeten Städte und Stämme Babyloniens unter seiner Kontrolle zu halten. Ihm war sehr an Stabilität gelegen. Im Jahr 689 v. Chr. machte er die Stadt Babylon in einem Akt der Vergeltung dem Erdboden gleich. Dieses traumatische Ereignis wirkte sich auf die gesamte Region aus. Viele BewohnerInnen Babylons empfanden die vollständige Zerstörung ihrer religiös bedeutenden Stadt als besonders grausam und unwürdig. Sanheribs direkter Nachfolger, sein Sohn Asarhaddon, ließ die Stadt komplett wiederaufbauen und

---

[145] Die Geschichte des neuassyrischen Großreichs war sehr ereignisreich, und dieser Abschnitt kann ihr keineswegs gerecht werden. Mehr zu diesem Thema findet sich etwa bei Grayson, *Assyrian Rule of Conquered Territory*, oder Cancik-Kirschbaum, *Die Assyrer*.

finanzierte das durch Mittel aus seinen Eroberungszügen nach Ägypten. Er brachte auch die Marduk-Statue, die Sanherib als Beutegut mit nach Assur genommen hatte, wieder nach Babylon zurück. Asarhaddon verurteilte das brutale Vorgehen seines Vaters; unter seiner Herrschaft war die Region relativ stabil, und es ging wirtschaftlich voran.[146]

Während es Wiederaufbaus von Babylon teilte Asarhaddon das Reich erneut; seinen Sohn Assurbanipal macht er zum Herrscher über Assyrien und seinen Sohn Schamasch-schum-ukin zum Herrscher von Babylon. Leider führt das nicht zum angestrebten Frieden. Die beiden Brüder führten Bürgerkrieg gegeneinander, was dazu führte, dass Assyrien erneut die Kontrolle über Babylon erlangte, wobei diesmal Assurbanipal die Herrschaft innehatte. Assyrien war allerdings durch den Bürgerkrieg geschwächt, und eine Auseinandersetzung um die Thronfolge in Assyrien nach dem Tod Assurbanipals machte den Weg für den Chaldäer Nabopolassar frei, der das Land vom assyrischen Joch befreien wollte.

Das neuassyrische Reich war also bereits geschwächt, als Babylon unter Nabopolassar 612 v. Chr. mit einer Koalition unter medischer Führung Ninive eroberte. Obwohl Ägypten seinem Verbündeten Assur zu Hilfe kam, wurde Letzteres schließlich 605 v. Chr. in der Schlacht von Karkemisch besiegt. Von da an wurde das neubabylonische Reich stetig größer und stärker. Babylon erholte sich wirtschaftlich schnell und konnte nun auf der Weltbühne wieder eine wichtige Rolle spielen. In die Zeit dieses Reichs, das von ca. 625 bis 539 v. Chr. und damit etwas mehr als siebzig Jahre bestand, fällt die letzte Hochphase der babylonischen Expansions- und Bautätigkeit. Dies ist das Babylon der Bibel.

Das Chaldäische Reich: Babylons letzte Hochphase

Nach dem Tod Assurbanipals übernahm Nabopolassar den babylonischen Thron. Gegen Ende seiner Herrschaft gründete Nabopolassar das Chaldäische beziehungsweise neubabylonische Reich. Dieses Reich stellte alle früheren in Babylon – einschließlich Hammurapis Reich – in den Schatten. Erneut stand Babylon für kurze Zeit unter einheimischer Herrschaft und erlebte ein letztes goldenes Zeitalter.

---

[146] Leichty, *Essarhaddon, King of Assyria*.

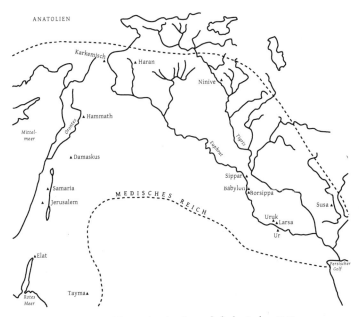

Karte 6.3: Mesopotamien in neubabylonischer Zeit

Nabopolassar war vor allem an der Befreiung und Rückeroberung des von Assyrien kontrollierten babylonischen Territoriums gelegen. Er erreichte sein Ziel, indem er eine Allianz mit Medien einging, einem neuen persischen Akteur auf der geopolitischen Bühne, das den Platz Elams einnahm. Ohne dieses Bündnis wäre Babylon vielleicht auch unter medische Herrschaft gefallen. Die Zerstörung Ninives 612 v. Chr. durch Nabopolassar führte dazu, dass die Bibliothek Assurbanipals erhalten blieb. Eine ähnliche Zerstörung in Kalchu (Nimrud) hatte zur Folge, dass wertvolle Elfenbeinschnitzereien nicht zerstört wurden. Dies ist die größte auf uns gekommene Sammlung antiker Elfenbeinschnitzereien.

Nabopolassars Sohn und Nachfolger Nebukadnezar II. ist vielleicht der berühmteste Herrscher von Babylon, und zwar wegen der Rolle, die er nach biblischer Überlieferung spielte, indem er Jerusalem verwüstete. Wahrscheinlich wäre er aber auch ohne diese Rolle in die Weltgeschichte eingegangen. Nebukadnezar weitete sein Herrschaftsgebiet in unglaublicher Weise aus und errichtete in kürzester Zeit ein neues Reich. Der Wendepunkt kam 605 v. Chr., als Nebukadnezar als Stellvertreter seines Vaters in der Schlacht von Karkemisch in Nordsyrien über den ägyptischen Pharao Necho II. triumphierte. Nach dem Sieg über Ägypten war es für Nebukadnezar nicht mehr schwer, die Gebiete des ägyptischen Verbündeten Assyrien zu übernehmen, die er zwischen sich und seinen medischen Verbündeten aufteilte.

Nun konnte auch Syrien-Palästina leicht erobert werden. In der *Babylonischen Chronik* wird von der Einnahme der „Stadt Juda" berichtet, also von Jerusalem. Nebukadnezar zog gegen König Jojakim, welcher der Bibel zufolge von Ägypten eingesetzt worden war (2 Kön 23,34). Nebukadnezar eroberte Jerusalem in seinem siebten Regierungsjahr (597 v. Chr.) kampflos und deportierte Jojakims Nachfolger Jojachin zusammen mit einem Großteil des Volkes nach Babylon.

In Texten, die von der deutschen Forschungsexpedition in Babylon gefunden wurden, werden die Rationen beschrieben, die Kriegsgefangene in Babylon im 6. Jh. v. Chr. erhielten. Dabei fällt der Name Ja'ukīnu für den König von Juda; bei ihm wird es sich wahrscheinlich um den biblischen König Jojachin handeln. Auch seine Söhne werden erwähnt. In historischer Sicht gilt das als Beleg dafür, dass JudäerInnen aus Jerusalem deportiert wurden, und diese Deportation wird als Beginn der jüdischen Diaspora im Gebiet des heutigen Irak angesehen.[147] Die dortige jüdische Gemeinschaft ist zu allen Zeiten von enormer Bedeutung gewesen.

In Jerusalem setzte Nebukadnezar einen neuen, ihm genehmen König ein. Dies ist Zidkija, den wir aus der Bibel kennen (2 Kön 24–25). Diesen Marionettenkönig konnten die BabylonierInnen eine Zeitlang kontrollieren, aber der Bibel zufolge lehnte sich Zidkija mehrfach gegen Babylon auf und ging ein Bündnis mit Ägypten ein. Ägypten war die einzige regionale Supermacht, die Nebukadnezar nicht hatte unterwerfen können. Im Jahr 586 v. Chr. unterdrückten die BabylonierInnen die Rebellion Zidkijas und deportierten Teile der Bevölkerung nach Babylon. Der Bibel zufolge wurde Zidkija gezwungen, der Hinrichtung seiner Söhne beizuwohnen, bevor er geblendet und in Fesseln gelegt wurde. Jerusalem wurde zerstört, und ein babylonischer Statthalter wurde eingesetzt, der das Gebiet von der neuen Hauptstadt Mizpa aus regierte. Diese Ereignisse kennen wir aus der Bibel, und die biblischen Texte stellen eine wichtige Ergänzung der babylonischen Quellen dar. Tatsächlich ist die *Babylonische Chronik* für die Jahre 594 bis 556 v. Chr. lückenhaft.[148] Vor einiger Zeit sind jedoch Keilschrifttafeln aus Raubgrabungen aufgetaucht, auf denen dokumentiert ist, wie jüdischer ExilantInnen in der babylonischen Stadt Jahud gelebt haben.[149]

Nebukadnezar II. war ein erfahrener und unermüdlicher Krieger, dem es gelang, sein ausgedehntes Reich zu kontrollieren. Leider gibt es kaum Quellen für die späten Jahre seiner Herrschaft. In Nebukadnezars Vorstellung von seinem Reich stand die Stadt Babylon im Mittelpunkt. Durch Eroberungen und Plünderungen fremder Gebiete finanzierte er Bauprojekte in Babylon und anderen Städten Babyloniens, und so konnte Babylon zum Mittelpunkt der Welt werden. Die Zeit, in der in Babylon gebaut und wiederaufgebaut wurde, war

---

[147] Abraham, *The Reconstruction of Jewish Communities in the Persian Period*.
[148] Die englische Standard-Übersetzung stammt von Grayson, *Assyrian and Babylonian Chronicles*. Zu König Jojachin siehe die Diskussion bei Wiseman, *Babylonia 605–539 B.C.*
[149] Pearce und Wunsch, *Documents of Judean Exiles*.

friedlich, und es herrschten Ruhe und Stabilität. Die meisten der 1899–1917 von den Deutschen ausgegrabenen Monumente stammen aus der Zeit Nebukadnezars.

Nebukadnezar führte die Projekte seines Vaters weiter und verwandelte Babylon in eine der prächtigsten Städte der damaligen Zeit. Er schloss die Instandsetzung des Palastes, der inneren Wachtürme, der Tempel, der Prozessionsstraße, der Mauern und der Tore ab. Man geht davon aus, dass dabei 15 Millionen Backsteine verbaut wurden. Besondere Bedeutung wurde den Gebäuden beigemessen, die mit den Ritualen und dem Kult für Marduk zu tun hatten, wie dem Marduk-Tempel, der Zikkurat und der Prozessionsstraße. Auf dieser Straße wurde die Marduk-Statue jedes Jahr beim Neujahrsfest getragen. Die Prozession ging durch das legendäre Ischtar-Tor, das mit bunt glasierten Figuren von Stieren und Drachen verziert war. Nebukadnezars Königsideologie wies gewisse Ähnlichkeiten zur assyrischen Ideologie auf, wo der König als nahezu göttlich galt.[150]

Die Weisen aus dem Morgenland

Seit altbabylonischer Zeit haben die Babylonier astronomische Phänomene beschrieben, doch im 7. Jh. begannen sie, ihre Aufzeichnungen häufiger und systematischer vorzunehmen. Letzten Endes ermöglichten diese Beobachtungen, Phänomene wie eine Sonnen- oder Mondfinsternis vorherzusagen oder die Planetenbahnen zu bestimmen. Später entwickelten die Griechen die babylonische Astronomie weiter und benutzten den Begriff „ChaldäerInnen" zur Bezeichnung von AstronomInnen. Im Neuen Testament wird die Episode von den „Weisen aus dem Morgenland" erzählt, die als Magier bezeichnet werden, sie folgen einem Stern und kommen nach Jerusalem, um den König der Juden zu suchen, den sie anbeten wollen (Matthäus 2,1–2). Auch im Alten Testament verbindet man mit den BabylonierInnen Kenntnisse der Astronomie, wobei dort aber oft polemisch über diese „Sterngucker" gesprochen wird und sie verspottet werden (wie zum Beispiel in Jesaja 47,13). Faktisch haben die babylonische Astronomie und Mathematik die griechische, arabische und indische Wissenschaft stark geprägt.[151]

Die babylonische Mathematik führte ihre Rechenoperationen nicht mit dem von uns heute meist verwendeten Dezimalsystem (das auf der Zahl zehn

---

[150] Babylon in der Regierungszeit Nebukadnezars widmet sich das Buch von Wiseman, *Nebuchadrezzar and Babylon*.

[151] Ossendrijver, *Astronomie und Astrologie*; Chambon, *Mathematische Praktiken*; Oelsner, *Vorderasien: Astronomie*, sowie ders., *Vorderasien: Mathematik*.

basiert) aus, sondern mit einem Sexagesimalsystem (das auf der Sechzig basiert). Bei uns kommt dieses System etwa bei der Zeiteinteilung in sechzig Minuten und der Minute in sechzig Sekunden oder aber bei in der Einteilung des Kreises in 360 Grad zur Anwendung.

Auch die babylonische Medizin war weit fortgeschritten, und wir kennen umfangreiche Beschreibungen von Diagnosen und Behandlungen, die zumeist aus neuassyrischen Quellen stammen.[152] Aus diesen Quellen wissen wir, dass es zwei Fachleute gab, die bei der Behandlung zusammenarbeiteten. Ein *Asu* bzw. eine *Asatu* kannte sich bei Arzneimitteln aus Pflanzen, Mineralien und tierischen Substanzen besonders gut aus und wusste, welche Erkrankungen man mit ihnen behandeln konnte. Er oder sie entwickelte Heilmittel und nahm einfache Operationen vor. Die Diagnose von Krankheiten wurde jedoch von anderen Fachleuten gestellt, die gewöhnlich als BeschwörungspriesterInnen bezeichnet wurden. Das waren der *Aschipu* bzw. die *Aschiptu* in der Tat, doch beide waren noch viel mehr, denn sie stellten die Krankheitsdiagnosen unter Verwendung des ersten medizinischen Lehrbuchs der Welt, in dem Symptome beschrieben und einzelne Erkrankungen voneinander unterschieden wurden. *Aschip(t)u* konnten die Therapien von *As(at)u* anwenden, entwickelten aber auch eigene Behandlungen, die auf Wunsch der PatientInnen von Rezitationen und magischen Ritualen begleitet werden konnten.

Die Medizin des antiken Mesopotamien beruhte auf Erfahrungswissen. Durch die griechische Eroberung im 4. Jh. n. Chr. wurde die medizinische Praxis um ein Jahrtausend zurückgeworfen, weil fälschlicherweise versucht wurde, die Medizin von der Magie zu trennen. Dass Menschen, deren Heilverfahren auf pflanzlichen Arzneimitteln basierten, nur geringes Ansehen genossen, war in Europa bis ins 19. Jh. n. Chr. so. In ihrer mesopotamischen Ausprägung war die Mischung aus Magie und Medizin eine attraktive Kombination des Praktischen mit dem Poetischem, bei der die Heilkraft der vorhandenen Arzneimittel dadurch verstärkt wurde, dass auch die PatientInnen bei ihrer Heilung mitwirkten.

Ein Text über die Behandlung von Zahnschmerzen gewährt einen guten Einblick in das babylonische Wissen von Krankheiten und ihren Therapien. Im Text geht es um einen Wurm, dem von den Gottheiten bei der Erschaffung der Welt gestattet wurde, in den Zähnen und im Zahnfleisch zu wohnen:

---

[152] Heeßel, *Babylonische Wissenschaft – Medizin und Magie*. Eine großartige Einführung in die mesopotamische Medizin hat Scurlock vorgelegt: *Sourcebook for Ancient Mesopotamian Medicine*. Siehe auch Biggs, *Medizin*.

Beschwörung gegen Zahnschmerzen

„Nachdem Anu [den Himmel erschaffen hat]te, der Himmel [die Erde] erschaffen hatte, die Erde die Flüsse erschaffen hatte, die Flüsse die Kanäle erschaffen hatten, die Kanäle den Morast erschaffen hatten, der Morast den Wurm erschaffen hatte, ging der Wurm vor Schamasch zu weinen, vor Ea flossen seine Tränen: ‚Was gabst du mir zu essen …?' (Ea antwortete): ‚Ich gab dir die Feige, die reife …!' (Der Wurm sagte): ‚Was soll ich mit der Feige, der reifen …? Hebe mich hoch und setze mich zwischen Zahn und Zahnfleisch. Vom Zahn will ich das Blut saugen und vom Zahnfleisch Stücke abnagen.'"

Danach wird die Behandlung beschrieben: „Setze den Pflock und packe den Fuß (des Zahns)", worauf die Anweisung folgt, diesen Fluch dreimal zu sprechen: „Weil du das sagtest, Wurm, soll Ea dich schlagen mit seiner starken Hand!" Eine Mundspülung aus Bier, Öl und Kräutern schließt die Behandlung ab. Der Text endet mit dem Hinweis, dass er aus einem alten Text abgeschrieben wurde, und der Name des Schreibers wird angefügt. Wir haben es hier also mit einer Kombination von Magie und praktischen Anweisungen zu tun.[153]

Auch die sumerische Kunst wie Musik, Bildende Kunst, Tanz und Theater lebten in Babylonien weiter. Schmuck war sehr beliebt und wurde zu verschiedensten Anlässen getragen; die Spanne reicht von einfachen Objekten aus Muscheln und Knochen, die von gewöhnlichen Menschen täglich getragen werden konnten, bis hin zu Schmuckstücken für Beerdigungen am Königshof. Schmuck wurde aus Muscheln und Knochen, Silber, Gold, Kupfer, Elfenbein, Perlmutt, Lapislazuli, Achat und anderen Edelsteinen gefertigt. Die Menschen schmückten sich mit Armbändern, Ohrringen und Bedeckungen für Haar und Haupt, und sie benutzten Gürtel und Nadeln zur Befestigung ihrer Kleidung. Sie verzierten Schals und Tücher sowie Gegenstände wie Vasen, Töpfe und Brettspiele. Weit verbreitet waren Amulette – also kleine Anhänger, die um den Hals getragen wurden –, die Glück bringen oder böse Geister fernhalten sollten.[154]

Auf Reliefs und anderen bildlichen Darstellungen sind Szenen mit Menschen abgebildet, die verschiedene Instrumente spielen, und Musik wird in zahlreichen Texten beschrieben. Zu den Instrumenten zählten verschiedene Arten von Saiteninstrumenten wie Harfe, Leier oder Laute, und Blasinstrumente wurden aus Rohr, Holz, Knochen oder Metall hergestellt. Auch viele Arten von Trommeln und Schlaginstrumenten werden dargestellt. MusikerInnen waren am Hof, an manchen Tempeln und vielleicht auch in Schreibschulen beschäftigt. Sie konnten zur Unterhaltung bei Banketten und festlichen Anlässen engagiert werden, aber auch zu Anlässen, die mit Gefahren und Bedrohungen einhergingen wie etwa eine Mondfinsternis, eine Geburt, oder sie wurden für Menschen geholt, die an einer Krankheit litten. Ein wichtiger Berufsstand

---

[153] Die Übersetzung findet sich bei Jursa, *Die Babylonier*, 83–84 und 111.
[154] Nemet-Nejat, *Daily Life*; Bahrani, *Jewelry and Personal Arts in Ancient Western Asia*.

kümmerte sich um das Singen bei Begräbnissen; es handelte sich dabei um professionelle Sänger, noch häufiger aber um Sängerinnen, die bei Beerdigungen Klagen oder Totenklagegesänge darboten.[155]

Das Ende Babylons

Die drei Könige, die auf Nebukadnezar folgten, waren schwach und/oder regierten nur kurze Zeit. Der letzte babylonische König war Nabonid. Sein Vater war vielleicht ein Militär und seine Mutter möglicherweise eine Priesterin des Mondgottes Sin gewesen. Nabonid hat mehrere Gedichte hinterlassen, in denen seine Verehrung für Sin zum Ausdruck kommt. Er war ein ungewöhnlicher Herrscher, der einen großen Teil seiner Regierungszeit in der arabischen Oase Tema verbrachte und das Alltagsgeschäft in Babylon überwiegend seinem Sohn Belsazar überließ. Allerdings hatte Nabonid ein Interesse an der Bewahrung babylonischer Traditionen und richtete Museen und Bibliotheken mit Sammlungen babylonischer Literatur und astronomischer Aufzeichnungen ein. Eine gewisse Ironie des Schicksals liegt darin, dass sowohl Nabonid als letzter König Babylons als auch Assurbanipal, der letzte große assyrische König, sehr an der Bewahrung der Geschichte interessiert waren – als ob sie geahnt hätten, dass sie die letzten Herrscher sein würden. Aus archäologischer und historischer Perspektive ist ihr Streben nach Bewahrung jedenfalls von unschätzbarem Wert.[156]

Während der Herrschaft Nabonids wurde eine neue, im Gebiet des Iran heimische Dynastie immer mächtiger. Kyros II., der König des elamitischen Staates Anschan im Südwestiran, übernahm das medische Reich. Damit entstand das erste persische Reich, das nach Pars oder Fars benannt ist, dem späteren Namen des Staates Anschan. Im Jahr 539 v. Chr. besiegte Kyros die Armee Belsazars und eroberte dann Babylon, das kaum Widerstand leistete – so kam das neubabylonische Reich an sein Ende.

Die Eroberung Babylons durch Kyros (II.) den Großen ist auf dem sogenannten Kyros-Zylinder dokumentiert. Dieser Text wurde 1879 bei einer der Expeditionen Hormuzd Rassams im Auftrag des Britischen Museums in Babylon gefunden. In dem in akkadischer Sprache verfassten Text wird Kyros als heldenhafte Figur dargestellt, die Babylon vor dem unterdrückerischen und ungläubigen Nabonid gerettet hat. Es wird beschrieben, wie Kyros von Marduk selbst für diese Aufgabe auserwählt wurde, und am Ende heißt es, dass Kyros

---

[155] Kilmer, *Music and Dance in Ancient Western Asia*.
[156] Beaulieu, *King Nabonidus and the Neo-Babylonian Empire*.

die Mauern Babylons instandsetzen und den Marduk-Tempel wiederherstellen ließ. Auf dem Kyros-Zylinder ist weder von JudäerInnen noch von Jerusalem oder Juda die Rede. Doch auch in der Bibel wird Kyros als eine Art Rettergestalt oder Messias dargestellt, auch wenn ihn dort JHWH auserwählt hat, um das judäische Volk aus der Gefangenschaft zu befreien. In der Bibel wird ein Edikt zitiert, das Kyros angeblich verkündet haben soll; darin soll er den Exilierten gestattet haben, nach Jerusalem zurückzukehren und ihren Tempel wieder aufzubauen (Esra 1,2-4).[157] In den biblischen Bücher Esra und Nehemia wird der Eindruck erweckt, es habe eine große Gruppe von Rückkehrenden gegeben. Die Geschehnisse werden so gedeutet, dass nun das Volk nach der göttlichen Strafe durch Deportation und Exil wieder einen Neuanfang machen kann. Strittig ist, wie viele Menschen tatsächlich zurückgekehrt sind; viele blieben in Babylonien, wo es ihnen gut ging.

Nach den BabylonierInnen: Zwischen PerserInnen und GriechInnen

Mit dem Ende des neubabylonischen Reichs im Jahre 539 v. Chr. geriet Babylon unter Fremdherrschaft. Mit Ausnahme einiger kurzer Versuche, seine Unabhängigkeit wiederzuerlangen, ist Babylon nie wieder von BabylonierInnen regiert worden. Unter persischer Herrschaft wurde Babylonien zu einer Provinz des riesigen Reichs, das nun das bis dahin größtes Reich der Welt war. Es wird auch als achämenidisches Reich bezeichnet, weil die meisten Herrschenden der achämenidischen Dynastie entstammte, die aus dem Iran kam. Unter Darios I. (522-486 v. Chr.) war Babylonien die wohlhabendste Provinz des Reiches und zahlte die meisten Steuern. Es befand sich strategisch gesehen im Zentrum des Reiches. Beides deutet darauf hin, dass Babylonien als Region weiterhin eine bedeutende Rolle spielte.[158]

Angelehnt an das Vorbild Assyriens bauten die PerserInnen gute Straßen und entwickelten ein Postwesen. Ihre Expansion nach Westen führte zu Konflikten mit dem antiken Griechenland, und in Herodots *Historien* geht es hauptsächlich um diese Perserkriege. Bekannt ist, dass der Feldzug Darios I. von griechischer Seite bei Marathon 490 v. Chr. gestoppt wurde. Auch Xerxes I. (486-465 v. Chr.) zog mit einem gewaltigen Heer gegen Griechenland zu Felde,

---

[157] Der Kyros-Zylinder wird von Becking, *Kyrosedikt*, im bibelwissenschaftlichen Kontext beschrieben und erläutert. Eine deutsche Übersetzung findet sich bei Borger, *Historische Texte*, 407-410.

[158] Brentjes, *The History of Elam and Achaemenid Persia. An Overview*. Wiesehöfer, *Das frühe Persien*. Zur letzten Phase der babylonischen Kultur siehe Kessler, *Das wahre Ende Babylons*.

und auch er erlitt 480 v. Chr. in der Schlacht von Salamis eine katastrophale Niederlage und verlor den Großteil seiner über tausend Schiffe starken Flotte. Im Verlauf des nächsten Jahrtausends und damit bis zur islamischen Expansion im 7. Jh. n. Chr. hinterließen die Kriege zwischen Griechenland oder Rom und verschiedenen persischen Dynastien in der Region ihre Spuren. In diesem Machtkampf fand sich die Stadt Babylon in der Position eines Durchzugsgebiets wieder und geriet immer wieder unter andere Herrschaft. Dennoch konnte die Region auch weiterhin ihre eigene Identität wahren und wurde als „Babylonien" wahrgenommen.

Die persische Herrschaft war nicht mit größeren Veränderungen für die Kultur oder die Lebensweise der Menschen verbunden. Die PerserInnen gestatteten den von ihnen unterworfenen Völkern generell, weiterhin die eigenen Gottheiten zu verehren und die eigenen Bräuche zu pflegen. Diese „Politik der Toleranz" kommt auch in dem bereits genannten Kyros-Zylinder zum Ausdruck. Im Grunde war es eher so, dass die mesopotamische Kultur das persische Reich in vielerlei Hinsicht prägte, indem das Aramäische (eine semitische Sprache) Ende des 6. Jh. v. Chr. zur Kanzleisprache des Reiches wurde und das Elamitische ersetzte. Als Darios I. seine Eroberungen in der monumentalen Behistun-Inschrift verewigte, geschah das in elamitischer, persischer und babylonischer Sprache, aber durchgängig in Keilschrift. Diese Inschrift spielte später bei der Entschlüsselung der Keilschrift eine sehr wichtige Rolle. Was Baustil und Verzierungen angeht, orientieren sich auch die Königspaläste in Susa, Pasargadae, Persepolis und Ekbatana an babylonischen Vorbildern.

Im Jahr 334 v. Chr. zog Alexander, der Sohn des makedonischen Königs Philipp II., mit seinen Truppen nach Vorderasien. Er gewann eine Schlacht nach der anderen und hatte nach drei Jahren das gesamte Herrschaftsgebiet des persischen Königs Darios III. erobert. Wahrscheinlich wollte Alexander Babylon zur Hauptstadt seines Reiches machen. Er brannte Persepolis nieder – wahrscheinlich um es als Konkurrenz zu Babylon auszuschalten – und soll den Befehl gegeben haben, den Marduk-Tempel in Babylon wiederaufzubauen. Doch er konnte seinen Wunsch, Babylon zur Hauptstadt des Reiches zu machen, nicht mehr in die Tat umsetzen. Als er nach sieben Jahren andauernder Feldzüge dorthin zurückkehrte, wurde er krank und starb 323 v. Chr., noch keine 33 Jahre alt. Sein Reich wurde unter seinen Generälen aufgeteilt, und in Babylon herrschte nun Seleukos I. Nikator. In der Folgezeit übten die seleukidische Dynastie 250 Jahre lang die Kontrolle über Alexanders asiatische Territorien aus, bis das Gebiet durch römische und parthische Truppen erobert wurde.

Ende des 4. Jh.s v. Chr. baute Seleukos eine neue Hauptstadt nordwestlich von Babylon am Tigris, nämlich Seleukia. Sie wurde zu einem neuen Machtzentrum, und ein großer Teil der Bevölkerung Babylons zog dorthin. Trotzdem blieb Babylon auch weiterhin eine der bevölkerungsreichsten Städte der Region. Umstritten ist, wie sehr die hellenistische Kultur Babylon prägte, aber wir wissen, dass die GriechInnen in der Stadt ein Theater und ein Gymnasium bauten und die StoikerInnen dort eine Akademie unterhielten. Unter Umständen lebten GriechInnen und BabylonierInnen in der Stadt getrennt voneinander.

Seleukos' Nachfolger Antiochos I. Soter hielt sich lange Zeit in Babylon auf, und zu dieser Zeit verfasste der babylonische Marduk-Priester Berossos seine *Babyloniaka*. Dies ist die einzige Geschichtsdarstellung Babylons, die für Menschen außerhalb Babylons geschrieben wurde. Berossos versucht, den GriechInnen die alten babylonischen Traditionen näherzubringen.

Im Jahr 171 v. Chr. übernahmen die ArsakidInnen, eine parthische Dynastie aus dem Iran, die Macht in Babylonien. Babylon blieb als Stadt weiterhin von Bedeutung, auch wenn es nun nur noch etwa ein Drittel so groß war wie früher. Auf der anderen Seite des Tigris gegenüber von Seleukia erbauten die Parther mit Ktesiphon eine weitere neue Hauptstadt. Sie trieben umfangreichen Handel und führten unter anderem Seide aus China ein.

Später versuchten römische Truppen, in Babylonien einzumarschieren; bei seinem Feldzug 114–117 n. Chr. besetzte Kaiser Trajan Ktesiphon, und 165 n. Chr. zerstörte Mark Aurel Seleukia. Trotz dieser wiederholten Invasionen konnte Rom in der Region nie wirklich Fuß fassen. Im 3. und 4. Jh. n. Chr. wurden mesopotamische Städte für ChristInnen der Ostkirchen zu wichtigen Schaltstellen, was auch auf Seleukia zutrifft. Die PartherInnen wurden 224 n. Chr. von den SassanidInnen, einer anderen iranischen Dynastie, besiegt; diese konnten sich dort behaupten, bis islamische Heere Ende des 7. Jh. in der Region die Kontrolle übernahmen.

Ein Zentrum der jüdischen Kultur

Die Geschichte der Jüdinnen in Babylonien reicht zurück bis in die neubabylonische Zeit und das babylonische Exil. Doch erst nach der Zerstörung Jerusalems durch Rom 70 n. Chr. verlagerte sich der Schwerpunkt der jüdischen Religion von Palästina ostwärts nach Babylonien. Vor allem ab dem 2. Jh. n. Chr. und nach der arabischen Eroberung wurde Babylon zu einem Mittelpunkt der jüdischen Kultur. Zentren des Judentums entstanden in Gebieten westlich des heutigen Bagdad, in Nehardea (dem späteren Pumbedita) und Sura, nahe dem heutigen Falludscha. Hier lagen die in der damaligen Welt wichtigsten Stätten jüdischer Gelehrsamkeit, die Talmud-Akademien und großen Institutionen. In diesen Akademien entstand der babylonische Talmud, der um 550 n. Chr. vollendet wurde. Bis ins 11. Jh. setzten die Akademien ihre Tätigkeit fort. Durch das Vordringen der MongolInnen im 13. und 14. Jh. wurde das babylonische Judentum stark getroffen; es lag, wie auch das abbasidische Reich mit seinem Sitz in Bagdad, am Boden. Die Mitglieder der später vor allem in osmanischer Zeit gegründeten jüdischen Gemeinden im Irak waren MigrantInnen aus Syrien und aus anderen Ländern.[159]

Mysterium und Wirklichkeit?

Die Stadt Babylon hat es mehr als 2500 Jahre lang gegeben. In dieser Zeit wurde die Stadt von zahlreichen unterschiedlichen KönigInnen und Dynastien regiert, und längere Zeit war sie der Mittelpunkt von Weltreichen. Die Stadt wurde erobert und wiederholt geplündert. Sie wurde jedesmal wieder aufgebaut und erlebte ihre Blütezeit im 6. Jh. v. Chr. unter Nebukadnezar II. Das von ihm geführte babylonische Reich hat die Welt tief und anhaltend geprägt. Auch lange nach seinem Ende galt Babylon noch als Symbol einer unterdrückerischen und bösen Macht. Gegen Ende ihres Bestehens wurde die Stadt von fremden Imperien regiert – dem persischen und dem griechischen –, doch sie konnte ihre kulturelle Eigenständigkeit bewahren.

Unser Blick auf die Weltgeschichte wird durch unsere eigene Perspektive bestimmt, nämlich durch unsere Gegenwart, also die Neuzeit, und diese ist erst maximal einige Jahrhunderte alt. Die meiste Zeit bildete Europa das Zentrum dieser westlichen Weltsicht, und in diesem hegemonialen Setting standen in den letzten Jahrzehnten die USA im Mittelpunkt. Vor diesem Hintergrund lässt sich Babylon als ein Faden im Gewebe der Geschichte betrachten, wobei dieser Faden durch die biblischen Traditionen weitergegeben wurde. Was bedeutet es für uns heute, dass in der Kultur Babylons viele Wesenszüge erstmals erkennbar sind, die für uns mit Zivilisation und Kultur verknüpft sind, und dass diese Kultur über zweitausend Jahre lang existiert und sich fortentwickelt hat – in Gestalt urbaner Kultur, Technik, Ess- und Trinkkultur, der Religion, eines nationalen Schrifttums, von Gesetzbüchern sowie einer gemeinsamen Identität. Vielleicht veranlassen uns die neu gewonnenen Erkenntnisse über Babylon dazu, stärker auf die vorhandenen Gemeinsamkeiten mit Babylon zu schauen, anstatt es als Feind zu betrachten? Nicht zuletzt könnte uns Babylon eine andere Perspektive auf unsere eigene Gegenwart aufzeigen.

Ausgrabungen und historische Untersuchungen haben uns gezeigt, dass die letzte Blütezeit des babylonischen Reiches – nämlich die Zeit Nebukad-

---

[159] Einen allgemeinen Essay zur Bedeutung Babylons für die jüdische Kultur und Identität hat Herrmann vorgelegt: „An den Wassern Babels sassen wir" - *Babylon aus der Sicht des Judentums*. Zur Geschichte des irakischen Judentums bieten Gafni, *Babylonian Rabbinic Culture*, sowie Firestone, *Jewish Culture in the Formative Period of Islam*, einen guten Überblick. Eingehende Untersuchungen finden sich in der ausführlichen Reihe von Neusner, *A History of the Jews in Babylonia*; allgemeiner gehalten sind Goitein, *Jews and Arabs. Their Contacts Through the Ages*, sowie Raphael, *The Road from Babylon*.

nezars – nur etwa 60 oder 70 Jahre währte. Dies ist die Zeit, die in der Bibel bezeugt wird, und in gewisser Weise ist dies das einzige Babylon, das wir kannten, bis die ersten archäologischen Entdeckungen gemacht wurden. Nun wissen wir, dass dieses Reich sich in der Kontinuität mit einer mehr als tausendjährigen Kultur gesehen hat, die ihrerseits auf ein reiches kulturelles Erbe aus Sumer – der ersten Schriftkultur der Welt – zurückgreifen konnte. Das neubabylonische Reich hat monumentale architektonische Zeugnisse hinterlassen, die im Bewusstsein und in der Vorstellungskraft der Welt weiterlebten. Babylon „hat sich einen Namen gemacht", war berühmt-berüchtigt und lebte auch dann noch weiter, als die eigentliche Stadt verlassen, begraben und fast vergessen war.[160] Mit den archäologischen Ausgrabungen wurde Babylon wieder zum Leben erweckt, doch nun erscheint es viel komplexer und markanter als in dem Bild, das die Bibel oder die griechischen Quellen von ihm gezeichnet haben.[161] Wir haben sogar erfahren, dass diese so ungeheuer reichhaltige Kultur und Zivilisation sozusagen „vor unserer Zeitrechnung" existiert hat. In seiner Eigensicht tritt Babylon nun deutlicher hervor, zeigt sich anders und erscheint eigenständiger, als das in der biblischen Perspektive möglich gewesen ist.

Dieses von ArchäologInnen ausgegrabene und von HistorikerInnen interpretierte und rekonstruierte Babylon ist vielleicht „wahrer" als das Babylon der Bibel. Wir hatten die Möglichkeit, Babylons eigene Stimme zu vernehmen, und vielleicht verstehen wir es nun besser. Wir haben erfahren, dass Babylon nicht nur eine feindliche Macht ist, sondern auch Vorbildcharakter haben kann. Vielleicht sind wir der Ansicht, die Stadt könnte allmählich wieder in der Bedeutungslosigkeit einer antiken Stadt versinken, die ebenso gut wieder von Staub bedeckt sein könnte. Wir könnten uns auch fragen, ob wir nun – nach unserer Begegnung mit dem wirklichen Babylon – mit den in der Bibel so reichlich vorhandenen Bildern von Babylon aufräumen müssten, die unsere Kultur weiterhin prägen.

Damit stellt sich eine weitere Frage: Inwiefern prägt die Bibel tatsächlich den Blick von ArchäologInnen und HistorikerInnen? Inwiefern ist die Geschichtsdeutung zu allen Zeiten davon abhängig, wie die Welt insgesamt betrachtet wird? Für die Reisenden des Mittelalters, die in Babylon die Ruinenstadt der biblischen Prophetie erkannten, war die Bibel von immenser Bedeutung – doch auch bei den Deutungsprozessen der modernen Archäologie und Geschichtswissenschaft könnte die Bibel eine größere Rolle spielen, als man zunächst annehmen würde.

---

[160] Dazu siehe im 2., 3. und 4. Kapitel.
[161] Siehe im 5. Kapitel.

7 Babel und Bibel

Ausgehend von den Texten und Artefakten, die von den ForscherInnen und AusgräberInnen in Mesopotamien gefunden wurden, kann nun Babylons eigene Geschichte erzählt werden. Man könnte meinen, es sei leicht gewesen, die neuen, durch die archäologischen Forschungsreisen gewonnenen Erkenntnisse in neue Darstellungen, Synthesen und Narrative umzusetzen. Doch auch das Beschreiben, Katalogisieren, Kategorisieren, Interpretieren und Zusammenfügen der Funde zu einem kohärenten Bild ist keine geschichtslose Angelegenheit.

Die Annahme ist verlockend, dass durch die archäologischen Ausgrabungen von Artefakten, Texten, Palästen, Tempeln oder ganzen Städten ein direkter Zugang zur Vergangenheit möglich wäre. Doch ein Gegenstand wird immer in der Zeit der AusgräberInnen interpretiert – oder noch später. Objekte, Artefakte oder materielle Hinterlassenschaften sind an und für sich stumm. Ein Fund muss immer interpretiert werden, und jemand muss ihn deuten und so zum Sprechen bringen. Dabei bewegen sich die Deutenden in ihren je eigenen Kontexten und haben ihre je eigenen Auffassungen von dem, was sie sehen, wahrnehmen, beschreiben, lesen, aufzeichnen und verstehen.

Als die ersten mesopotamischen Funde ausgegraben wurden, wusste man kaum etwas vom Kontext der Funde, und häufig wurde dieser Kontext auch nicht dokumentiert. Die Funde wurden dann nach Europa gebracht, nach London oder Paris; sie wurden ausgewählt, beschrieben und in Museen zur Schau gestellt; die meisten allerdings wurden eingelagert. Die MuseumsbesucherInnen betrachteten und beurteilten die assyrischen Skulpturen im Kontext anderer bekannter antiker Skulpturen wie etwa der griechischen oder ägyptischen. Die kulturellen, historischen und gesellschaftlichen Kontexte und das ästhetische Empfinden der englischen BetrachterInnen in der Romantik oder dem viktorianischen Zeitalter unterschieden sich von denen des französischen Publikums in der Zeit nach Napoleon. So beurteilte man etwa die assyrischen Skulpturen vor dem Hintergrund, dass die griechische Skulptur das Idealbild europäischer Kunst verkörperte. Obwohl viele EuropäerInnen von den kolossalen geflügelten Löwen, Stieren und anderen Skulpturen aus Assyrien beeindruckt waren und Bewunderung empfanden, kamen sie zu dem Schluss, dass es sich dabei nicht um Kunst handelte.[162]

Zudem war die akkadische Keilschrift noch nicht entschlüsselt worden, als die ersten assyrischen Skulpturen im Mai 1847 im Pariser Louvre und im

---

[162] Dazu siehe die Diskussion im 4. Kapitel sowie Bohrer, *Orientalism and Visual Culture*.

August des gleichen Jahres im Britischen Museum in London gezeigt wurden. Entsprechend konnte niemand die Inschriften lesen, die oft neben den Reliefs zu sehen waren. Die zahlreichen Keilschrifttafeln wurden eingelagert, und es dauerte Jahrzehnte, bis sie klassifiziert und gedeutet wurden. Tatsächlich ging es wegen der Schwierigkeiten bei der Entschlüsselung der Sprache nur sehr langsam voran. Die Keilschrift wurde – wie im 5. Kapitel dargestellt – erst 1856 entschlüsselt, und auch danach hatten nur sehr wenige Menschen die Möglichkeit, sie zu erlernen. Es war eine mühsame und zeitraubende Arbeit, die Tausende und schließlich Zehntausende von Tontafeln zu reinigen und zu deuten.

Die von Émile Botta und Austen Henry Layard in Assyrien ausgegrabenen Objekte und Tafeln wurden zunächst im Rahmen der französischen und englischen Erkenntnistradition gedeutet und untersucht. Diese Verstehensweise waren eng mit dem europäischen Imperialismus und Kolonialismus verknüpft. Die Forschungsreisen spielten sich unter kolonialistischen und nationalistischen Vorzeichen ab; so war man beispielsweise in London mit der eigenen Ausstellung 1847 bestrebt, die französische Ausstellung über Ninive im Louvre zu übertrumpfen. Die in Europa herrschende Überzeugung von der eigenen kulturellen Überlegenheit bestimmte zu großen Teilen, wie das Material gedeutet und präsentiert wurde; hierzu gehörten auch die Prämissen, dass die griechische Antike der Ursprung der europäischen Kultur sei und der Bibel eine zentrale Rolle zukam.[163]

Die ersten Forschungsreisen nach Mesopotamien sind ein klarer Beleg dafür, dass sich die nationalen Bestrebungen Frankreichs, Großbritanniens und später auch Deutschlands in der Jagd nach Altertümern und Objekten manifestierten, die in Museen präsentiert werden konnten. Man befand sich in einem Wettbewerb miteinander, in dem es darum ging, wer zuerst entdecken, zeichnen und ausstellen konnte. Im Geschichtsverständnis des Westens im 19. Jh. stellten Europa und die westliche Kultur eine Art vorläufigen Endpunkt einer Entwicklung dar, die in der Antike ihren Anfang genommen hatte. Die EuropäerInnen betrachteten sich als die rechtmäßigen ErbInnen der Funde und als die naturgegebenen HerrscherInnen über den Rest der Welt. Das lässt sich für uns heute, die wir aus einer kritischen Distanz auf diese Zeit blicken, unschwer erkennen.

Weithin galt als selbstverständlich, dass die materiellen Hinterlassenschaften in legitimer Weise der westlichen Kultur zugehörten. Der alte Vordere Orient war das Land der Bibel, und die Geschichte der Bibel war Europas eigene Geschichte. Doch es meldeten sich Zweifel – vor allem, als sich abzeichnete,

---

[163] Eine Fundgrube für erzählerisch dargebotene Informationen und zugleich ein umfassender Überblick darüber, wie der Alte Orient (und auch insbesondere Ägypten) im Westen rezipiert wurde, ist McGeoughs dreibändiges Werk *The Ancient Near East in the Nineteenth Century*.

dass die babylonische Kultur viel älter war als die Bibel.[164] War die Bibel von Traditionen und Überlieferungen einer noch älteren Kultur geprägt worden? War der Schöpfungsbericht des Alten Testaments etwa nicht singulär? Die Debatte über die Beziehung zwischen der biblischen Darstellung von Schöpfung und Geschichte und dem neu ausgegrabenen babylonischen Material verlief in mehreren Phasen, in denen jeweils unterschiedliche Antworten gegeben wurden.

Die Bibel hat Recht

Es war ein Glücksfall, dass bei den ersten großen Entdeckungen in Ninive, Chorsabad und Nimrud Paläste freigelegt wurden, die aus der letzten Phase des neuassyrischen Reiches im 8.-7. Jh. v. Chr. stammten. Diese Zeit deckte sich mit dem Assyrien der Bibel, und so gelang es schließlich Rawlinson, Hincks und den anderen, die sich um die Entschlüsselung der Keilschrift bemühten, die Namen zu lesen, die sie als Namen von Königen bestimmen konnten. Auch wenn die Entdeckung des Unbekannten von großem Interesse war – vor allem die Verbindung der neuen und fremden Entdeckungen zur biblischen Geschichte machte Erstere für die Entdeckenden relevant. Die neu entdeckten Paläste waren für sie ein Stück im Puzzle der europäischen Geschichte.

Henry Rawlinson hatte behauptet, die griechischen Quellen zur antiken Geschichte seien zuverlässiger als die Bibel, wobei diese Position seit der Aufklärungszeit häufig vertreten wurde. Deshalb versuchte Rawlinson, das akkadische Material mit den Angaben über Königshäuser und Ereignisse in den griechischen Quellen in Einklang zu bringen. Dieses Vorhaben erwies sich jedoch als aussichtslos. Nicht von den griechischen, sondern von den assyrischen Texten wurden die biblischen Königsnamen bestätigt.

Einer der ersten identifizierten Namen war der Sanheribs, des assyrischen Königs, der während der Regierungszeit König Hiskijas Jerusalem belagerte und den biblischen Texten zufolge die Belagerung abbrechen musste (Jesaja 37–39 und 2 Könige 18–20). Der Palast in Chorsabad, der von dem Franzosen Botta ausgegraben wurde, ließ sich als Palast Sargons II. und seine Stadt als Dur-Scharrukin bestimmen. Und in Ninive konnten weitere Königspaläste ausge-

---

[164] Dies war allerdings im öffentlichen Diskurs in Europa kein gänzlich neues Thema. Die Frage danach, welche Bedeutung die Texte, Kulturen und Lebenswelten des alten Vorderen Orients hatten, wurde von PhilosophInnen und Gelehrten zumindest seit der Renaissance und verstärkt im 18. und frühen 19. Jh. diskutiert. Für einen neuen Anstoß der Debatte sorgte, dass nun tatsächlich Keilschrifttexte zugänglich waren. In vorzüglicher Weise diskutiert Marchand, *Where does History Begin*, die intellektuellen Debatten in Europa über den Platz des vorderasiatischen Denkens in der Geschichtsschreibung.

macht werden, nämlich die Paläste Asarhaddons und Assurbanipals, der beiden letzten assyrischen Könige.[165]

Diese Durchbrüche sorgten zunächst für große Begeisterung, ja fast für Euphorie: Die biblischen Geschichten konnten nun wissenschaftlich untermauert werden! In einer Zeit, in der viele TheologInnen und Kirchenmitglieder in einer neuen, unheilschwangeren Atmosphäre gegen die Säkularisierung ankämpften, konnten sie nun mit modernen, wissenschaftlichen Methoden belegen, dass die Bibel zuverlässig war. Diese apologetische Agenda der Archäologie und Assyriologie existiert in gewisser Weise auch heute noch. Konservative, fundamentalistische BibelwissenschaftlerInnen und TheologInnen haben den Rückgriff auf wissenschaftliche Methoden zur Untermauerung der Bibel als wichtige Strategie für sich entdeckt, um so als akademisch fundiert wahrgenommen zu werden.

In den 1860er Jahren wurden weitere mesopotamische Texte mit Gestalten und Ereignissen ineins gesetzt, die sich in der Bibel finden. Besonders wichtig war unter anderem die Gleichsetzung einer Figur, die auf dem von Layard in Nimrud gefundenen „Schwarzen Obelisken" eingemeißelt ist, mit dem biblischen König Jehu (2 Könige 9), der auf dem Obelisken als „Jehu aus dem Hause Omri" bezeichnet wird.[166] Der Bibel zufolge war Omri der Vater Ahabs, des Königs, der vor Jehu auf dem Thron saß. Jehu selbst riss die Macht in einem Militärputsch an sich und tötete alle Söhne Ahabs und auch Ahabs Frau Isebel. In der Bibel wird dieser Staatsstreich als die Erfüllung einer Prophezeiung zur Bestrafung Ahabs dargestellt. Auch wenn Jehu in der Bibel kein Nachfahre Omris ist, zeigt die Inschrift auf dem Obelisken, dass er als legitimer Thronfolger angesehen wurde. Deshalb wird häufig angenommen, dass die Aufschrift auf dem Obelisken nicht korrekt ist. Doch in den assyrischen Annalen wird der Begriff „Haus Omri" durchgängig zur Bezeichnung des Königshauses des Nordreichs Israel verwendet. In der Omriden-Zeit herrschte Stabilität und relativer Wohlstand, und die Dynastie war militärische Allianzen mit Damaskus, gegen Assyrien und auch mit der phönizischen Stadt Tyrus eingegangen.

Unter den vielen Alabasterreliefs mit Kriegsszenen, die Layard im Palast von Sanherib in Ninive gefunden hat, befand sich auch eine Serie, auf denen ein Feldzug gegen die judäische Stadt Lachisch abgebildet ist. Nach der Entschlüsselung der Keilschrift waren die WissenschaftlerInnen in der Lage, auch die assyrische Version der Belagerung Jerusalems lesen, die zeitgleich stattgefunden hatte. Sechsundvierzig Städte sollen im Laufe des Feldzugs zerstört und über 200 000 Menschen deportiert worden sein. Der judäische König Hiskija soll

---

[165] Diese Entdeckungen werden ausführlich im 5. Kapitel vorgestellt.
[166] Eine Beschreibung des Schwarzen Obelisken findet sich in Fant und Reddish, *Lost Treasures of the Bible*, 119–124; trotz seines irreführenden Titels ist dieses Buch ganz nützlich, weil eine ganze Reihe archäologischer Objekte vorgestellt werden, die heute in Museen auf der ganzen Welt zu sehen sind. Diese altorientalischen Artefakte sind zwar weder verlorengegangen noch biblisch, aber sie sind als Hintergrund für die Bibel wichtig.

dem assyrischen König Tribute gezahlt haben. Es verwundert allerdings, dass Lachisch in diesem Text nicht erwähnt wird, doch Sanherib rühmt sich, ganz Juda zerstört und Hiskija „wie einen Vogel im Käfig" zurückgelassen zu haben, was ein deutlicher Hinweis auf die Belagerung ist. Nach diesem Feldzug gen Westen 701 v. Chr. begann Sanherib, sich „König der Welt" und später „König der vier Weltgegenden" zu nennen.

Das Taylor-Prisma ist ein sechseckiges Objekt, bei dem alle Seiten mit Texten über die ersten acht Militärkampagnen des Königs, in denen er seine Macht festigte, beschrieben sind. Unter den Funden aus Ninive ist dies einer der am besten erhaltenen Texte; er wurde bereits 1830 von Colonel Taylor, dem britischen Generalkonsul in Bagdad, entdeckt. Das Britische Museum erwarb ihn 1855 von Taylors Witwe. Seitdem wurden zwei weitere Versionen des Textes gefunden, die beide fast identisch mit der ersten sind. Den zweiten kaufte der amerikanische Archäologe Henry Breasted 1919 einem Antikenhändler in Bagdad ab; diese Text befindet sich heute im Oriental Institute in Chicago. Der dritte Text ist heute in Jerusalem zu sehen, wurde aber erst 1990 öffentlich gezeigt.[167]

Eine Sintflut-Geschichte aus Babylon!

Als George Smith am 3. Dezember 1872 bei der *Society of Biblical Archaeology* in London in einem öffentlichen Vortrag die von ihm entdeckte „Sintflut-Tafel" präsentierte, begann damit eine neue Phase der Interpretation mesopotamischer Texte. Bislang hatte der Schwerpunkt auf der Identifizierung von KönigInnen und Städten gelegen, und es war reine Glückssache, wenn es bei den Funden Überschneidungen mit Abschnitten der biblischen Geschichte gab. Bis dahin hatten die Funde die gängige Auffassung von der biblischen Version der Menschheitsgeschichte nicht wirklich erschüttert. Das lag zum Teil daran, dass die bisher offengelegte Epoche der mesopotamischen Geschichte vor allem das 1. Jt. v. Chr. war, in das auch die biblische Königszeit datiert. In diese scheinbare Harmonie sollten sich bald störende Dissonanzen mischen.

Es war zwar allgemein bekannt, dass es in Babylonien Mythen gab sowie Geschichten über die Erschaffung der Welt, doch die bislang zugänglichen Texte waren erst im 3. Jh. v. Chr. vom babylonischen Priester Berossos verfasst worden. Das war mehrere Jahrhunderte nach der Deportation der JudäerInnen nach Babylon. Für gewöhnlich ging man deshalb in Theologie und Wissenschaft davon aus, dass die BabylonierInnen diese Mythen von den JudäerInnen übernommen hatten, da es keinen Grund zu der Annahme gab, dass die baby-

---

[167] Fant und Reddish, *Lost Treasures of the Bible*, 158–167.

lonischen Schöpfungsmythen älter seien als die biblischen. Colonel Rawlinson hatte behauptet, dass Beschreibungen des Gartens Eden mit der Geographie des südlichen Mesopotamiens übereinzustimmen schienen und dass diese Erzählung der babylonischen Literatur nachempfunden sein könnte, ohne dass er dafür allerdings Beweise liefern konnte.

Rawlinson und Smith erhofften sich, dass die assyrischen Tafeln auch Informationen über die ältere babylonische Kultur zutage fördern würden. Aber da Babylon in der fraglichen Zeit von Assyrien als Feind betrachtet wurde, nahmen Rawlinson und Smith an, dass Assyrien die babylonische Kultur möglicherweise ablehnte. In der Forschung war man daher überrascht und hoch erfreut, als sich nach und nach zeigte, dass die AssyrerInnen den größten Teil des kulturellen Erbes Babylons übernommen und bewahrt hatten und dass die Bibliothek Assurbanipals eine der besten und vollständigsten Bibliotheken war, die jemals gefunden wurde.[168]

George Smith und der babylonische Schöpfungsmythos

Der Graveur George Smith arbeitete in den Archiven des Britischen Museum, seit er als junger Mann Samuel Birch, einem Aufseher der ägyptischen und assyrischen Sammlungen, aufgefallen war. Smith entstammte einer armen Familie im Londoner Stadtteil Chelsea und interessierte sich leidenschaftlich für die Antike und insbesondere für Assyrien. Mit Anfang zwanzig begann er, seine gesamte Freizeit im Britischen Museum zu verbringen, und seinen ganzen Lohn gab er für Bücher über Mesopotamien aus. Weil er imstande war, Fragmente zerbrochener Tafeln zusammenzusetzen, er einen Blick für Details hatte und sich das Lesen der Keilschrift selbst beigebracht hatte, wurde er als eine Art Reparateur eingestellt, um die Tontafeln zu klassifizieren und zusammenzusetzen. Smith nutzte diese Chance, um die Sprache noch gründlicher zu lernen und intensiv an den Texten zu arbeiten. Seine Bemühungen waren von Erfolg gekrönt, und schon nach relativ kurzer Zeit entdeckte er zwei Inschriften, die eine große Bedeutung für die Historie Mesopotamiens haben sollte, genauer gesagt für die Erstellung einer Chronologie und die Datierung von Ereignissen. In der ersten Inschrift wird eine Sonnenfinsternis beschrieben. Achtzig Jahre zuvor hatte der französische Benediktinermönch und Historiker François Clément die Beschreibung einer totalen Sonnenfinsternis veröffentlicht, die sich im Mai 736 v. Chr. ereignet hatte. Smith verknüpfte die Inschrift mit diesem Ereignis. Mit Hilfe der anderen Inschrift konnte Smith eine elamitische Invasion in Babylonien auf das Jahr 2280 v. Chr. datieren. Nach der Ver-

---

[168] Larsen, *Versunkene Paläste*.

öffentlichung dieser Erkenntnisse 1866 in einem ersten Artikel wurde Smith als Assistent für einen Band von Rawlinsons Reihe *Cuneiform Inscriptions of Western Asia* (Die keilschriftlichen Inschriften aus Vorderasien) engagiert. Smith arbeitete unermüdlich weiter und verfasste zwischen 1871 und seinem frühen Tod 1876 insgesamt acht Bücher.[169]

Abb. 7.1: Die Sintflut-Tafel; Tafel XI des *Gilgamesch-Epos*

Bahnbrechend war Smiths öffentliche Präsentation seiner Interpretation des babylonischen Schöpfungsmythos im Jahr 1872. Das damit verbundene Aufsehen hatte erhebliche Auswirkungen auf den Rang, der Babylon unter den antiken Kulturen zukam, und Smith wurde dadurch in Großbritannien wie auch im Ausland zu einer Berühmtheit. Er hatte damit begonnen, Fragmente beiseite zu legen, die seiner Ansicht Merkmale eines Mythos aufwiesen. Hierbei entdeckte er einen Text, in dem von einem Boot die Rede war, das auf einem Berg auf Grund gelaufen war, sowie von einer Taube, die auf die Suche nach festem Land ausgeschickt worden war. Das erinnerte ihn natürlich an die biblische Geschichte von Noach und der Sintflut, wo Noach eine Taube aussandte, die

---

[169] Kurzdarstellungen von Smiths Leben finden sich bei Hoberman, *BA portrait*, sowie bei Sayce, *George Smith*.

schließlich mit einem Zweig im Schnabel in die Arche zurückkehrte, womit klar war, dass es wieder Festland gab. Bei der von Smith gefundenen Tafel fehlten manche Stücke, doch nach einigem Suchen entdeckte er weitere Fragmente, mit den sich die Lücken füllen ließen. Der von ihm schließlich zusammengefügte Text enthielt eine babylonische Geschichte über eine große Flut, die mit der biblischen Sintfluterzählung fast identisch war. In einem späteren – vermutlich legendenhaften – Bericht über Smiths erstaunliche Entdeckung heißt es, er sei so aufgeregt gewesen, dass er begonnen hätte, sich zu entkleiden.[170] In viktorianischer Zeit könnte das aber auch nur geheißen haben, dass er seinen Kragen gelockert hatte …

Die von Smith wiedererkannte Geschichte war in Form eines Monologs gehalten, der jemandem erzählt wurde, der sich als Hauptfigur eines viel größeren, zwölf Tafeln umfassenden Epos entpuppte. Smith nahm an, dass dieser Protagonist Izdubar hieß und mit dem biblischen Nimrod, dem König und Erbauer der Stadt Uruk, ineins zu setzen war. Achtzehn Jahre danach, also 1890, stellte die Wissenschaft fest, dass Smith den Namen nicht richtig gelesen hatte. Der von ihm entdeckte Held war Gilgamesch, der König von Uruk. Smith hatte auch Utnapischtim, den Erzähler und Überlebenden der Geschichte von der großen Flut, mit Noach identifiziert. Damit war es Smith gelungen, mesopotamische Spielarten von Nimrod und Noach zu entdecken und die Entsprechung zu einem wichtigen Abschnitt der biblischen Urgeschichte zu finden.

Smith deutete die von ihm entdeckte Erzählung als babylonische oder chaldäische *Version* der Genesis – was ein beredtes Zeugnis dafür ist, dass die Bibel der Referenzpunkt für die damalige Wissenschaft war, wenn sie sich mit dem neuen Material befasste. Die Bibel war der Dreh- und Angelpunkt, und in ihrem Licht wurden die babylonischen Überlieferungen gedeutet. Doch die Rolle der Bibel als Orientierungshilfe sollte bald auf dem Prüfstand stehen.

Der britische Premierminister William Gladstone war bei der Veranstaltung zugegen, bei der Smith seine Entdeckungen über die Sintflutgeschichte vorstellte. Gladstone hielt nach dem Vortrag eine Rede, in der er die Bedeutung neuen Wissens für den modernen Menschen unterstrich. Er wollte damit möglichen Ängsten und bestimmten Reaktionen vorbauen und brachte seine eigene Zuversicht zum Ausdruck. Gladstone selbst war davon begeistert, welcher Zusammenhang sich zwischen den Entdeckungen aus Assyrien und griechischen DichterInnen wie Homer ergab, den Gladstone sehr schätzte. Gladstone hatte selbst ein dreibändiges Werk über Homer verfasst (*Studies on Homer and the Homeric Age*, 1858; gekürzte deutsche Ausgabe von Schuster 1863), in dem er dafür plädierte, nach Übereinstimmungen zwischen Themen der Bibel und der griechischen Literatur zu suchen. Allerdings konnte er die Reaktionen auf Smiths Darlegungen nicht verhindern. Schließlich hatte Smith die Version einer zentralen biblischen Erzählung über die Anfänge der Welt präsentiert.

---

[170] Budge, *The Rise and Progress of Assyriology*, 153.

Wie konnte es sein, dass diese Erzählung in einer völlig anderen Kultur und Religion existiert hatte?

Smiths Entdeckung war eine Sensation, was sich etwa daran ablesen lässt, dass die Londoner Zeitung *The Daily Telegraph* sogleich verkündete, eine Forschungsreise zu finanzieren, damit die fehlenden Teile der Tafel gefunden werden könnten. Nach einigen Beratungen erklärte sich die Leitung des Britischen Museums mit dem Projekt einverstanden und beschloss, Smith zu fragen, ob er in den Irak reisen wolle, wofür man ihm einen sechsmonatigen Urlaub gewährte. Smith war begeistert und übernahm die Aufgabe. Er hatte sich schon lange gewünscht, zu den Ausgrabungsstätten zu reisen, so dass sich für ihn nun ein Traum erfüllte.[171]

Smith reiste nach Mossul im Nordirak und begann seine Suche in den Ruinen von Kujundschik, wo Hormuzd Rassam zwanzig Jahre zuvor die Bibliothek Assurbanipals entdeckt hatte. Erstaunlicherweise konnte er unter den Tausenden von Fragmenten nach nur einer Woche Stücke finden, das er als die fehlenden Teile der „Sintflut-Tafel" identifizierte. Darunter befand sich der Teil, in dem Utnapischtim die Anweisung bekommt, ein Boot zu bauen, aber auch Teile des später als Legende von Ischtar und dem Himmelsstier bestimmten Textes, sowie Fragmente, die Smith eher unbestimmt als „Schöpfungsmythen" einordnete.

Zu seinem Leidwesen wurde Smith sofort zur Rückkehr aufgefordert, da die Geldgeber die Expedition als erfolgreich abgeschlossen ansahen und die Zusage einer weiteren Finanzierung zurückzogen. Trotz dieses abrupten Endes war es Smith gelungen, mehrere weitere wertvolle Tafelfragmente zu finden, zu denen unter anderem eine Liste von Königsnamen zählte, die wichtige Angaben über die assyrischen KöniglInnen enthielt. Später zeigte sich, dass das auf dieser Forschungsreise gefundene Fragment der Sintflut-Tafel nicht zum *Gilgamesch-Epos*, sondern zu einer noch älteren Flutgeschichte des akkadischen Werks *Atramchasis* gehörte. Doch nach diesen Funden war der *Daily Telegraph* der Ansicht, dass die Aktion ihren Zweck erreicht hatte, weil ein exklusiver Erstbericht daraus entstand, vergleichbar mit der Geschichte des *New York Herald* über den Journalisten Henry Morton Stanley, der vor nicht ganz einem Jahr Dr. Livingstone in Afrika ausfindig gemacht hatte. Smith war nun eine Berühmtheit, und seine Entdeckung stieß eine breite öffentliche Diskussion an. Später konnte er eine offizielle Ausgrabungsgenehmigung erwirken und kehrte noch im selben sowie im folgenden Jahr 1874 erneut nach Mossul zurück.

Am 4. März 1875 erschien Smiths Bericht über seine ersten Entdeckungen nach dem berühmten Vortrag im *Daily Telegraph*. Darin befasste sich Smith mit

---

[171] Von seiner Entdeckung berichtet Smith in seinem Buch *Assyrian Discoveries. An Account of Explorations and Discoveries on the Site of Nineveh, during 1873 and 1874*, das auch in deutscher Übersetzung zugänglich ist (https://digital.ub.uni-leipzig.de/mirador/index.php#c302550c-c735-435c-b22c-3ca683e57251).

dem größeren literarischen Zusammenhang, den er für die Fluterzählung annahm und dem er den Namen „Der Chaldäischen Schöpfungsbericht und der Sündenfall" verlieh. Seiner Ansicht nach war es besonders wichtig, dass eine babylonische Version des Sündenfalls existierte, weil dieses Ereignis für die christliche Theologie von großer Bedeutung war. Er war ganz offensichtlich der Ansicht, dass in der Bibel die babylonische Version als Quelle verwendet wurde, und kam zu dem Schluss, dass die biblische Version ein verkürzter Bericht sei, bei dem vieles ausgelassen worden war. Auch wenn er die babylonischen Texte nicht datierte, war doch deutlich, dass er sie für älter hielt als die biblischen Texte und davon ausging, dass die Bibel bei ihren Erzählungen über Schöpfung und Urzeit auf die babylonische Tradition zurückgriff.[172] Zugleich verriet Smith mit seiner Terminologie, wie sehr er von der Bibel und der Theologiegeschichte her dachte, weil er oft vom „Chaldäischen Bericht der *Genesis*" sprach. Mit der Genesis bezieht er sich natürlich auf das erste Buch der Bibel und dessen Namen, der sich durch die Vulgata – die lateinische Übersetzung der Bibel – eingebürgert hatte.

Die Bibel als Deutungsschlüssel

Im Jahr 1876 und damit etwa drei Jahre nach seinem Vortrag veröffentlichte Smith eine Sammlung von Übersetzungen, die er schlicht *The Chaldean Account of Genesis* – „Der Chaldäische Bericht der Genesis" – nannte.[173] In dieser Publikation stellte er diejenigen von ihm gefundenen Fragmente zusammen, von denen er dachte, dass sie zusammen eine Einheit bildeten. Im Untertitel des Buches benennt er im Einzelnen, dass es dabei um „die Beschreibung der Schöpfung, den Sündenfall, die Sintflut, den Turm zu Babel, die Zeit der Patriarchen und Nimrod; babylonische Fabeln und Götterlegenden" geht. Smith ging also davon aus, dass es sich um ein vollständiges und fortlaufendes Epos handelte, das nach dem gleichen Muster aufgebaut war wie die biblischen Erzählungen über die Ur- und Frühzeit. In den ersten Übersetzungen wird jedoch deutlich, dass die Verbindungen zwischen den babylonischen Texten und der Bibel hier viel zu optimistisch eingeschätzt werden. Dafür ist die fünfte Tafel des *Enuma elisch* ein gutes Beispiel. Diese Tafel ist nicht der wichtigste Teil des *Enuma elisch*, doch wegen der Parallelen zur Bibel kann man verstehen, dass diese Tafel viel Beachtung fand. In vergleichbarer Weise war es die Entdeckung des

---

[172] Smith, *The Chaldean Account of Genesis. Containing the Description of the Creation, the Fall of Man, the Deluge, the Tower of Babel, the Times of the Patriarchs, and Nimrod; Babylonian Fables, and Legends of the Gods*, 291.

[173] Smith, *The Chaldean Account of Genesis*.

Fragments mit der Erwähnung einer Flut, die zur fieberhaften Suche nach dem – wie sich später herausstellte – *Gilgamesch-Epos* führte, einem Werk von insgesamt zwölf Tafeln. Die Ergebnisse von Smiths Arbeit waren in Deutschland schon früh zugänglich, weil Friedrich Delitzsch dessen Bedeutung erkannte und sein Bruder Hermann eine Übersetzung ins Deutsche schuf (siehe weiter unten zu Friedrich Delitzsch im Abschnitt *Babel und Bibel* in diesem Kapitel).[174]

Ohne sich dessen damals bewusst zu sein, hatte Smith Teile des *Enuma elisch* gefunden, nämlich Teile der fünften und der ersten Tafel. Er erkannte, dass die erste Tafel die Einleitung eines Mythos war, und in der fünften Tafel konnte er Teile eines Schöpfungsberichts ausmachen. Es hatte den Anschein, dass es um die Schöpfung der Sterne, der Sonne und des Mondes ging, was in der biblischen Erzählung in Genesis 1 dem vierten Tag entsprach. War es möglich, dass die Tafeln jeweils das Pendant eines biblischen Schöpfungstages waren? Ausgehend von den beiden von ihm gefundenen Fragmenten begann Smith mit der Rekonstruktion eines Mythos, von dem er annahm, dass er sich über zwölf Tafeln erstreckte und die Themen Schöpfung, Sündenfall, Sintflut sowie einen Kampf zwischen Gottheiten umfasste. Heute wissen wir, dass das *Enuma elisch* aus sieben Tafeln besteht und die Geschichte völlig anders ist, als Smith sie vor Augen hatte.

Leider fehlt bis heute ein Teil der fünften Tafel, während der Großteil der übrigen sieben Tafeln sich aus Funden mehrerer Ausgrabungen wiederherstellen ließ. Es entbehrt nicht einer gewissen Ironie, dass die Tafel, die als erste die Aufmerksamkeit der Forschung auf sich zog und als erste dazu beitrug, zu verstehen, um welche Art von Text es sich handelte, nun diejenige ist, bei der sich die meisten Fragen stellen. Nach und nach ist deutlich geworden, dass es sich beim *Enuma elisch* nicht in erster Linie um einen Schöpfungsbericht handelt, sondern um ein Drama, in dem die Erhebung Marduks zum höchsten Gott der göttlichen Welt gefeiert wird, wie wir im 6. Kapitel gesehen haben. Die Welt wurde von Marduk erschaffen, damit er sich des Leichnams der von ihm getöteten Göttin Tiamat entledigen konnte. Die Menschen wurden vom Gott Ea aus dem Blut Kingus – des Gehilfen Tiamats – erschaffen, damit sie den Göttern und Göttinnen die Arbeit abnehmen und durch Opfer und die Unterhaltung seines Tempels für Marduk sorgen konnten. Das Esangila, Marduks Wohnstatt auf Erden, wurde als Versammlungsort für die Gottheiten erbaut, wo sie Marduk besuchen und mit ihm Festgelage halten konnten.

Ebenfalls hat sich gezeigt, dass es gar keine Episode über einen „Sündenfall" gegeben hat. Was den Kampf zwischen den Göttern angeht, der nach Smiths Annahme nach dem Fall stattfand, so gehörte das entsprechende Material zu Fragmenten der ersten vier Tafeln. Smith hatte vermutet, dass diese Tafeln I–IV den ersten drei Schöpfungstagen entsprachen. Dieser Fehlschluss wurde bald moniert, als man erkannte, dass Smiths Schlussfolgerungen auf von

---

[174] H. Delitzsch, *George Smiths Chaldäische Genesis*.

der Bibel ausgehenden Annahmen beruhten. Dergleichen lässt sich aus der Rückschau leicht kritisieren, doch davon unberührt bleibt Smiths bemerkenswerte Leistung von, der unbestreitbar Pionierarbeit geleistet hat. Auf der Grundlage kleiner Fragmente von Keilschrifttafeln, die nie zuvor entschlüsselt worden waren, konnte Smith eine Vorstellung davon entwickeln, wie das dazugehörige Ganze aussehen könnte, und er begann, dieses Ganze zu rekonstruieren. Wenn wir uns vor Augen halten, wie lange es gedauert hat, bis überhaupt die wichtigsten Teile des *Gilgamesch-Epos* und des *Enuma elisch* verstanden wurden, wird deutlich, wie genial Smith gewesen ist.[175] Außerdem ging es Smith nicht darum, die Bibel zu verteidigen; er sprach sehr offen darüber, wie unsicher viele seiner Interpretationen waren, und bezeichnete seine Arbeitsergebnisse ausdrücklich als „vorläufig".

Im Jahr 1876 reiste George Smith zum vierten Mal in den Irak. Zwar erhoffte er sich, weitere Fragmente zu finden, durch die man die babylonischen Texte besser verstehen könnte, doch wohl fühlte sich Smith in der Rolle eines ausländischen Abenteuerreisenden nie. Als Angehöriger der arbeitenden Schichten fehlte es ihm vielleicht an der nötigen Erfahrung, um sich wie ein Brite zu verhalten, der im 19. Jh. im Osmanischen Reich herumreiste. Seine Tagebücher und Briefe zeugen davon, dass er sich mit großer Begeisterung die antike mesopotamische Kultur in den von ihm besuchten Ruinen und Landstrichen ausmalte – doch mit der Kultur, die ihm tatsächlich begegnete, tat er sich schwer, vor allem in den von ihm bereisten Städten wie Istanbul, Aleppo oder Mossul. Auch ließ er zuhause eine große Familie mit einer Frau und vielen Kindern zurück, die er sehr liebte. Er schrieb ihnen Briefe von seinen Reisen, viele davon mit Zeichnungen, und aus seinen Briefen geht hervor, dass er sie vermisste und schnell zurückkehren wollte; doch auf seiner Rückreise 1876 erkrankte Smith an Fieber und starb, bevor er England erreichte.

Wachsendes Unbehagen

Nachdem der erste Überschwang über die Entdeckung der babylonischen Schöpfungsmythen abgeklungen war, wandelte sich die Reaktion der Öffentlichkeit allmählich. Der Ton im öffentlichen Diskurs war nicht mehr so enthusiastisch und eindeutig. Es wurden Fragen laut wie etwa die danach, welche Konsequenzen es für den Stellenwert der biblischen Schöpfungsgeschichte hatte, dass es deutlich ältere babylonische Berichte gab. Es gab im Wesentlichen zwei Reaktionen auf diese Fragen, wobei es beiden darum ging, die assyri-

---

[175] Theodore Ziolkowski zeichnet in seinem Buch *Gilgamesh Among Us* die Entdeckung des Epos sowie seine Geschichte als antikes literarisches Werk in heutiger Zeit nach.

schen Funde möglichst mit der Bibel in Einklang zu bringen. Auf der einen Seite wurde dargelegt, dass die assyrischen Erzählungen der Beleg dafür seien, dass es eine große Flutkatastrophe gegeben hatte, weshalb also in der Bibel eine korrekte Darstellung der Geschehnisse zu finden sei. Andererseits wurde zugestanden, dass die Flutgeschichte ihren Ursprung in Mesopotamien hatte, und es wurde erklärt, dass Abraham die Geschichte in ihrer wahren – biblischen – Gestalt mitgebracht hatte, als seine Familie sich von Ur aufgemacht hatte. In dieser Sicht erschienen die assyrischen Berichte also als jüngere und abgeänderte Version. Es gab aber auch Menschen, die den assyrischen Funden gänzlich ablehnend gegenüberstanden.[176]

Mit der Entdeckung der babylonischen Parallelen zur biblischen Sintfluterzählung entwickelte sich ein neues Interesse an der Beziehung zwischen der antiken babylonischen und der israelitischen Kultur. Rund dreißig Jahre später gipfelte dies in einer heftigen Kontroverse, dem „Babel-Bibel-Streit" (oder auch „Bibel-Babel-Streit"); dazu siehe unten. Dass Smith mit seinem Vortrag über die Sintflutgeschichte große öffentliche Aufmerksamkeit erfuhr, vermittelt einen Eindruck davon, wie groß das Aufsehen war, das die Entdeckung dieser alten Keilschrifttafeln auslöste. Erstaunlicherweise wurden die neuen Entdeckungen in der bibelwissenschaftlichen Diskussion nicht direkt nach Smiths Vortrag rezipiert, sondern erst rund zwanzig Jahre später, also in den 1890er Jahren, und auch dann erst einmal zögerlich. In den 1870er Jahren waren in der alttestamentlichen Forschung große Durchbrüche zu verzeichnen; obwohl man in der Forschung wusste, welche Bedeutung das assyrische Material hatte, war man insgesamt der Meinung, dass es noch zu früh sei, sich ernsthaft damit auseinanderzusetzen, weil es noch zu wenig bekannt und nicht gut ausgedeutet war. AlttestamentlerInnen wie Julius Wellhausen ging es darum, die Geschichte hinter den biblischen Texten aufzudecken und zu versuchen, die Geschichte des alten Israel so zu rekonstruieren, *wie sie sich wirklich zugetragen hatte*. Wellhausen wusste sehr wohl um die assyrischen Funde, doch er zögerte, es zur Bibelwissenschaft ins Verhältnis zu setzen.[177] Ein weiteres Problem war, dass das Alte Testament innerhalb der europäischen, insbesondere der deutschen Theologie nicht besonders viel Aufmerksamkeit genoss.[178] Die Entdeckungen aus Mesopotamien hatten jedoch Auswirkungen auf die Entwicklung von Lehrplänen und Handbüchern mit Texten für das Bibelstudium. Vor allem in Deutschland begannen BibelwissenschaftlerInnen, akkadische und sumerische Texte zu untersuchen, die in ihrer Sicht von besonderer Bedeutung für die Welt des Alten Testaments waren.[179] Obwohl man sich in Deutschland der Pfle-

---

[176] Die damaligen Diskussionen finden sich in einer zeitgenössischen Darstellung bei Brown, *Assyriology. Its Use and Abuse in Old Testament Study*; siehe ebenso Noll, *Between Faith and Criticism. Evangelicals, Scholarship, and the Bible*.
[177] Machinist, *The Road Not Taken. Wellhausen and Assyriology*, 469–531.
[178] Rogerson, *Old Testament Criticism*.
[179] Younger, *The Production of Ancient Near Eastern Text Anthologies*, 199–219.

ge der akkadischen Sprache widmete, war man sich in der Wissenschaft über deren Bedeutung nicht einig.

In Kontinentaleuropa lösten die Textfunde zunächst eine erste Welle der Begeisterung aus, dann jedoch meldeten sich auch unter TheologInnen und sogenannten OrientalistInnen konservative Gegenstimmen. Auf diese verhaltene Reaktion mancher, die als erste die Keilschrift lehrten, folgten paradoxerweise StudentInnen, die viel weniger konservativ waren.[180] Vielleicht erklärt dies die Extremposition, die einige der jüngeren, aufstrebenden Köpfe in der Wissenschaft vertraten, die als „Panbabylonisten" bezeichnet wurden. Diese ForscherInnen gingen in ihrer Begeisterung deutlich über die Positionen ihre VorgängerInnen hinaus, und sie zeigten auf, dass biblische Texte komplett von babylonischen Texten, Ideen und Gedanken abhängig waren und der babylonische Einfluss auf sie deutlich war. Vertreter des Panbabylonismus waren insbesondere der Hethitologe Hugo Winckler in Berlin und die assyriologen Alfred Jeremias und Heinrich Zimmern in Leipzig. Peter Jensen war Assyriologe und Alttestamentler und hatte 1890 eine deutsche Übersetzung des *Gilgamesch-Epos* veröffentlicht; er votierte dafür, dass alle Teile der Bibel aus Babylon stammten und dass Mose, Jesus und Paulus als Figuren allesamt Gilgamesch als Grundlage hatten. Der Panbabylonismus war größtenteils ein deutsches Phänomen, erfuhr aber auch ein Echo in den USA und England. Dem Panbabylonismus ging es unter anderem darum, die gesamte babylonische Religion vor dem Hintergrund der Astrologie zu erklären, was dazu führte, dass die babylonische Religion als Astralmythos beschrieben wurde. Obwohl diese Ansicht im späten 19. Jh. sehr verbreitet war, wurde sie bald nicht mehr vertreten und geriet in Vergessenheit.

Europa im Wandel

Zwischen 1872 und 1902 zeichneten sich in Europa grundlegende politische Veränderungen ab: Der gerade zu Ende gegangene Deutsch-Französische Krieg hatte in den Zusammenschluss Deutschlands gemündet, das eine Wachstumsphase erlebte und auf politischer Bühne eine neue Machtposition einnahm. Das Aufkommen des Imperialismus führte bei den europäischen Mächten zu verstärkten kolonialistischen Bemühungen. Kaiser Wilhelm II. betrat 1888 die politische Bühne und ließ Deutschland mit seiner „Weltpolitik" in den kolonialen Wettlauf eintreten, insbesondere in den sogenannten „Wettlauf um Afrika".[181] Im Nahen Osten trat Wilhelm II. in den Wettbewerb um Ausgra-

---

[180] Marchand, *German Orientalism in the Age of Empire*, 212–251.
[181] Mommsen, *Großmachtstellung und Weltpolitik*; Smith, *European Imperialism in the 19th and 20th Centuries*.

bungsstätten in Mesopotamien ein. Imperialismus und Kolonialismus prägten weiterhin die archäologische Praxis, die Interpretation und die Geschichtsschreibung. Ein Beispiel für dieses Phänomen ist die Art und Weise, in der das neuassyrische Reich in den Geschichtswissenschaften beschrieben und gedeutet wurde. Ganz ähnlich wie die biblischen und antiken griechischen Quellen ein bestimmtes Bild Babylons als eines Reichs des Bösen vermittelten, das bestraft werden musste und über dessen Religion sich die biblischen Prophetie lustig machte, wurden die AssyrerInnen nun als militaristisches, kriegerisches Volk dargestellt. Als man nun die gerade entdeckte Geschichte Assyriens schrieb, wurde dazu die Sprache der zeitgenössischen imperialen Ideologie verwendet.[182] Generell waren die ersten Geschichtsdarstellungen der antiken Reiche Assyriens und Babyloniens – wie auch der moderne Begriff der Nation selbst – zutiefst von der nationalistischen Ideologie und den imperialistischen Plänen des 19. Jh. geprägt.

Die neue Rolle Deutschlands in Europa hatte Auswirkungen auf die Assyriologie und die Archäologie. So war zum Beispiel eines der entscheidenden Motive der großen deutschen Ausgrabungsprojekte wie etwa in Babylon, Assur und Boğazköy (der hethitischen Hauptstadt in der heutigen Türkei) der Wunsch Deutschlands, den ihm seiner Ansicht nach zustehenden Platz im modernen Europa einzunehmen. Bei der Gründung der Deutschen Orient-Gesellschaft im Jahr 1899 wurde dieses Ziel für die archäologische Forschung ausdrücklich festgeschrieben. Auch verfügte Deutschland über einen einzigartigen Vorteil, denn es war – anders als Großbritannien und Frankreich – ein Verbündeter des Osmanischen Reichs.

Auch die Gesellschaft insgesamt veränderte sich: Es kam zu bahnbrechenden Neuerungen in Wissenschaft und Forschung, zu einer Industrialisierung nie gekannten Ausmaßes, zu Reformen, durch die ein öffentliches Bildungswesen geschaffen wurde, zu zahlreichen Zusammenschlüssen in privaten Vereinen, zum Aufstieg politischer Parteien und zur Entwicklung des Parlamentarismus. Insgesamt bildete sich bis zum Ende des 19. Jh. eine neue Art der Öffentlichkeit heraus.

Derartige Massenbewegungen und Demokratisierungstendenzen wirkten sich auch auf die Rezeption der akkadischen Funde aus. So ergaben sich beispielsweise durch die zahlreichen verschiedenen Berufsverbände und privaten Vereine viel größere Möglichkeiten des Austauschs von neuen Entdeckungen und Ideen. Es bildeten sich Gesellschaften, die sich für den antiken Nahen Osten interessierten und häufig über eigene Publikationen, Rundbriefe und Berichte für ihre Mitglieder verfügten. Hierzu zählt unter anderem eine Ver-

---

[182] Diese Tendenz zeigt sich eindeutig in der britischen Geschichtsschreibung über Assyrien; siehe Holloway, *Aššur is King! Aššur is King! Religion in the Exercise of Power*; Beispiele für die Rolle des Imperialismus bei einer ganzen Reihe von Themen finden sich bei Bahrani, Çelik und Eldem (Hg.), *Scramble for the Past*.

öffentlichung wie die *Orientalistische Literaturzeitung* in Deutschland und eine Organisation wie die *Deutsche Orient-Gesellschaft* (DOG) mit ihren *Mitteilungen der Deutsche Orient-Gesellschaft*. Als es erst einmal diese Massenbewegungen und Massenorganisationen gab, beteiligten sie sich auch an öffentlichen Debatten und Diskursen, die sich nun auf mehr Bereiche der Gesellschaft erstreckten als je zuvor. Die verschiedenen Bewegungen, in denen sich zahlreiche Menschen mit kulturellen Interessen zusammengeschlossen hatten, besaßen daher beträchtlichen Einfluss, und die Debatte über die Ursprünge der Kultur war ein solcher wichtiger Meinungsaustausch.

Ein allmählicher, aber grundlegender Meinungsumschwung wurde auch durch die Erkenntnis hervorgerufen, dass die Geschichte noch viel weiter zurückreichte, als es selbst die Entdeckungen aus Assyrien gezeigt hatten. Auch wenn diese Erkenntnis in der Öffentlichkeit kaum ein Echo fand, veränderte sie schließlich die Vorstellung von der menschlichen Geschichte. Die Entdeckung der „Tiefenzeit" im 17. Jh. und der Tatsache, dass die Welt deutlich älter war als 6.000 Jahre, hatte bereits das Verständnis der Erdgeschichte in Frage gestellt. Doch mit den amerikanischen Ausgrabungen in Nippur und den französischen Ausgrabungen in Lagasch wurde deutlich, dass auch die Menschheitsgeschichte über eine „Tiefenzeit" verfügte, was das biblische Weltbild in einem völlig neuen Licht erscheinen ließ. Müsste man nicht deshalb die Bibel und ihren Stellenwert für die Geschichte ganz neu gewichten? Gleichzeitig mit der Entdeckung von Kulturen, die älter waren als die biblische, entstand die moderne liberale Theologie. In der Theologie begann man, das Verhältnis zwischen der Bibel und der christlichen Religion zu hinterfragen. War die Bibel ein altes Buch, das entmythologisiert und auf modernere Weise gelesen werden musste? Die Kräfte, von denen die christliche Theologie massiv umgestaltet wurde, reichten von den Deisten der Aufklärung bis zur liberalen Theologie an den deutschen Universitäten, und auch die jüdische Theologie veränderte sich unter dem Einfluss der Moderne.[183]

Babel und Bibel: Streit und Reaktionen

Vor diesem geistesgeschichtlichen Hintergrund spielte sich die vielleicht größte öffentliche Debatte über die Bibel und Babylon ab, die jemals stattgefunden hat, der sogenannte Babel-Bibel-Streit. Bemerkenswerterweise hat das *Gilgamesch-Epos* in Deutschland größere Verbreitung gefunden als in England, wo

---

[183] Rogerson, *Old Testament Criticism*; Shavit und Eran, *The Hebrew Bible Reborn*; siehe auch die Dissertation von Wiese, *Wissenschaft des Judentums*.

der Text zuerst veröffentlicht wurde, und das öffentliche Interesse an Babylon überschnitt sich in Deutschland stärker mit ideologischen Fragen.

Friedrich Delitzsch war Professor an der Berliner Friedrich-Wilhelms-Universität. Als George Smith 1876 die babylonischen Schöpfungsmythen veröffentlichte, hielt sich Delitzsch gerade in England auf. Ihm erschien die Publikation bahnbrechend zu sein, und er beauftragte seinen Bruder mit der deutschen Übersetzung. Sie erschien noch im gleichen Jahr mit einer von Delitzsch verfassten Einführung. Delitzsch war eine bedeutende Autorität im Bereich der akkadischen Sprache und Literatur; eine ganze Generation deutscher und auch US-amerikanischer AssyriologInnen war eigens nach Deutschland gekommen, um bei ihm zu studieren. Er war der Sohn eines lutherischen Theologen und Pastors und der erste deutsche Professor für Assyriologie. Zu Delitzschs Zeit verehrte und respektierte man die akademische Elite in heute kaum vorstellbarer – oder nur für Stars geltenden – Weise. Vielleicht lässt sich das damalige Aufhebens um Delitzschs Babel-Bibel-Vorlesungen mit der Aufregung vergleichen, die zu unserer Zeit Mel Gibsons Film *The Passion of the Christ* (*Die Passion Christi*, 2004) hervorgerufen hat.

Knapp 30 Jahre nach George Smiths bahnbrechendem „Sintflut-Vortrag" löste ein weiterer Vortrag – nun in Deutschland – eine heftige öffentliche Debatte über das Verhältnis zwischen der Bibel und dem antiken Babylon aus. Auch dieses Mal wurde die Veranstaltung von einem neu gegründeten Verein organisiert, der Deutschen Orient-Gesellschaft (derselbe Verein, der die seit etwas mehr als einem Jahr laufenden Ausgrabungen in Babylon unterstützte). Der Vortrag wurde am 13. Januar 1902 in der Berliner Singakademie vor einem begeisterten Publikum gehalten. Selbst Kaiser Wilhelm II., der selbst archäologisch interessiert war und 1898 den Nahen Osten bereist hatte, war zugegen. Er war so beeindruckt, dass er Delitzsch einlud, den Vortrag einige Wochen später im privaten Rahmen in einem Schloss des Königs nochmals zu halten. Der Kaiser unterstützte Delitzsch auch insofern, als dass dieser die nun schon mehr als zwei Jahre andauernden Ausgrabungen in Babylon vor Ort in Augenschein nehmen konnte, und auch bei einem offiziellen Besuch des osmanischen Sultans.[184] Die Ausgrabungen in Babylon wurden seit 1901 vom Kaiser finanziell unterstützt.

Erst kurz zuvor war der Codex Hammurapi bei einer französischen Ausgrabung in der antiken persischen Stadt Susa im heutigen Iran gefunden worden, was eine Sensation war, und Delitzsch hatte angedeutet, dass er den Codex in seinem Vortrag vorstellen würde. Der Vortrag war intensiv und breit beworben worden und versprach insbesondere, die biblischen Schriften durch die

---

[184] Der Babel-Bibel-Streit wird eingehend behandelt von: Johanning, *Der Bibel-Babel-Streit*; Lehmann, *Friedrich Delitzsch und der Babel-Bibel-Streit*; sowie Shavit und Ean, *The Hebrew Bible Reborn*, v.a. 195–305. Eine zusammenfassende Würdigung findet sich bei Arnold und Weisbert, *A Centennial Review*, 441–457.

neuen archäologischen Entdeckungen in neuem Licht erscheinen zu lassen. Delitzsch war sich im Klaren darüber, dass die große öffentliche Aufmerksamkeit, die den Ausgrabungen in Mesopotamien zuteil wurde, vor allem auf die Bedeutung der Bibel zurückzuführen war. Für viele überraschend änderte Delitzsch die Reihenfolge und legte den Schwerpunkt auf Babel, indem er den Vortrag bewusst „Babel und Bibel" betitelte. Der Kern der Botschaft Delitzschs bestand vor allem darin, dass das Alte Testament vor dem Hintergrund des antiken Mesopotamiens verstanden werden sollte.[185]

Delitzsch zufolge war es nicht so, dass die mesopotamischen Funde Parallelen zur Religion und Kultur des Alten Testaments darstellten, sondern diese Funde seien der Beleg dafür, dass der Ursprung der Bibel in Babylon liege. Sein Vortrag bestand vor allem aus Beispielen, mit deren Hilfe er deutlich zu machen versuchte, dass die mesopotamischen Überlieferungen der Traditionen, die sich im Alten Testament finden, älter als diese seien. So behauptete Delitzsch beispielsweise, dass der Gott JHWH ursprünglich eine kanaanäische Gottheit gewesen sei, die vor 2000 v. Chr. nach Babylon gekommen wäre. Diesen Gott, so Delitzsch, habe es also schon lange vor dem Volk Israel gegeben, weshalb er nicht besonders „israelitisch" sei. Delitzsch sprach sich auch dafür aus, dass der Sabbat ursprünglich aus Mesopotamien stammte und dass sogar die Erzählung vom Sündenfall eine mesopotamische Tradition sei, die von den Verfassern der Genesis übernommen worden sei. Durch diese Thesen geriet seine Hauptaussage etwas in den Hintergrund, dass nämlich die Bibel (das Alte Testament) von der mesopotamischen Tradition beeinflusst sei – was in der Wissenschaft von vielen nicht mehr bestritten wurde.

Delitzsch ging deutlich weiter als erwartet. Um 1900 konnte man in der Forschung durchaus die Position vertreten, dass die babylonischen Texte älter als die Bibel waren und sie die biblischen Texte höchstwahrscheinlich auf irgendeine Weise beeinflusst hatten. Weniger Einigkeit herrschte aber darüber, wie dieses Verhältnis genauer zu bestimmen wäre, doch die Debatte darüber wurde nicht besonders kontrovers geführt. Daher war es nicht von vornherein klar, dass Delitzschs Ansatz in eine Auseinandersetzung mündete. Viele Gelehrte konzedierten, dass das Alte Testament von älteren Traditionen beeinflusst war; dennoch hielten sie daran fest, dass mit der Bibel eine völlig neue Offenbarung in die Welt gekommen sei. Was in der Bibel rezipiert und übernommen worden war, hatte sich in etwas Einzigartiges verwandelt, das einen Höhepunkt religiöser und kultureller Entwicklung markierte. Delitzsch hatte sich jedoch so stark auf die Vorrangstellung Babylons fixiert, dass die Debatte schließlich eine andere Wendung nahm. Sein Hauptanliegen – der Einfluss Babylons auf das Alte Testament – geriet wegen seiner weitreichenden Behauptungen über die Vorordnung der babylonischen Religion und Kultur gegenüber dem Alten Testament ziemlich in den Hintergrund.

---

[185] Delitzschs Vortrag ist vielfach nachgedruckt worden; siehe die Bibliographie.

Die ersten Reaktionen des Kaisers, aber auch anderer Zuhörender fielen positiv aus. Sie verstanden sich als Teil einer theologischen Bewegung, die sich an der Vernunft orientierte und das Christentum vom Mythischen befreien wollte, und hatten deshalb grundsätzlich Sympathien für einer Versuch, die Teile der Bibel zu bestimmen, in denen sich keine echte Offenbarung fand. Auch der liberale Theologe Adolf Harnack, der in Berlin sehr bekannt war, befürwortete diesen Ansatz und setzte sich selbst für eine Modernisierung des Christentums ein.[186]

Delitzschs Vortrag gab Anlass zu unzähligen Artikeln und Äußerungen in allen Bereichen der Öffentlichkeit. Delitzschs Gedanken wurden zwischen 1900 und 1914 in evangelischen wie katholischen Veröffentlichungen in Gemeinden und Kirchen, in öffentlichen jüdischen Verlautbarungen, in Zeitungen und Fachzeitschriften mehr als jedes andere Thema rund um die Bibel behandelt, sie trafen auf Widerspruch und Kritik und führten zu heftigen Debatten. Der Abdruck des Vortrags verkaufte sich mehr als 60 000 Mal, und die Kontroverse brachte allein in Deutschland 28 Broschüren und über 1650 Artikel hervor. In vielfältiger Weise berührte das Thema Anliegen und Gedanken, die diese Endphase des Deutschen Kaiserreichs und die Stimmung um die Jahrhundertwende prägten. Viele Menschen spürten, dass sich eine Krise der Zivilisation ankündigte, die nach einer weitreichenden Lösung verlangte. Auch viele Vorläufer des Faschismus artikulierten sich in dieser Zeit. Im Rückblick auf die damals vorherrschenden Debatten könnte man Unbehagen oder eine Art Weltuntergangsstimmung empfinden angesichts des Antisemitismus, des Nationalismus und des Imperialismus sowie den Angriffen auf die Entwicklung breiter demokratischer Bewegungen in der Gesellschaft.[187]

Nach seiner Reise in den Nahen Osten und dem Besuch Babylons hielt Delitzsch 1903 und 1904 zwei weitere Vorträge, in denen er sein Anliegen weiter vorantrieb. Im ersten der Vorträge zog er direkt gegen das Alte Testament zu Felde und versuchte zu belegen, dass die ursprüngliche, göttliche Botschaft durch die alttestamentliche Überlieferung entstellt worden war. Auch lehnte er die Lehre von der Verbalinspiration ab, einer Denkfigur, die nach der Reformation erneut an Bedeutung gewonnen hatte und der zufolge die biblischen Schriften vom Heiligen Geist inspiriert waren. An sich war dies nicht so spektakulär, denn hierin stimmte er mit einer Reihe von TheologInnen seiner Zeit überein. Doch er ergänzte dies um die Aussage, dass die babylonische Ethik besser sei als die Ethik des Alten Testaments, und dass der biblische Monotheismus kein wirklicher, sondern nur ein partikularer, nationaler Monotheis-

---

[186] Die bekannteste Schrift Harnacks ist seine Darstellung des frühen Christentums, *Das Wesen des Christentums*.
[187] Mehr zum geistigen und gesellschaftlichen Klima in der Zeit vor dem Ersten Weltkrieg und dessen Auswirkungen auf die Theologie, die Geschichtswissenschaft und die Wahrnehmung Babylons siehe bei Smith, *Politics and the Sciences of Culture in Germany, 1840–1920*; siehe auch Marchand, *German Orientalism in the Age of Empire*.

mus gewesen sei. Die Idee eines universalen Gottes sei erst mit dem Christentum entstanden, so Delitzsch. Daraus ergebe sich, dass das Alte Testament den altorientalischen Texten religiös, politisch und intellektuell unterlegen sei.

Der Historiker Eduard Meyer, der bei der Vorlesung von 1903 zugegen war, stimmte Delitzsch zu und war der Ansicht, dass er diese Punkte habe untermauern können. Am Ende seines Vortrags erwähnte Delitzsch noch die Unterstützung durch den Kaiser. Damit geriet der Kaiser in eine Zwickmühle. Zwar stimmte er Delitzsch weitgehend zu, aber als formales Oberhaupt der evangelischen Kirche Preußens konnte er eine Auffassung, bei der das Alte Testament – die heilige Schrift der Kirche – in Frage gestellt wurde, nicht öffentlich gutheißen. Der Kaiser schrieb deshalb einen offenen Brief an die Deutsche Orient-Gesellschaft, in dem er von einem Treffen berichtete, zu dem er Delitzsch einbestellt hatte. Der Kaiser schrieb, wie er Delitzsch ermahnt hatte, bei der Assyriologie zu bleiben und sich nicht auf das Gebiet theologischer und religiöser Themen zu begeben. Darüber hinaus behauptete der Kaiser in dem Brief, dass Delitzsch bei diesem Treffen auch abweichende Ansichten über das Neue Testament offenbart habe.

Die Reaktionen auf den zweiten Vortrag von Delitzsch fielen ganz überwiegend negativ aus. Die KollegInnen waren der Ansicht, dass Delitzsch nichts Neues vorgebracht habe und dass die von ihm gezogenen Schlussfolgerungen zu weit gingen. Die Religionsgemeinschaften und die Theologie stimmten dem zu und betonten nachdrücklich, dass die Verfasser der Bibel die von ihnen aus Mesopotamien übernommenen Stoffe komplett neu gestaltet hätten, was der Bibel eine Einzigartigkeit verleihe, durch die sie allen anderen Schriften etwas voraus habe. Delitzschs Gegenpartei führte nun das gesamte Arsenal an apologetischen Argumenten und Erläuterungen ins Feld, das von den Religionsgemeinschaften in der Auseinandersetzung mit den Herausforderungen entwickelt worden war, vor die sie sich durch den wissenschaftlichen Fortschritt und die Moderne gestellt sahen. Delitzsch und seine Theorien wurden den Bedrohungen durch die Säkularisierung, den Unglauben oder die moderne Welt zugerechnet.

Im dritten Vortrag, der nicht mehr öffentlich gehalten wurde, blieb Delitzsch seiner Linie treu. Er schien nun mehr und mehr von seiner Ansicht besessen zu sein und ging sogar noch einen Schritt weiter, als er explizit rassentheoretische Gedanken in seine Argumentation einfließen ließ. Abermals ging es ihm um den Nachweis, dass das antike Mesopotamien dem alten Israel moralisch überlegen gewesen sei und dass sich im Alten Testament gar nichts Neues fände. Er entwarf die These, dass die Bevölkerung Galiläas und Samarias – der nördlichen Teile Palästinas – ursprünglich aus Babylon stammte. Sie sei von Assyrien dorthin deportiert worden, was sich durch die Bibel tatsächlich stützen ließe. Delitzsch behauptete, dass die herausragende „Sittlichkeit" dieser Bevölkerungsgruppe in der Geschichte vom „barmherzigen Samariter" im Lukas-Evangelium deutlich zum Ausdruck komme, wo nur ein Samariter – und weder der Priester noch der Levit aus dem Jerusalemer Tempel – anhielt, um dem Mann zu helfen, der verletzt am Wegesrand lag. Das Neue Testament vermittelt den Eindruck, dass die Jüdinnen die SamariterInnen damals verachteten. Damit wurde noch deutlicher, welchen Standpunkt Delitzsch vertrat: Das Christentum solle sich vom Alten Testament befreien; im Alten Testament fände sich nichts Neues; alles Bedeutsame habe seinen Ursprung in Mesopotamien. Außerdem führte Delitzsch noch aus, dass der Ursprung der babylonischen Kultur in Sumer liege, womit er zeigen wollte, dass sie letztlich nicht von einer semitischen Kultur abstammte.

Delitzsch hat sich selbst nicht als Antisemiten betrachtet. Er verstand sich als Gelehrter und Intellektueller, der nach der Wahrheit strebte. Er wurde sogar vom Rassenhistoriker Stewart Houston Chamberlain beschuldigt, sich zu sehr mit dem „Semitismus" zu befassen, wohingegen er in jüdischen Kreisen als Antisemit galt.[188] Rückblickend wird deutlich, dass seine Position gut zu den großen ideologischen und intellektuellen Strömungen in Europa am Anfang des 20. Jh. passte. Nachdem Deutschland im Ersten Weltkrieg eine große Schmach erlitten hatte, war Delitzsch immer mehr davon überzeugt, dass diese Niederlage auf den zunehmenden jüdischen Einfluss in der Gesellschaft zurückzuführen war; die sogenannte Dolchstoßlegende war zu dieser Zeit in Deutschland recht verbreitet. In seinem letzten Buch von 1921 verknüpft er seine Untersuchungen über Mesopotamien und die Kritik am Alten Testament ausdrücklich mit seinen Ansichten über das zeitgenössische Judentum und „die Judenfrage". Delitzsch hatte in seinem zweiten Vortrag gefordert, dass das Alte Testament durch deutsche Sagen und Mythen ersetzt werden solle. Fast zwanzig Jahre später war er nun der Ansicht, dass sich Christentum und Kirche nicht mehr auf das Alte Testament beziehen sollten. Auch behauptete er, dass Jesus in ethnischer Hinsicht kein Semit gewesen, sondern nur zum Judentum konvertiert sei, was zu seiner Theorie über die babylonische Herkunft der GaliläerInnen passte. Delitzsch tat nun ganz offen kund, dass Jüdinnen eine Bedrohung für das deutsche Volk seien.

Was waren Delitzschs Motive? Zunächst einmal wohl eine Mischung aus Nationalismus und Patriotismus – er hatte die Ausgrabung Babylons unterstützt, damit Deutschland zu England und Frankreich aufschließen konnte, wobei es um die Möglichkeit ging, sich Objekte zu verschaffen, die in einem Nationalmuseum ausgestellt werden konnten. Er war der Ansicht, dass Deutschland nun an der Reihe sei, „einen Platz an der Sonne" zu erlangen.[189]

Ein weiteres Motiv war seine Überzeugung, dass die antike babylonische Religion und Moral den Traditionen Israels und des Alten Testaments überlegen und authentischer sei als diese. Weil er diese Überzeugung durch rassen-

---

[188] Shavit, *The Jewish Bible*, 235.
[189] Hierfür und zum Folgenden siehe die umfassende Analyse von Arnold und Weisberg, *A Centennial Review*.

theoretische Argumente untermauerte – die vor hundert Jahren weit verbreitet waren und als wissenschaftlich fundiert galten –, bewegte er sich eindeutig in antisemitischen Bahnen. Die Hinwendung zum Antisemitismus prägte sich erst dann stärker aus, als er zu dem Schluss kam, dass das Alte Testament aus den christlichen Schriften entfernt und stattdessen durch Gottes Offenbarung an das deutsche Volk ersetzt werden sollte.

Doch auch dem Christentum stand Delitzsch kritisch gegenüber. Er vertrat eine moderne Form der Kritik, bei der es um das komplizierte Verhältnis zwischen der Bibel – insbesondere dem Alten Testament – und dem christlichen Glauben ging. Er suchte nach einer Kontinuität zwischen den antiken biblischen Schriften und dem modernen Christentum. Das trieb auch einige andere TheologInnen seiner Zeit um, und nicht die Frage an sich lässt Delitzsch in besonders extremem Licht dastehen. Es gab zu dieser Zeit viele Stimmen – wie den Theologen Harnack –, denen die Zeit jetzt reif zu sein schien, sich von mythischen und unmodernen Texten zu trennen und das evangelische Christentum in vernunftgemäßer Weise auszulegen. Diese Sicht des Christentums wurde durch ein evolutionär geprägtes Religionsverständnis befördert. Das Christentum wurde als die am höchsten entwickelte Religion angesehen, und man sah es in seiner Entwicklung an einem Punkt angelangt, an dem es sich vom Alten Testament befreien konnte, das in einer völlig anderen Zeit beheimatet war.

Der Babel-Bibel-Streit bot konservativen Kräften in Theologie und Kirche ein Ventil; sie widersetzten sich der Wissenschaft und der Forschung, die die Bedeutung der Bibel relativierten. Manche Züge dieser Debatte kehren in den deutschen Kirchen später wieder, als in den 1930er und 1940er Jahren bestritten wurde, dass das Christentum jüdische Wurzeln hatte, und behauptet wurde, Jesus sei Arier gewesen.[190] So setzte sich die Bewegung der *Deutschen Christen* beispielsweise dafür ein, alle jüdischen Spuren aus dem christlichen Glauben zu tilgen. Im Versuch der Legitimierung solcher Gedanken sahen sie sich durch Delitzschs dritten Vortrag bestätigt. Auch unterstützte der nun abgesetzte Kaiser Wilhelm II. bis zu seinem Tod 1941 eifrig die Bemühungen um eine „Entjudung" des Christentums und vertrat sogar die Auffassung, dass das Alte Testament aus der Bibel entfernt werden sollte.

Im Nachhinein zeigt sich, dass der Babel-Bibel-Streit im Hinblick auf das antike Babylon kaum weiterführend war. Auf das Verständnis von der Geschichte und Kultur Babylons hat er sich nicht positiv ausgewirkt, weil noch zahlreiche andere Aspekte im Spiel waren. Eine Folge des höchst verstörenden Babel-Bibel-Streits war dagegen, dass TheologInnen und BibelwissenschaftlerInnen auf Distanz zur Assyriologie gingen. Und AssyriologInnen nahmen sich in Acht davor, etwas über Religion und ihre Sicht der Bibel zu sagen.

---

[190] Heschel, *The Aryan Jesus*.

Damit trieb der Babel-Bibel-Streit einen Keil zwischen die Theologie und die Bibelwissenschaft einerseits und die Archäologie, Assyriologie und die sogenannte Orientalistik andererseits. Die ForscherInnen schreckten davor zurück, die Grenzen der jeweiligen Disziplin zu überschreiten, und hatten Angst, sich gegenseitig auf die Füße zu treten. Auch hatten sich die einzelnen Fächer derart ausdifferenziert, dass ein Mensch alleine die gesamte Breite des Stoffs kaum beherrschen konnte.[191] Das hatte zur Folge, dass es oft lange dauerte, bis neue Erkenntnisse aus dem einen Bereich dem anderen zugänglich wurden, und das Problem der inter- und transdisziplinären Integration neuen Wissens existiert bis heute.

Heutzutage sind mehr Funde aus Mesopotamien zugänglich als Ende des 19. Jh., und in der Wissenschaft wird der größere Kontext der biblischen Schöpfungserzählungen und der poetischen Schöpfungsmotive der Bibel in ganz anderer Weise beurteilt. Heute lässt sich leicht von Parallelen und Einflüssen sprechen, und es herrscht nahezu Konsens darüber, von einem kulturellen Kontext und einer literarischen Tradition zu sprechen, denen sowohl das antike Babylon als auch die Welt der Bibel zugehören.

Auch der gesellschaftliche Kontext des 19. Jh.s erscheint uns jetzt in klarerem Licht. Er hat sich stark auf die Rezeption Babylons in Europa ausgewirkt sowie darauf, wie neues Wissen in verschiedene Wissensbausteine integriert wurde. Das Zusammentreffen der archäologischen Entdeckungen mit dem jeweiligen Umfeld, in dem das Material interpretiert und diskutiert wurde, hat sich im Gegenzug erheblich auf das Verständnis der Geschichte in den aufstrebenden, modernen Staaten Europas ausgewirkt. An diesem Prozess waren die Bereiche von Wissenschaft, Religion, Kultur und Identitätsbildung beteiligt.

Bis jetzt haben wir drei entscheidende Jahre genauer betrachtet, zwischen denen jeweils etwa drei Jahrzehnte liegen. Im Jahr 1842 machten Henry Layard und Paul-Émile Botta ihre ersten Entdeckungen in Ninive und begannen, die Funde nach Europa zu bringen. Diese Artefakte bildeten die Grundlage für die wichtigsten Sammlungen in den Pariser und Londoner Museen. Die Bemühungen um die Entschlüsselung der Keilschrift wurden intensiviert, und der Durchbruch gelang 1856, etwa in der Mitte zwischen 1842 und dem nächsten bedeutsamen Jahr.

1872 entdeckte George Smith die „Sintflut-Tafel", und im Rahmen der Debatte über die Beziehung zwischen den biblischen Mythen und den antiken babylonischen Mythen wurden intensive Diskussionen über die Beziehung zwischen der Bibel und Babylon geführt, aber auch über den Ursprung und die Grundlagen der menschlichen Kultur.

---

[191] Diese zunehmende Trennung zwischen der Assyriologie und anderen Disziplinen kommt im bahnbrechenden Aufsatz von Benno Landsberger aus dem Jahr 1926 mit dem Titel *Die Eigenbegrifflichkeit der babylonischen Welt* über die begriffliche Eigenständigkeit Mesopotamiens zum Ausdruck.

1902 schließlich hielt Friedrich Delitzsch seinen ersten Vortrag über Babel und die Bibel, als in Deutschland gerade die Epoche des Imperialismus zu Ende ging. Knapp gesagt ging es im Babel-Bibel-Streit um die Frage, welche Kultur überlegen sei: War es das antike Babylon, das die Vorstellungen der Bibel beeinflusst hatte, oder war die Bibel eine unvergleichliche Offenbarung? In der Auseinandersetzung bewegten sich viele der Beteiligten mit ihrem Versuch, die jüdischen Ursprünge des christlichen Alten Testaments zu leugnen, auf antisemitische Positionen zu. Dazu kam noch die Reaktion auf den verbreiteten und vorherrschenden „Philhellenismus", demzufolge der griechisch-römischen Antike ein Ehrenplatz eingeräumt und sie als Ursprung der europäischen Kultur betrachtet werden müsse. Dabei suchte man nach etwas noch Ursprünglicherem, was vielleicht als Ausdruck einer neuromantischen Reaktion auf Denkmodelle der Aufklärung angesehen werden kann.

Die reißerische Debatte über *Gilgamesch* und die Sintflut-Erzählung sowie der Babel-Bibel-Streit waren abgeebbt und hatten sich beruhigt, als schließlich 1930 in Berlin die Ausstellung über die antike Stadt Babylon eröffnet wurde. Doch der Hintergrund, vor dem diese Ausstellung von der Öffentlichkeit wahrgenommen wurde, war auch durch die Nachwirkungen dieser Debatten und die in ihnen gewonnenen Erkenntnisse geprägt.

8 Die Auferstehung Babylons

Während der Babel-Bibel-Streit weiterging, setzten Robert Koldewey und sein Team die Ausgrabungen in Babylon fort. Bei einer der größten je durchgeführten archäologischen Ausgrabungen arbeiteten – in Arbeitsstunden gerechnet – zwischen 1900 und 1913 täglich bis zu zweihundert Ausgrabungskräfte in Vollzeit. Als schließlich das Arbeitstempo nicht mehr ganz so hoch war, nutzte Koldewey dies für eine Unterbrechung und kehrte nach Deutschland zurück. Sein Buch mit den Beschreibungen der Ausgrabung und der Funde erschien 1913.[192] Dann brach der Erste Weltkrieg aus, und die Arbeiten kamen nun noch langsamer voran. Sie konnten jedoch bis 1917 fortgesetzt werden, als Deutschland und das mit ihm verbündete Osmanische Reich besiegt waren und die Briten schließlich die Kontrolle im neuen Staat Irak übernahmen.

Nach 1919 wurde der größte Teil des Osmanischen Reiches, das die Regierungsgewalt in der Region um Babylon innegehabt hatte, unter den Alliierten aufgeteilt, die den Krieg gewonnen hatten. Die Türkei wurde nach einem Befreiungskrieg von 1919 bis 1922 zu einem neuen Nationalstaat. Der Libanon und Syrien wurden französisches, Palästina und Mesopotamien britisches Mandatsgebiet. Der Irak wurde schließlich zur Monarchie, wobei die Briten weiter Einfluss nahmen. Deshalb hatten sie zunächst die Hand auf den ergrabenen Überreste Babylons. Die erste Direktorin des archäologischen Departments im Irak, Gertrude Bell, war eine Archäologin und Forscherin, die während des Ersten Weltkriegs als Geheimagentin mit T. E. Lawrence – besser bekannt als „Lawrence von Arabien" – zusammengearbeitet hatte und die Region gut kannte. Sie gründete das spätere Irakische Nationalmuseum in Bagdad, wo Tausende von Artefakten aus irakischen Ausgrabungen untergebracht und ausgestellt wurden. Bell hatte die Ausgrabung in Babylon besucht, als dort noch gearbeitet wurde, und stand dem deutschen Projekt wohlwollend gegenüber. Sie war der Meinung, dass eine Feindschaft zwischen Staaten einem korrekten Umgang mit den Funden nicht entgegenstehen dürfte.[193]

---

[192] Koldewey, *Das wieder erstehende Babylon*.

[193] Gertrude Bell beschreibt ihre erste Reise nach Babylon in *Amurath to Amurath. A Journey Along the Banks of the Euphrates*, 167–174. Knappe Überblicke über Bells berufliche Tätigkeit im Irak findet sich bei Fagan, *Return to Babylon*, 275–288, sowie Foster und Foster, *Civilizations of Ancient Iraq*, 201–203. Ein ganzes Buch widmet sich Bell als Archäologin: Cooper, *In Search of Kings and Conquerors*. Weitere Biographien Bells aus jüngerer Zeit sind Howell, *Gertrude Bell. Queen of the Desert, Shaper of Nations*; sowie Adam, *Ladies of the Field*, 89–116. In der von Werner Herzog verfilmten Biographie *Gertrude Bell - Queen of the Desert* (deutscher Titel: *Königin der Wüste*) von 2006 wird Bell von der Schauspielerin Nicole Kidman verkörpert.

Gertrude Bell kümmerte sich persönlich darum, dass die Artefakte aus Babylon nach Berlin gebracht wurden, und sie sorgte auch für die Einhaltung der Gesetze, aufgrund derer die Funde legal ausgeführt werden durften. Es dauerte jedoch eine ganze Zeit, bevor die Funde in Berlin eintrafen und dort mit der Bearbeitung begonnen werden konnte. Erst 1926 – in Bells Todesjahr – wurden die über 500 mit Ziegelstein-Fragmenten und anderen Artefakten gefüllten Kisten verladen und verschifft, und sie erreichten den Hamburger Hafen im Sommer 1927. Von dort aus wurden sie nach Berlin verbracht, und man konnte mit der immensen Arbeit beginnen, die Stücke zu ordnen. 1925 starb Robert Koldewcy, der deshalb die Ausstellung, die aus der von ihm achtzehn Jahre lang geleiteten Ausgrabung hervorging, nicht mehr zu sehen bekam.

Die MuseumskuratorInnen übernahmen die für die Ausstellung des Materials notwendigen Arbeiten der Kategorisierung und Restaurierung. Doch das Land, in dem das geschah, hatte sich gegenüber der Kaiserzeit gravierend verändert, in der die Ausgrabungen vorgenommen worden waren. Mit der Niederlage im Ersten Weltkrieg hatten sich die imperialistischen Pläne Deutschlands unter Kaiser Wilhelm II. zerschlagen. Der Optimismus der Vorkriegszeit hatte sich verflüchtigt, und die neu gegründete Weimarer Republik war nicht stabil, sondern fragil. Wegen der enormen Inflation vor allem in der ersten Hälfte der 1920er Jahre war es ArchäologInnen und WissenschaftlerInnen nahezu unmöglich, an Gelder zu gelangen. Archäologische Projekte kamen zum Erliegen, und auch in Vereinigungen wie der Deutschen Orient-Gesellschaft, von der die Ausgrabungen in Babylon geleitet worden waren, ging es nur noch sehr langsam voran.

Für eine gewisse Stabilität und Kontinuität sorgten hingegen die alten preußischen Kultureinrichtungen wie die Staatlichen Museen zu Berlin. Rückblickend ist es beeindruckend, dass doch eine ganze Reihe öffentlich finanzierter Projekte für so wichtig erachtet wurden, dass sie fertiggestellt werden konnten. Dazu gehörten etwa das Pergamonmuseum mit der Vorderasiatischen Abteilung, in der die Babylon-Ausstellung ihre Heimat fand. Diese wurden 1930 eröffnet, als auch die Staatlichen Museen zu Berlin ihr einhundertjähriges Jubiläum begingen.

Von Babylon nach Berlin

Nach meinem ersten Besuch in Babylon im Jahr 2000 reiste ich 2001 und 2002 erneut dorthin. Der Ablauf, den die irakische Reiseagentur für diese Besuche vorgesehen hatte, unterschied sich kaum von dem der ersten Reise. Vor Ort hatten wir sogar denselben Tourguide – den ich später in einer TV-Nachrichtensendung aus Babylon nach der US-geführten Invasion von 2003 wieder sah –, einen finsteren Mann mit leichtem Asthma, der voller Trauer von den Deutschen sprach, die nach den Ausgrabungen in Babylon alles mitgenommen hatten. Doch Saddam Husseins Regime hatte geplant, die von den Deutschen mitgenommenen Schätze zurückzuholen, und der Guide zeigte uns, wie man sich darauf vorbereitete: Wo das große Ischtar-Tor und die Mauern entlang der Prozessionsstraße wiederhergestellt werden sollten, wurden Fundamente teilweise auf den vorhandenen Ruinen errichtet.

Abb. 8.1: Von Saddam Hussein vorbereitete Fundamente
für die Rückkehr des Ischtar-Tors
Foto: Rannfrid I. Thelle 2001

Alle offiziellen Informationen aus dem Irak unter Saddam Hussein waren mit Vorsicht zu genießen, doch in den letzten Jahren fordern zunehmend mehr Staaten – wie Griechenland, die Türkei, Ägypten oder China – die Rückgabe der kulturellen Überreste von denen, unter deren Leitung die Ausgrabungen durchgeführt wurden (oder die regelrecht geraubt und geplündert hatten). Die Frage nach dem Besitzrecht an materieller Kultur ist ethisch hochkomplex und wird in der Regel nicht frei von politischen Interessen debattiert.[194] Im Fall von

---

[194] Die Fragen um das legitime Eigentum an Altertümern sowie nach den Interessenvertretungen im Bereich des Denkmalschutzes sind zahlreich, und sie sind kompliziert. Verschärft wird die Situation durch die mutwillige Zerstörung und Plünderung im Gefolge des Kriegs im Irak, die mit der sattsam bekannten Vernichtung kultureller Überreste durch den „Islamischen Staat" seit 2014 eine neue Eskalationsstufe erreicht hat. Die American Schools of Oriental Research sowie zahlreiche andere Organisationen engagieren sich sehr bei der Dokumentierung der Zerstörung des kulturellen Erbes; siehe: http://www.asor-syrianheritage.org/, wo regelmäßig über Verluste des kulturellen Erbes in

Saddam Husseins „Babylon" war das offizielle Narrativ darüber, was die Deutschen mitgenommen hatten, ein ziemlich tendenziöses. Ich habe den Eindruck gewonnen, dass dieser Erzählung zufolge das Ischtar-Tor beim Eintreffen der Deutschen in seiner ganzen Pracht dort gestanden hat; die Deutschen haben es lediglich zerlegt, mitgenommen und wieder zusammengesetzt, um es im Pergamonmuseum auszustellen – wie bei den assyrischen Reliefs von Ninive und Nimrud im Britischen Museum. So ist es aber keineswegs gewesen. Faktisch hatten die deutschen AusgräberInnen in mühevoller Kleinarbeit Ziegel- und Glasurfragmente gesammelt, diese in fast 600 Kisten abtransportiert und viele Jahre mit der Rekonstruktion des Tores zugebracht, bevor es präsentiert werden konnte. Mir wurde das erst 2002 bei einem Besuch in Berlin bewusst, woraufhin ich damit begann, die Geschichte von der Ausgrabung bis zur Ausstellung zu entwirren. Doch in den meisten journalistischen Darstellungen zur Grabungsstätte wird diese Ansicht bis heute weitergegeben: „Das knallbunte Tor ist eine Nachbildung des Originals, das 1914 von deutschen Archäologen abtransportiert wurde, zusammen mit den meisten im Relief dargestellten Löwen, die einst die Mauern der Prozessionsstraße schmückten und heute im Pergamonmuseum in Berlin stehen".[195] Trotz solcher Auffassungen ist in der deutschen Öffentlichkeit bekannt, welche mühsame Arbeit hinter dem Wiederaufbau des Ischtar-Tors steckt.

Die Funde aus Babylon stellen heute das Herzstück des Vorderasiatischen Museums dar, in dem auch Artefakte deutscher Ausgrabungen in Fara, Uruk, Ur und Assur sowie einer Reihe weiterer Grabungsstätten zu sehen sind. Zu Beginn bestand eine enge Verbindung zwischen der Leitung des Museums und den Ausgrabungen in Babylon. So war beispielsweise Friedrich Delitzsch von der Gründung 1899 bis 1919 der begeisterte wie unermüdliche Direktor der Vorderasiatischen Abteilung.[196] Delitzsch spielte auch eine wichtige Rolle bei der Unterstützung der Ausgrabung in Babylon und war als Professor an der Friedrich-Wilhelms-Universität zu Berlin auch *der* wissenschaftliche Vermittler

---

Syrien und Nordirak informiert wird. Zum Thema im Allgemeinen siehe Renfrew, *Loot, Legitimacy, and Ownership*; Cuno, *Who Owns Antiquity?*; Luke und Kersel, *U.S. Cultural Diplomacy and Archaeology*.

[195] So Justin Marozzi im ersten von zehn Teilen der Reihe *Lost cities*: *#1: Babylon – how war almost erased ‚mankind's greatest heritage site'*, in: The Guardian, 8. August 2016. Auch in einem CNN-Bericht aus dem Jahr 2013 wird davon berichtet, dass die Deutschen „alles mitgenommen haben", siehe https://www.youtube.com/watch?v=9P0YpyDrmX8. Selbst Lisa Ackerman, Vizepräsidentin des World Monuments Fund, stellt in einem Interview aus dem Jahr 2015 diese Vorstellung nicht richtig, sondern hält an der Auffassung fest, dass die Deutschen „das ganze Tor" genommen hätten: https://www.youtube.com/watch?v=ya1Io0F468c.

[196] In der exzellenten Broschüre zur Geschichte des Vorderasiatischen Museums (Vorderasiatisches Museum Berlin, *Geschichte und Geschichten*), die anlässlich des hundertjährigen Bestehens 1999 veröffentlicht wurde, ist die Ernennung Delitzschs zum Direktor durch den Kaiser 1899 in Kopie abgedruckt.

der Erkenntnisse über Babylon.[197] Trotz des Skandals, den der Babel-Bibel-Streit ausgelöst hatte, konnte er dank der anhaltenden Unterstützung durch den Kaiser seine Tätigkeit an der Universität weiterhin ausüben.

Walter Andrae hat sehr direkten Einfluss auf die Gestaltung der Berliner Ausstellung ausgeübt. Als junger Architekt war Andrae mehrere Kampagnen lang in Babylon als Grabungszeichner dabei gewesen. Obwohl er seine Karriere bei Koldewey in Babylon begann, wandte er sich dann anderen Ausgrabungen in Mesopotamien zu und leitete mehrere Kampagnen lang die Grabungen in der assyrischen Hauptstadt Assur. 1926 reiste er selbst in den Irak, um den sicheren Transport der babylonischen Funde nach Berlin zu gewährleisten. Ab 1921 war Andrae Kurator der Babylon-Sammlung und ab 1928 Direktor der Vorderasiatischen Abteilung.[198]

Die Babylon-Ausstellung musste buchstäblich von Grund auf neu geschaffen werden. Anders als beim antiken Griechenland oder Assyrien gab es weder Reliefs noch Stiere, Statuen oder Sarkophage. Es konnten keine großen Einzelstücke ausgestellt werden. Von den 536 Kisten, die mit dem ersten Transport aus Babylon in Berlin ankamen, enthielten etwa 400 Kisten Backsteine, die kaum den Eindruck erweckten, besonders wertvoll zu sein. Alles musste aus Zehntausenden von Bruchstücken rekonstruiert werden.

Bevor Babylon tatsächlich ausgegraben wurde, hatten sich immer wieder Menschen auf der Suche nach Abenteuern, auf Erkundungstour oder mit Entdeckungslust an diesem Projekt versucht, doch alle waren sehr frustriert über den schlechten Zustand, in dem sich die Überreste befanden (siehe 5. Kapitel). Zum Teil lag es an diesem wenig reizvollen Anblick der Ruinen, dass niemand sich an systematische Ausgrabungen heranwagte, bis dies 1899 von deutscher Seite geschah. Doch unter der Leitung Koldeweys und aus den Grabungsberichten ist von dieser – verständlichen – Frustration kaum etwas zu spüren. Vielmehr entsteht der Eindruck eines nüchternen und beharrlichen Unternehmens, das darauf abzielte, die Stadt in möglichst umfassender Weise zu verstehen. Die AusgräberInnen gingen mit dem, was sie fanden, sachlich um und schienen nicht auf der Jagd nach großen Schätzen zu sein, durch die sie ihre Arbeit rechtfertigen könnten. Mit dieser Arbeitseinstellung unterschieden sie sich beträchtlich von den ersten AusgräberInnen in Assyrien. Es ging nicht um Sensationslust.[199]

---

[197] Delitzschs Büchlein *Mehr Licht. Die bedeutsamen Ergebnisse der babylonisch-assyrischen Grabungen für Geschichte, Kultur und Religion* ist ein Beispiel hierfür, wie auch seine Pantomine *Sardanapal*; dazu mehr siehe unten.

[198] An die Eröffnung und deren Vorbereitungen erinnert sich Walter Andrae in seinen Memoiren *Lebenserinnerungen eines Ausgräbers*. Auf der Webseite des Museums wird diese Vorgeschichte kurz vorgestellt: https://www.smb.museum/museen-einrichtungen/vorderasiatisches-museum/sammeln-forschen/sammlung/.

[199] Michael Seymour weist auf diesen Wandel im Stil der Berichterstattung über die Grabung hin: *Babylon. Legend, History, and the Ancient City*, 210–213.

Der Turm zu Babel oder die Zikkurat von Babylon?

Seit langem war bekannt, dass es in Babylon keine Ruinen eines Turms oder einer Zikkurat gab. Das lag unter anderem daran, dass Backsteine ein wertvolles Baumaterial waren und im Laufe der Jahrhunderte zum Bau von Häusern und anderen Gebäuden wiederverwendet worden waren. Bei den Ausgrabungen konnte allerdings das Fundament der ehemaligen Zikkurat entdeckt werden. Das lässt sich auf einem Luftbild des Ortes erkennen: Das Fundament ist teilweise zu sehen sowie Spuren von ihm in Form einer Vertiefung, in denen nun Wasser steht und Pflanzen wachsen.

Abb. 8.2: Luftaufnahme von Babylon mit den Umrissen des Etemenanki

Zweifellos stand dort einst ein Turm, der wahrscheinlich den Anstoß zur Geschichte vom Turm zu Babel gegeben hat. Umstritten war jedoch, auf welche Weise die Zikkurat rekonstruiert werden sollte. Unter den Vorschlägen fanden sich beispielsweise Einschätzungen aus architektonischer Sicht sowie historische Angaben und Beschreibungen, die zumeist antiken griechischen Quellen entstammten wie etwa von Herodot (siehe 4. Kapitel). In anderen antiken Städten wie Ur hatten sich die alten Zikkurats relativ gut erhalten. In Borsippa unweit von Babylon waren die Überreste der Zikkurat viel besser zu erkennen als in Babylon, was oft zu der Annahme führte, dass es sich bei Borsippa um Babylon handelte. Bei meinem ersten Besuch im Irak wurden die Ruinen in Borsippa als Turm zu Babel präsentiert, wie ich im 1. Kapitel beschrieben habe.

Abb. 8.3: Die Zikkurat von Ur
Foto: Rannfrid I. Thelle 2001

Koldewey wusste sehr wohl, dass in Babylon kein Turm mehr stand. Er entwarf ein Modell mit seiner Vorstellung der Zikkurat. Seiner Ansicht nach bestand sie aus einem großen quadratischen Bauwerk, auf dem sich ein kleinerer quadratischer Bau befand – ohne die sieben oder acht Etagen, von denen Herodot gesprochen hatte. Ein wenig erinnerte sie an die Zikkurat von Ur. Koldeweys Modell stieß allerdings nicht auf einhellige Zustimmung; im Museum wird nun – siehe unten – eine andere Rekonstruktion ausgestellt.

Diesem nüchternen Vorgehen liegt die Annahme zugrunde, dass archäologische Ausgrabungen dazu dienen, das Vorhandene freizulegen und nicht, nach den Überresten der biblischen Vorstellung des antiken Babylon zu suchen. Nach früheren Erkundungen wurde der Ort häufig eher so beschrieben, wie es den eigenen Erwartungen entsprach – und weniger so, wie er tatsächlich aussah –, wenn die Verwüstung und der Verfall geschildert wurden, von denen die biblische Prophetie spricht, wie im 4. Kapitel erläutert. Die Vorstellung vom Turm zu Babel dominiert jedoch auch heute noch die öffentliche Wahrnehmung Babylons so sehr, dass die KuratorInnen der großen Ausstellung „Babylon: Mythos und Wahrheit" im Jahr 2008 den Turm als Kontrastfigur verwendeten. Für die Aussage „Es gab keinen Turm" knüpften die KuratorInnen an die weit verbreitete Annahme an, dass in einer Ausstellung über Babylon ein Turm zu erwarten wäre. In derart paradoxer Weise bediente man sich des biblischen Babylon, um eine Ausstellung ohne Turm zu präsentieren.

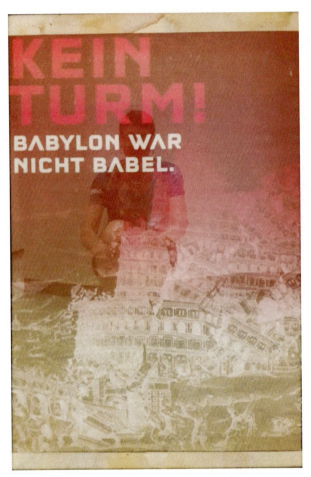

Abb. 8.4: Poster der Ausstellung aus dem Jahr 2008: *Kein Turm*
Foto des Posters: Rannfrid I. Thelle 2019

Ausstellung der Funde aus Babylon

Eine weitere Überlegung bei der Konzeption der Dauerausstellung der Funde aus Babylon war, dass die Hinterlassenschaften des antiken Babylon sich komplett von denen Assyriens unterschieden und sich zudem in einem viel schlechteren Zustand befanden. Als Henry Layard mit der Erkundung Mesopotamiens begann, konnte er Tunnel graben lassen und große Steintafeln mit Flachreliefs zutage fördern können, die einst die Paläste von Nimrud und Chorsabad geschmückt hatten (siehe 5. Kapitel). In Babylon sahen sich die AusgräberInnen jedoch wegen der ursprünglichen Baumaterialien – Backsteine und (ungebrannte) Lehmziegel – vor große Probleme gestellt. Diese hatten sich nicht in der Weise erhalten wie die assyrischen Steinreliefs. In Nordmesopotamien gab es verschiedene Arten von Kalkstein sowie Basalt und Alabaster, die wesentlich robuster waren und denen der Zahn der Zeit nicht so viel anhaben konnte. In Babylon dagegen war Stein als Baumaterial nicht so häufig anzutreffen, doch wo er verwendet wurde, war er natürlich sehr gut erhalten, wie etwa beim Pflaster der Prozessionsstraße.

Behutsam konnten die Umrisse mehrerer Gebäude unter der Erdoberfläche bei der Ausgrabung nachverfolgt werden. Wegen des gestiegenen Grundwasserspiegels waren Teile der Stadt auf die älteren Schichten gebaut worden. Die AusgräberInnen ersannen ein Verfahren zur Entdeckung der Gebäudeumrisse, und so konnten sie einen Plan der Stadt erstellen. Dabei half ihnen, dass die tieferen Schichten oft viel besser erhalten und für die Rekonstruktion der höher gelegenen Schichten von Nutzen waren.

Diskussionen über ästhetische Ideale

In England und Frankreich war das Interesse der Bevölkerung an Assyrien durch die monumentalen Bauwerke, Reliefs und Großplastiken aus den Palästen geweckt worden (siehe 5. Kapitel). Als Architekten wussten Koldewey und Andrae, dass es unbedingt notwendig war, Babylon in Berlin für das Auge neu erstehen zu lassen. Auch war ihnen bewusst, dass sie in Berlin nicht einfach Objekte aus Babylon im Original ausstellen konnten. Ein Grund dafür war, dass der Zustand der materiellen Hinterlassenschaften das nicht erlaubte.

In den verschiedenen Debatten über die Darstellung der hellenistischen, römischen und mesopotamischen Ausstellungsstücke im Pergamonmuseum zeigten sich widersprüchliche Tendenzen. Neuere Vorstellungen, nach denen das sichtbare Erleben der Kunst mit Hilfe der Architektur unmittelbare Einblicke vermitteln sollte, setzten sich gegenüber den älteren Ideale der Aufklärung durch, wonach Einzelstücke ausgestellt werden sollten, die für eine antike Kultur standen.[200] Für die Babylon-Ausstellung spielten demgegenüber wohl

---

[200] Wer sich für die Details der Geschichte des Pergamonmuseums und die Diskussionen um die Ausgestaltung der Ausstellung interessiert, sollte unbedingt zu Can Bilsels Buch *Antiquity on Display* greifen; etwas praktischer ist demgegenüber die Darstellung in der Publi-

Andraes ästhetische Vorstellungen eine noch größere Rolle. Seiner Ansicht nach war das in Babylon gefundene Material ohnehin nicht originär. Die Ausgestaltung der Gebäude in Babylon hatte sich über einen längeren Zeitraum erstreckt; die Verzierungen waren währenddessen verändert und ergänzt worden, was in gewisser Weise an den Bau mittelalterlicher Kathedralen in Europa erinnert. Andrae zufolge ist eine Stadt eine organische Einheit, die sich entsprechend ihrer eigenen immanenten Logik entwickelt und ein eigenes Wesen und Dasein besitzt. Sie ist kein im Vorhinein erdachtes Gebilde, das man wegschaffen und in einer anderen Zeit an einen anderen Ort versetzen könnte. Mit seiner Auffassung von Authentizität scheint sich Andrae von seinem Kollegen Wiegand zu unterscheiden, der den Pergamonaltar und das Markttor von Milet quasi originalgetreu nachbauen wollte. Wiegand schien von dem Gedanken erfüllt zu sein, dem Publikum ein unmittelbares Gesamterlebnis zu ermöglichen, und opferte das aufklärerische Ideal der Wissensvermittlung über bestimmte antike Objekte zugunsten des Erlebens der antiken Architektur. Wiegands Kritiker warfen ihm vor, Kitsch zu erschaffen.[201]

Was die Vermächtnisse aus der Vergangenheit angeht, folgte Andrae nicht dem klassischen Ideal, von dem die Präsentation der assyrischen Funde in England und Frankreich rund achtzig Jahre zuvor geprägt war (siehe 5. Kapitel). Diese andere Ästhetik lässt sich anhand der deutlich anderen Metaphern erkennen, die den Diskurs bestimmten. Anfang des 19. Jh. betrachtete der Philosoph Hegel die Kunstgeschichte als ein Bauwerk, und der Turm zu Babel diente dabei als Beispiel für das fertiggestellte Gebäude. Das ist durchaus paradox, weil der Turmbau zu Babel nach Auskunft der Bibel nie vollendet wurde. In der Romantik stellte man sich die Kunstgeschichte als Baum mit einem Stamm und vielen Ästen vor, als etwas Lebendiges, Organisches, bei dem die verschiedenen Teile mehr oder weniger eng miteinander verbunden waren und alle aus derselben Wurzel hervorgingen.[202]

---

kation des Museums zum hundertjährigen Bestehen: Vorderasiatisches Museum Berlin, *Geschichte und Geschichten*.
[201] Bilsel, *Architecture in the Museum*.
[202] Bilsel, *Antiquity on Display*, 77–87. Im Pergamonmuseum findet sich eine Kombination dieser beiden ästhetischen Ideale.

Der Nachbau Babylons: Das Ischtar-Tor und die Prozessionsstraße

Abb. 8.5: Das Ischtar-Tor im Pergamonmuseum
Foto: Olaf M. Teßmer

Bei ihrer Eröffnung präsentierte sich die Babylon-Ausstellung als farbenfrohe Rekonstruktion des Ischtar-Tors sowie eines Teils der Wände von Nebukadnezars Thronsaal. Beides ging in eine zwanzig Meter langen Rekonstruktion der Prozessionsstraße über. Am Ende dieses Wegs betrat man einen Ausstellungssaal mit anderen Artefakten, der einige Jahre nach der Eröffnung fertiggestellt wurde. Später kamen auf beiden Seiten der Prozessionsstraße noch weitere Räume hinzu.

Die Entdeckung von bunt glasierten Bruchstücken hatte maßgeblich dazu beigetragen, dass in Babylon überhaupt gegraben wurde. Nun inspirierten genau diese Farben den Wiederaufbau und die Ausgestaltung Babylons in Berlin. In den Kisten aus Babylon befanden sich rund 300.000 Bruchstücke von Ziegelsteinen, von denen viele eine teilweise glasierte Oberfläche besaßen. Die Mauern entlang der Prozessionsstraße und der obere Teil des Ischtar-Tors wiesen eine Verkleidung aus glasierten Ziegeln auf. Das Tor war nicht nur farbig gehalten, sondern auch Reliefs von Stieren und vom Drachen *Muschchuschu* waren aus den Ziegeln gestaltet. Die Prozessionsstraße wurde von Löwen-

Reliefs flankiert. Diese drei Tiere standen für die göttliche Trias Ischtar, Adad und Marduk, die drei Hauptgottheiten Babylons.

Von Beginn der Ausgrabung an – und noch während er in Babylon war – hatte sich Walter Andrae mit der Rekonstruktion der Löwen beschäftigt. Es war eine mühsame Arbeit, und Andrae konnte sich dabei weder auf Vorlagen noch auf schriftliche Ausführungen stützen. Es war echte Pionierarbeit. Mit Hilfe von Goethes Farbenlehre konnte sich Andrae die Löwen vorstellen.

Es stellte sich heraus, dass die Löwen aus insgesamt 46 unterschiedlich geformten und in elf Reihen angeordneten Ziegelsteinen bestanden. Die Ziegel waren mit Holzformen hergestellt und dann mehrfach gebrannt und glasiert worden. Zusammengesetzt entstand daraus die Relief-Darstellung eines bunten Löwen. Oberhalb und unterhalb der Löwenfriese befanden sich nach Andraes Meinung Bänderfriese sowie Rosettenbänder. Während der Ausgrabung waren bei jedem Fragment von der Prozessionsstraße der genaue Fundort und die Fundlage notiert worden. Allerdings zeigte sich, dass dies nicht so wichtig war, wie zunächst angenommen, weil die Fragmente durch Raub- und andere Grabungen durcheinandergeraten und verschoben worden waren, so dass sie sich ohnehin nicht mehr an ihrem ursprünglichen Platz befanden.

Bevor die Fragmente zusammengesetzt werden konnten, mussten sie behandelt werden, weil sie das Salz des aufgestiegenen Grundwassers aufgenommen hatten. Sie wurden in Wasser gelegt und dann mit Paraffin behandelt. Danach begannen die Arbeit des Sortierens und Rekonstruierens. Die Fragmente wurden von den Museumsangestellten nach Motiven wie Augen oder Füßen geordnet. Manchmal halfen die beim ersten Brennen der Ziegel entstandenen Risse in der ursprünglichen Glasur dabei, einzelne Stücke zusammenzusetzen, die ursprünglich zu ein und demselben Ziegel gehört hatten.[203] Da jedoch die Löwen – wie auch die anderen Reliefs – in großer Zahl hergestellt worden waren, legte Andrae nicht so großen Wert auf die genaue Wiederherstellung jedes einzelnen Löwen. Bei der Rekonstruktion im Museum ging man in gewisser Weise ähnlich vor wie im antiken Babylon: Ausgehend von den alten Vorlagen wurden in drei verschiedenen Fabriken rund um Berlin viele neue Ziegelsteine hergestellt, damit die Lücken im rekonstruierten Bauwerk geschlossen werden konnten. Wegen der serienmäßigen Herstellung der Löwen wurde auch darüber diskutiert, nur einen – oder einige wenige – Löwen exemplarisch zusammenzusetzen. Die Löwen seien keine einzigartigen Artefakte gewesen. Doch für Andrae zählte der räumliche und sinnliche Eindruck, den die Architektur hervorrief.

---

[203] Weitere Einzelheiten über die Behandlung und das Zusammensetzen der Funde und eine ausführliche Beschreibung der Ausstellung in Berlin findet sich bei Marzahn, *Das Ištar-Tor*.

Der Nachbau Babylons: Das Ischtar-Tor und die Prozessionsstraße

Abb. 8.6: Die Prozessionsstraße im Pergamonmuseum
Foto: Olaf M. Teßmer

Auch beim Ischtar-Tor waren manche von den am Museum Tätigen der Ansicht, dass Beispiele und Zeichnungen völlig ausreichen würden. Um die Museumsleitung davon zu überzeugen, dass eine Rekonstruktion des gesamten Tores wichtig war, ließ Andrae von Schreinern der Berliner Oper auf der Grundlage von den von ihm selbst angefertigten Aquarellen ein regelrechtes Bühnenbild herstellen. Hierbei konnte Andrae auf seine Erfahrungen als Bühnenbildner für die Pantomime *Sardanapal* (über den letzten assyrischen König) zurückgreifen. Dabei handelte es sich um eine Adaption der gleichnamigen Oper aus dem Jahr 1865, die von einem König handelt, der in aufgeklärter Weise zu regieren versucht.[204] Die Pantomime war von Kaiser Wilhelm II. in Auftrag gegeben und von keinem Geringeren als dem vom Babel-Bibel-Streit her bekannten Friedrich Delitzsch adaptiert worden; sie wurde 1908 in Berlin aufgeführt. Es gibt keine Hinweise darauf, dass Andrae den Film *Intolerance* von David Griffiths aus dem Jahr 1916 kannte, in dem Babylon mit Hilfe großer Kulissenbauten dargestellt wurde; wenn das der Fall gewesen wäre, so hätte er wohl seine Position noch durch die Wirkung sichtbarer Architektur unterstreichen können. Außerdem konnte Andrae ganz buchstäblich auf korrekte Angaben bauen, wohingegen in Griffiths Werk ein Durcheinander von Stilen zu sehen

---

[204] Dieses Stück von Lord Byron wurde erstmals 1833 aufgeführt. Zur Rezeption des Stückes siehe McGeough, *The Ancient Near East in the Nineteenth Century*, Bd. 3, 112–118. Fotos der Kulissen und mehr darüber, welchen Anteil der Kaiser an der Aufführung von *Sardanapal* hatte, finden sich im 1991 erschienenen und von Kohlmeyer und Strommenger herausgegebenen Werk *Wiedererstehendes Babylon*, 13–18.

ist. Jedenfalls verfuhr Andrae zwanzig Jahre nach dem Erfolg mit *Sardanapal* in ganz ähnlicher Weise und konnte sich so der Unterstützung für die Idee eines dauerhaften Einbaus – eines Wiederaufbaus von Babylon innerhalb des Museums – versichern. So entstanden die rekonstruierte Prozessionsstraße, das Ischtar-Tor und der Thronsaal Nebukadnezars. Die Rekonstruktion der geometrischen Schmuckelemente um das Tor und entlang der schreitenden Löwen geschah in Anknüpfung an ähnliche Verzierungen in der assyrischen Kunst.[205] Mit dem Nachbau Babylons wurden drei architektonische Schöpfungen vorgestellt, von denen nur eine einen expliziten Bezug zur Bibel vorweisen konnte, nämlich der Thronsaal Nebukadnezars.

Das wiedererstandene Babylon: Die Rezeption der Ausstellung

Babylon hat die Menschen mehr als 2.000 Jahre lang in seinen Bann gezogen, doch auf welches Echo traf das wiedererstandene Babylon? Heute trägt das Museum, in dem sich die ursprüngliche Ausstellung befindet, den Namen Pergamonmuseum. Es ist nach dem gewaltigen Pergamonaltar benannt, der den ersten Raum füllt, durch den man nun eintritt. Diesen Namen erhielt das Museum erst nach Umbaumaßnahmen zwischen 1948 und 1959. Im Jahr 1930 trugen nur die zentralen Räume mit der hellenistischen und der griechischen Sammlung diesen Namen, und die Vorderasiatische Sammlung besaß einen eigenen Eingang.

Als die Babylon-Säle am 2. Oktober 1930 eröffnet wurden, war die fast dreißig Jahre zuvor ausgetragene Babel-Bibel-Kontroverse anscheinend in Vergessenheit geraten, obwohl sie ihre Spuren hinterlassen hatte. Viele Kenntnisse über das antike Mesopotamien, die 1900 noch neu und relativ unbekannt gewesen waren, hatte nun weitere Kreise erreicht, auch wenn das nicht unbedingt hieß, dass sich die Menschen damit eingehender beschäftigten. Allgemein anerkannt war jedoch die Vorstellung, dass die Wurzeln der Zivilisation im antiken Mesopotamien lagen.

Das Publikum fand die Eröffnung großartig und war von den monumentalen Rekonstruktionen beeindruckt. Die Babylon-Ausstellung wurde zugleich mit der hellenistischen und der römischen Sammlung eröffnet. Die größte Aufmerksamkeit erhielt in den Medienberichten über die Eröffnung allerdings der gewaltige Pergamonaltar (von der Westküste Kleinasiens) aus der Zeit der

---

[205] Beschrieben wird das in *Wiedererstehendes Babylon*. Mehr zu Andrae als Künstler und darüber, inwiefern er die Vorstellung des Stadtbilds im antiken Mesopotamien einschließlich Babylons prägt, findet sich bei Liverani, *Imagining Babylon*, Kapitel 2.2.

römischen Republik. Die Anlage des Museums rückt den Pergamonaltar in den Mittelpunkt, und hier wurden auch die Eröffnungsreden und die Pressekonferenz gehalten. In den deutschen Nachrichten aus jener Woche sind sie in Ausschnitten zu sehen, wobei die Redenden auf den Stufen des Pergamonaltars standen und die Menge den großen Saal füllte. Die „Gaumont-Wochenschau" zeigte 1930 einen Beitrag zum „100jährigen Jubiläum der Berliner Museen"-(zur Eröffnung des Pergamonmuseums), und es wurden Reden aus dem Raum mit dem Pergamonaltar und das Markttor von Milet gezeigt, bevor die Prozessionsstraße, der Thronsaal von König Nebukadnezar und die glasierten Ziegel zu sehen waren. Der Name Ischtar fällt in den Bildunterschriften nicht. Eine andere Wochenschau-Schlagzeile lautete „Auferstandenes Altertum", wobei die Fassade des Pergamonaltars zu sehen war und es darum ging, dass die zwanzig Jahre dauernde Bauzeit nun endlich vorbei war.[206] Diese Schlagzeilen zeigen vielleicht, dass die griechisch-römische Antike immer noch die meiste Anziehungskraft besaß. Danach strömten die Menschen durch die Prozessionsstraße. Diese Ausstellung bot dem Publikum eine ganzheitliche Erfahrung, bei der man von Raum zu Raum durch verschiedene Kulturen und historische Epochen wandeln konnte.

Eine Wirkung der Ausstellung bestand darin, dass die in Babylon herrschende Opulenz herausgestellt wurde. Nach Aussage Walter Andraes sollte das monumentale Ausmaß der Funde aus Babylon gezeigt werden, um dem Publikum „einen Begriff ... von der Gewalt der Nebukadnezar-Kunst" zu geben, die nur durch die schiere Größe vermittelt werden konnte. An Stelle der Harmonie und des Ebenmaßes der Griechen verlangte die Ausstellung zu Babylon nach „Massenhaftigkeit", also Wuchtigkeit.[207] Auch die vorzügliche Rekonstruktion der Prozessionsstraße und des Ischtar-Tors hatte eine überwältigende Wirkung auf das Publikum und brachte die Kunstfertigkeit in der Keramik des antiken Babylon gut zur Geltung.[208] Erstmals wurde asiatische Kunst hier in einem europäischen Museum in derart monumentaler Weise ausgestellt.[209] Noch lange Zeit bildete die Ausstellung einen Anziehungspunkt für die BesucherInnen.

In ihren letzten Teilen wurde sie – unter anderem wegen wirtschaftlicher Probleme – erst 1936 fertiggestellt. Andrae beschaffte die Mittel für die Schau unter anderem durch den Verkauf rekonstruierter Löwenreliefs an Museen auf der ganzen Welt. Obwohl die Ausstellung zunächst nur etwa zehn Jahre gezeigt

---

[206] Gaumont-Wochenschau von 1930, Filmarchiv Berlin, 1930; Emelka-Wochenschau (Münchener Lichtspielkunst GmbH [M.L.K.]) 1930.
[207] Andrae, Berliner Museen, 111–112.
[208] The New York Times, 26. April 1931.
[209] The New York Times, 6. September 1931. Auch wenn es so in der Times dargestellt wird, könnte man dagegenhalten, dass die in der Mitte des 19. Jh. im Britischen Museum ausgestellten assyrischen Skulpturen ebenfalls monumental und beeindruckend waren. Neu war jedoch in Berlin in jedem Fall, dass durch die Ausstellung der Eindruck hervorgerufen wurde, sich in der antiken Stadt zu befinden.

wurde, mutmaßte Andrae: „Millionen von Menschen strömten bis zum zweiten Krieg durch unsere Säle".[210] In den 1930er Jahren entwickelte Andrae für Gruppenführungen durch das Museum eine Art Aufführung der Prozession auf der Prozessionsstraße.[211] Mit Hilfe von Musik und Licht schuf er eine Atmosphäre, die die BesucherInnen in die Antike versetzen sollte. Dies war vielleicht eine der ersten „Sound and Light"-Shows, wie sie sich heute an touristisch frequentierten Orten großer Beliebtheit erfreuen.

Im Krieg blieb der ortsgebundene Teil der Ausstellung weitgehend verschont. Die transportablen Werke jedoch wurden 1946 von den russischen Besatzern mitgenommen und erst 1953 zurückgegeben; öffentlich konnte sie nicht vor 1958 wieder betrachtet werden. Seit der deutschen Wiedervereinigung im Jahr 1990 können BesucherInnen aus der ganzen Welt die Ausstellung sehen, und schließlich ist die vollständige Sammlung restauriert worden, um die verschiedenen Sammlungen nach der jahrzehntelangen Trennung zusammenzuführen und zu aktualisieren. Im Jahr 2008 zeigte das Pergamonmuseum – gemeinsam mit dem Louvre in Paris und dem Britischen Museum in London – eine große Babylon-Ausstellung, die rund eine halbe Million Besucher anzog. Im Museum ist nun auch eine bedeutende Sammlung islamischer Kunst zu sehen.[212]

Der gesellschaftspolitische Kontext der Ausgrabungen in Babylon und der Babylon-Ausstellung

Der gesellschaftliche, politische und intellektuelle Kontext von 1930 war ein völlig anderer als der während der ersten französischen und britischen Ausstellungen assyrischer Funde Ende der 1840er Jahre. Obwohl die deutsche Babylon-Grabung sich zu Beginn in ihrer nationalistischer Begründung und imperialistischen Ideologie kaum von den früheren französischen und englischen Ausgrabungen in Assyrien unterschied, veränderte sich der Kontext durch die deutsche Niederlage im Ersten Weltkrieg grundlegend. In der Kaiserzeit betrachtete sich Deutschland als neuen imperialistischen Akteur und bean-

---

[210] Andrae, *Lebenserinnerungen*, 280.
[211] Andrae, *Lebenserinnerungen*, 277–286.
[212] Im Jahr 2017 wurde das Museum erneut umgebaut, und zusammen mit der sukzessive erweiterten Online-Datenbank haben die Staatlichen Museen zu Berlin (SMB) auf ihrer Homepage auch eine Reihe von online- und virtuellen Präsentationen veröffentlicht: https://www.smb.museum. Während der Corona-Pandemie 2020 hat das Museum zudem eine Führung als Youtube-Video veröffentlicht: https://www.youtube.com/watch?v=GRzFr6WdyBc. Auch wurde zur Babylon-Ausstellung 2008 eine eigene DVD erstellt: *Babylon. Mythos und Wahrheit*.

spruchte den ihm angeblich zustehenden Platz unter den Großmächten. Doch das Ende des Ersten Weltkriegs bedeutete für Deutschland eine schwere politische Demütigung; durch die vielen Kriegstoten und -versehrten und durch den Hunger war das Volk zermürbt, die Wirtschaft des Landes lag am Boden, das Kaiserreich löste sich auf, und eine völlig neue Zeit begann.

Im Hinblick auf die archäologische Methodik wurden die Ausgrabungen in Babylon in deutlich anspruchsvollerer Weise durchgeführt als die früheren Ausgrabungen des 19. Jh., worin sich auch die Entwicklung archäologischer Techniken und Ansätze zeigt. Es wäre zu erwarten gewesen, dass sich in der Präsentation ein stärkeres Bewusstsein für den zeitgenössischen politischen und ideologischen Kontext der Archäologie nach dem Ersten Weltkrieg spiegelt. Doch immer noch findet sich in der Ausstellung imperialistisches Denken, wie ich weiter unten noch näher ausführen werde. Diese Tatsache zeugt von der grundlegenden Bedeutung des europäischen Denkens des 19. Jh. für die Präsentation und Bewahrung von Wissen. Darüber hinaus war realpolitisch gesehen mit dem Ende des Ersten Weltkriegs noch nicht das Ende des Imperialismus gekommen.

Ein wirklicher Unterschied zwischen der Zeit der ersten Mesopotamien-Ausstellungen in den 1840er Jahren und der Babylon-Ausstellung von 1930 bestand darin, dass die Zeit der großen Entdeckungen nun tatsächlich vorbei war. Die Ausgrabung Babylons fand in der letzten Phase dieses Drangs nach neuen Entdeckungen statt. Roald Amundsen gewann 1911 den Wettlauf zum Südpol, Machu Picchu wurde 1911 vom amerikanischen Historiker Hiram Bingham entdeckt, die Flüsse Afrikas wurden kartographiert, und sogar für weite Teile des Amazonas wurden nun Karten gezeichnet, wenn auch manche Teile nicht entdeckt wurden – man denke nur an den Amerikaner Percy Harrison Fawcett, der 1925 bei der Jagd nach verlorenen Städten im Dschungel des Amazonas verschwand.[213] In vielerlei Hinsicht markiert die Babylon-Ausgrabung den Übergang von einem auf Sensationen ausgerichteten Ansatz der archäologischen Forschung zu einer modernen, gründlichen, wissenschaftlichen Herangehensweise. Auf diese Weise trugen die Deutschen mit ihrer akribischen und streng kontrollierten Methodik dazu bei, dass sich die Archäologie zu einer wissenschaftlichen Disziplin entwickelte. Womöglich ist dieser nüchterne Ansatz auch die Erklärung dafür, warum das deutsche Team nicht viel Aufhebens davon machte, dass es keinen Turm in Babylon gab.

Trotz der Unterschiede zwischen dem Imperialismus des 19. Jh. und den 1930er Jahren hat sich das Museum in vielerlei Hinsicht wie eine Verkörperung des deutschen Imperialismus und seiner Folgen präsentiert. Das Museum bot Rekonstruktionen aus Gebieten des Nahen Ostens dar, in denen Deutschland sich betätigt und seine Ambitionen zum Ausdruck gebracht hatte: von der hellenistischen und römischen Kultur im Westen mit Pergamon und Milet über

---

[213] Grann, *The Lost City of Z*.

die mesopotamische Kultur im Osten mit Babylon bis hin zu Jordanien und Syrien im Süden mit der islamischen Kunst. Bis auf die islamische Sammlung wurden die antiken Kulturen rein architektonisch, quasi als leere Hüllen präsentiert. Die Ausstellung wurde durch Monumentalarchitektur wie den Pergamonaltar und das Markttor von Milet sowie das Ischtar-Tor mit der Prozessionsstraße gerahmt. Es wurde jedoch kaum der Versuch unternommen, innerhalb dieses Rahmens irgendeine Form gelebter Kultur zu präsentieren. Den BesucherInnen begegneten die Bauwerke als Kunstwerke.[214]

Hiermit verband sich auch ein Strang von Delitzschs Gedanken, wonach in Babylon die Wurzeln des wahrhaft Arischen lagen. Er hatte behauptet, dass die biblische – also semitische – Tradition das babylonische Erbe gekapert habe.[215] Das mag zwar angesichts der Tatsache, dass das Akkadische eine semitische Sprache ist, befremdlich und unlogisch klingen, doch für Delitzsch lag darin etwas Ursprüngliches und „Deutsches", zu dem man durch die materielle Kultur Babylons, seine Architektur und Ästhetik Zugang bekommen konnte. Weil die Bibel dabei keine Rolle spielte, blieben die biblischen Vorstellungen von Babylon außen vor, was sich womöglich auch auf die Konzeption der Ausstellung auswirkte. Zusammen mit der ästhetischen Schwerpunktsetzung auf die Monumentalarchitektur und den Nachbau antiker architektonischer Formen verzichtete das Museum auf jedwede Verbindung zur Bibel, die noch nicht einmal als Bezugspunkt für Nebukadnezar vorkam.

Mit dem Jahr 1930 ging die Weimarer Republik allmählich ihrem Ende entgegen; der Reichstag hatte immer weniger Macht, und die Regierung arbeitete überwiegend mit Hilfe von Notverordnungen. Hitlers Übernahme der Regierung zeichnete sich seit den Wahlen im September 1930 ab, als die NationalsozialistInnen über 18% der Stimmen für sich verbuchen konnten. Insofern fällt die Eröffnung des Pergamonmuseums mit einem historischen Wendepunkt zusammen. Die Ausstellung über eine der mächtigsten Kulturen der Antike – über eine Kultur, die Jerusalem zerstört und die Jüdinnen ins Exil geführt hatte, was sich dem westlichen Bewusstsein durchaus eingeprägt hatte – wurde genau in dem Moment eröffnet, als der Nationalsozialismus seinen ersten bedeutenden Sieg errang. In der Ausstellung wurden Babylons Macht und Glanz gezeigt und Babylon als Hochkultur präsentiert, die ihren Ruf Lügen strafte, mit Verfall und Dekadenz in Verbindung zu stehen; im Idealfall sollte die Ausstellung neue Erkenntnisse über Babylon aus dessen eigenem kulturellen Kontext heraus vermitteln, die mit einer Art deutschem Ethos stärker in Verbindung gebracht wurden als mit der biblischen Tradition.

Einer der Höhepunkte der Ausstellung ist die Prozessionsstraße und damit ein Ort, der mit der Zurschaustellung jüdischer Kriegsgefangener in Verbindung gebracht werden kann, wie das beispielsweise in der Oper *Nabucco* (siehe

---

[214] Can Bilsel, *Antiquity on Display*.
[215] So am deutlichsten in Delitzsch letztem Buch *Die große Täuschung*.

2. Kapitel) geschieht. Nun wurde diese Straße ausgestellt, und auch wenn es hierbei nur darum ging, den Ruhm Marduks und der antiken babylonischen Religion sichtbar zu machen, so geschah dies doch in Berlin und damit in der Stadt, in der die Regierung nur wenige Jahre später beschließen sollte, das jüdische Volk auszurotten. Rückblickend erscheint vor diesem Hintergrund das ganze Babylon-Projekt in seltsam ironischem Licht, weil der erste Geldgeber der Ausgrabung in Babylon ein Jude war. Es ist gut möglich, dass die historische Bedeutung der Prozessionsstraße im antiken Babylon, das *Akitu*-Fest, das *Enuma elisch* und die babylonischen Gottheiten vom damaligen Kontext Berlins und von Bildern überlagert wurden, die der künstlerischen Vorstellungskraft sowie dem allgemein bekannten Wissen entsprangen.[216]

Auch in ganz anderer Hinsicht hat die Art und Weise, in der Andrae Babylon dargestellt und vermittelt hat, sichtbare Spuren in unserer heutigen Gesellschaft hinterlassen. Andraes kreative Vorstellung davon, wie die Gebäude, Türme und Mauern Babylons ausgesehen haben mögen, lässt sich an einer Reihe architektonischer Entwürfe aus dem Berlin der 1920er Jahre festmachen. ArchitektInnen verwendeten in ihren Plänen von Wolkenkratzern und Monumentalbauten vor allem Wandpfeiler bei Fassaden und Zinnen am oberen Gebäudeabschluss.[217]

Für Hitler schließlich passte der Museumskomplex gut zu seinen ehrgeizigen und grandiosen Plänen, Berlin nach dem Vorbild Babylons, Roms und ägyptischer Städte in die „Welthauptstadt Germania" zu verwandeln. Das 1936 fertiggestellte Olympiastadion war ein Teil dieses Vorhaben, der – entworfen vor allem von Albert Speer, dem Chefarchitekten des Dritten Reichs – tatsächlich umgesetzt wurde.[218]

Der Dokumentarfilm *Berlin Babylon* aus dem Jahr 2001 stellt zwischen Babylon, Berlin und großen Bauprojekten eine Verbindung her. Im Film wird eines der größten städtischen Bauprojekte der letzten Zeit dokumentiert, nämlich die Entwicklung des Areals, auf dem die Berliner Mauer einst stand. Die Musik für den Soundtrack wird von den *Einstürzenden Neubauten* gespielt, der legendären Band an der Schnittstelle von Industrial Rock und avantgardistischer zeitgenössischer Musik. Die Band spielt oft auf selbstgebauten Instrumenten aus Industrieabfällen und -resten. In dieser Schilderung der so einmaligen Stadtgeschichte – zu der nicht nur einige der größten Bauprojekte der Welt gehören,

---

[216] Mir sind aus der damaligen Zeit keine entsprechenden Reaktionen bekannt, und so assoziiere vielleicht nur ich – auf der Grundlage überlieferter Vorstellungen von Babylon – die Prozessionsstraße mit jüdischen Gefangenen, was die BesucherInnen in den 1930er Jahren womöglich nicht getan haben.

[217] Cramer, *Rebuilding the Past*. In diesem Artikel zeigen Fotografien und Pläne eine direkte Verbindung zwischen den publizierten Rekonstruktionen und Zeichnungen von Koldewey und Andrae einerseits und Entwürfen und Plänen zeitgenössischer Gebäude andererseits.

[218] Die „Welthauptstadt Germania" wird von Large, *Berlin*, 300–306 beschrieben.

sondern auch großflächige Zerstörung, der höchst ambitionierte Anspruch, das Zentrum der Welt zu sein, und das Trauma der Teilung – wird das Berlin des 20. Jh. immer wieder mit Babylon identifiziert.[219]

Babylon anschaulich machen

Nach den Ausgrabungen zwischen 1899 und 1917 wurden die archäologischen Erkenntnisse über Babylon auf verschiedene Weise veranschaulicht. So waren beispielsweise schon lange vor der Ausstellung von 1930 Zeichnungen und Modelle, Karten und bildliche Rekonstruktionen von Teilen des antiken Babylon auf Grundlage der Ausgrabungen angefertigt worden. Hierdurch wurde versuchte, die Vergangenheit nachzubilden, ähnlich wie es Künstler und Architekten wie Athanasius Kircher und Johann Bernhard Fischer von Erlach im 17. und 18. Jh. getan hatten (siehe 4. Kapitel). Wie sah das Babylon Nebukadnezars aus?

Zu den neuen Darstellungen nach 1900 zählen Zeichnungen und Aquarelle von Koldewey und Andrae. Koldewey entwarf eine Rekonstruktion der Zikkurat, die sich deutlich von Herodots Beschreibung unterscheidet. Walter Andraes Schwester Elisabeth fertigte mehrere unterschiedliche Gemälde von kompletten Stadtansichten an, die im Museum zu sehen sind. Auch wurden Modelle auf Grundlage genauer archäologischer Angaben erstellt. Dabei handelt es sich nicht im engeren Sinne um Kunst, aber auch nicht um Abbildungen der Wirklichkeit. Das heute im Museum gezeigte Modell der Zikkurat beruht auf tatsächlichen Angaben, aber ebenso auf der Vorstellungskraft und der Fähigkeit zur Visualisierung dessen, was hätte sein können. Mit Hilfe von Modellen wird versucht, die Wirklichkeit nachzubilden, wobei sie trotzdem *Rekonstruktionen* sind, die darauf abzielen, ganze Gebäude und Landschaften sichtbar zu machen. Dabei handelt es sich nicht um die wirkliche Vergangenheit, denn diese existiert nicht mehr.

Wenn diese Rekonstruktionen zusammen mit den bei Ausgrabungen gefundenen materiellen Überresten einer Kultur in einem Museum ausgestellt werden, kann die Grenze zwischen Phantasie und Wirklichkeit verschwimmen. Walter Andrae war sich sehr wohl bewusst, dass die rekonstruierten Denkmäler im Pergamonmuseum nicht das vergangene Babylon nachbilden sollten. Seiner Ansicht nach war das schon deshalb nicht möglich, weil die Objekte von ihrem Entstehungsort entfernt worden waren und sich nun in einem Museum befanden. Seines Erachtens sollten die MuseumsbesucherInnen dabei unterstützt

---

[219] Drehbuch und Regie des Films lagen in den Händen von Hubertus Siegert; http://www.imdb.com/title/tt0276819/.

werden, vor ihrem inneren Auge eine eigene Vorstellung vom antiken Babylon entstehen zu lassen. Andrae hatte erkannt, dass die Vergangenheit immer gegenwärtig ist und immer neu erschaffen wird. Diese Unterscheidung zwischen dem einst Gewesenen und dem neu geschaffenen visuellen Erlebnis ist recht abstrakt. Deshalb und wegen der hohen Anforderungen, die dadurch an die BesucherInnen und die BetrachterInnen der Bilder in Büchern oder Videos gestellt werden, wird diese Unterscheidung in der Regel nicht vorgenommen. Weiter erschwert wird sie durch die Tatsache, dass die Architektur des 20. Jh. „babylonische" Merkmale aufweist.

Abb. 8.7: Rekonstruktion der Zikkurat von Babylon
Foto: Olaf M. Teßmer

Die Unterscheidung zwischen der Vergangenheit, die vorüber ist, und ihrer Neuschöpfung, die nun zu erleben ist, wird noch nicht einmal von allen MuseumskuratorInnen deutlich markiert. Ein Beispiel dafür, dass dieser Unterschied nicht kenntlich gemacht wird, ist die große gemeinsame Ausstellung über Babylon von 2008, die in Paris, Berlin und dann in London zu sehen war. Der Titel der Berliner Ausstellung lautete *Babylon: Mythos und Wahrheit* (im Englischen dagegen: *Babylon: Myth and Reality*, wobei Letzteres mit „Wirklichkeit" wiederzugeben wäre). Mit dieser Gegenüberstellung wird angedeutet, dass es eine klare Unterscheidung zwischen dem geben könnte, was sich als

Mythos beziehungsweise als Wahrheit oder Wirklichkeit bezeichnen ließe. Diese Themensetzung von „Mythos und Wirklichkeit" könnte als heuristischer Rahmen und Ausgangspunkt für eine Diskussion über schwirige und unscharfe Unterscheidungen auf dem Gebiet der Geschichte dienen, und in diesem Sinne wurde sie auch bei der Londoner Ausstellung verwendet. In Berlin wurde dies jedoch anders gehandhabt, und es war ziemlich klar, dass die KuratorInnen stärker von einer Entgegensetzung ausgingen. Das zeigte sich darin, dass die Berliner Ausstellung deutlich in zweigeteilt war, weil die Räume in zwei verschiedenen Teilen des Museums und sogar in unterschiedlichen Stockwerken zu finden waren. Die Publikation zur Ausstellung ist in zwei Bänden erschienen, von denen einer den Titel *Mythos* und der andere den Titel *Wahrheit* trägt. Auch durch die Präsentation der Exponate und die Überschriften wurde betont, dass die Vorstellung der Mythen nicht richtig war: „Es war kein Turm! Es war keine Hure! Babylon war kein Babel!", wobei die Ausgrabungen die Wahrheit enthüllen sollten.[220] Ein Kapitel des „Wahrheits"-Bandes fasst unter dem Titel „Transformation" eine Reihe von Artikeln zusammen, in denen verschiedene Entwicklungen im Nachleben Babylons diskutiert werden. Indem die KuratorInnen die Neuschöpfung des Vergangenen als Darstellung der Realität, als das im Gegensatz zum Mythos stehende „wahre Babylon" deklarieren, heben sie die begriffliche Abgrenzung auf zwischen der Vergangenheit, die vorüber ist, und der Darstellung der Vergangenheit, die immer vom Mythos beeinflusst ist.

Jenseits von Saddam Husseins Babylon-Propaganda

Die Ausgrabungen im Irak wurden allesamt durch den Ersten Weltkrieg unterbrochen, doch in den 1920er Jahren kehrten britische und amerikanische AusgräberInnen zurück. Auch die Deutschen kehrten zurück, um ihre vor dem Krieg begonnenen Ausgrabungen in Uruk wieder aufzunehmen; dies geschah zunächst von 1928 bis 1939 und dann – nach dem Zweiten Weltkrieg – erneut von 1953 bis 1968. Nachdem Saddam Hussein 1979 an die Macht gekommen war, ließ er eine sogenannte Restaurierung der Ruinen von Babylon durchführen. Das Projekt war sogar unter irakischen ArchäologInnen und den Bediensteten des Ministeriums für Kultur umstritten. Diese waren der Ansicht, dass das Projekt die archäologischen Überreste eher zerstören als erhalten würde. Es war dieses wiederhergestellte Babylon, das ich bei meinen Besuchen im Irak zu sehen bekam. Im Rahmen von Saddams Projekt waren Teile der Prozessions-

---

[220] Dies wurde auch in einem Vortrag deutlich, den Joachim Marzahn – der frühere Kustos der Inschriftensammlung des Vorderasiatischen Museums – am 4. Mai 2009 an der Columbia University gehalten hat.

straße und der Palast des Nebukadnezar wieder aufgebaut worden. Saddam hatte – wie die Herrscher des antiken Mesopotamien – den Bauprojekten seinen Stempel aufgedrückt, indem er seine eigene Inschrift mit folgendem Inhalt anbringen ließ:

> „Unter der Herrschaft des siegreichen Saddam Hussein, des Präsidenten der Republik – möge Gott ihn bewahren –, des Beschützers des großen Irak, des Erneuerers seines Wiederauflebens und des Erbauers seiner großen Kultur; die Restaurierung der großartigen Stadt Babylon wurde 1987 abgeschlossen."[221]

Abb. 8.8: Ein Ziegelstein mit der Inschrift, die an
Saddam Husseins „Wiederaufbau" in den 1980er Jahren erinnert
Foto: Rannfrid I. Thelle, 2001

Diese Inschrift wurde auf Ziegelsteinen an den neuen, von Saddam Hussein errichteten Mauern angebracht. Saddam ließ auch das griechische Theater von Babylon wieder aufbauen und organisierte ab 1987 jedes Jahr große Festspiele, die zwischen zehn Tagen und einem Monat dauerten. Daran nahmen auch – häufig auf Einladung des Regimes – Gäste aus dem Ausland teil. Das Komitee des „Babylon-Festivals" ist im Rahmen der Propaganda Saddam Husseins zu sehen, deren Motto hier lautete: „Von Nebukadnezar bis zu Saddam Hussein erhebt sich Babylon von neuem zur Erbauung und mit ehrenvollem Dschihad [Bemühen]". Auch beschrieb das Komitee das Festival als „Erbe und Erneuerer

---

[221] Zum Restaurierungsprojekt siehe z. B. Curtis, *The Site of Babylon Today*, 213–216. Ein hervorragendes Buch über die Rolle der Archäologie bei der Schaffung einer nationalen Identität im modernen Irak ist Bernhardsson, *Reclaiming a Plundered Past*. Einen praktischen Einblick in Saddams Restaurierungsprojekt sowie Informationen über neuere Erhaltungs- und Schutzbemühungen des World Monuments Fund vermitteln Harris und Zucker, *Visiting Babylon. A Conversation With World Monuments Fund*, 15. Oktober 2015: https://www.youtube.com/watch?v=ya1Io0F468c.

der hehren, echten, seit der Antike weitergegebenen Qualitäten, vor allem die der Erneuerung und Bekräftigung der Treue gegenüber dem Führer des Landes". Beim Babylon-Festival wurde die historische Aura des alten Babylon benutzt, um Saddam Hussein zu glorifizieren und seine Macht zu legitimieren. Das Festival fand jährlich von 1987 und 1989 sowie von 1992 bis 2002 statt und damit in den Jahren, als der Irak den härtesten Sanktionen ausgesetzt war, die es zu dieser Zeit gab.[222]

Auch in anderer Hinsicht ließ sich Saddam von den Herrschenden des Altertums inspirieren, und er ließ es sich auch nicht nehmen, Gebäude nicht nur wieder aufzubauen, sondern auch selbst neu zu errichten. In Babylon stand einer der vielen berühmt-berüchtigten Paläste Saddam Husseins. Dieses Bauwerk wies Elemente mehrerer historischer Epochen auf: Es sah aus wie eine Zikkurat und war mit architektonischen Details aus der Antike sowie der hellenistischen und islamischen Zeit versehen. Es war aufwändig verziert und besaß große, marmorverkleidete Flächen und Wandmalereien, bei denen Szenen aus dem alten Babylon mit heutiger Propaganda verbunden wurden. Von Einheimischen war zu hören, dass für den Bau des Palastes tausende Menschen vertrieben wurden. Im Sommer 2010 sendete der Comedian Stephen Colbert eine Reihe von Shows aus einem anderen der obskuren Paläste Saddams in der Nähe von Bagdad.

Abb. 8.9: Palast Saddam Husseins auf dem Areal des antiken Babylon
Foto: Rannfrid I. Thelle, 2001

---

[222] Die Fortführung des Babylon Festivals 1992 nach einer dreijährigen Unterbrechung wurde von Leon Barkho in seinem Artikel im *Independent* vom 20. September 1992 als Akt des Widerstands gegen die Sanktionen dargestellt. Einige ausschnitthafte Beschreibungen des Babylon Festivals finden sich bei Paul Kriwaczek, *Babylon. Mesopotamia and the Birth of Civilization*. Das Babylon Festival der Saddam-Zeit ist nicht mit dem jedes Jahr in Australien stattfindenden Musikevent zu verwechseln.

Nach 2003 war Saddam Husseins Babylon Geschichte, und der Irak machte sich auf in eine neue und ungewisse Zukunft. Die Präsentation Babylons und anderer Stätten des kulturellen Erbes im Irak ist nun in ein komplett anderes Narrativ eingebettet als bei meinen Besuchen in den frühen 2000er Jahren. Insofern ist auch das Babylon, das ich besucht hatte und das von den Experten der Saddam-Ära präsentiert worden war, in dieser Form nicht mehr vorhanden. Nach dem Sturz des Saddam-Regimes im Jahr 2003 stellt sich der Kontext Babylons nun anders dar.

Die US-amerikanischen und polnischen Militärstützpunkte, die in Babylon errichtet wurden, waren umstritten und richteten vor Ort einige Schäden an.[223] Seit der Räumung der Militärstützpunkte bemühen sich internationale Gruppierungen und der neue irakische Staat in seinen unterschiedlichen Ausprägungen um die Erhaltung und Wiederherstellung der Örtlichkeit. Unermüdlich wird daran gearbeitet, dass Babylon auf die Liste des UNESCO-Weltkulturerbes gesetzt wird. Die Instabilität des Irak stellt irakische ArchäologInnen und NaturschützerInnen bei dem Versuch, eine gute Politik und Praxis zum Schutz des Kulturerbes zu erreichen, bisweilen vor unüberwindliche Schwierigkeiten. Dieser Kontext ist maßgeblich durch das Erbe des Kolonialismus und die ständigen Kriege seit 2003 geprägt.

Zweifellos hat Saddam Hussein Babylon für seine eigene Propaganda instrumentalisiert und den Ort in einer Weise präsentiert, die einer nationalen Agenda verpflichtet war. Aber andere Interpretationen und Herangehensweisen – inklusive meiner eigenen – unterscheiden sich davon im Kern nicht. Alle sind von ihren individuellen Vorurteilen und Verständnisrahmen sowie von ihrem jeweils eigenen Blickwinkel geprägt, auch wenn das vielleicht nicht immer so offenkundig ist wie bei Saddam Husseins Babylon. Als Grund für die Baumaßnahmen der 1980er Jahre führte das Saddam-Regime an, Babylon restaurieren zu wollen. Es wurde behauptet, dass die Deutschen alles mitgenommen und nur die unter der Erde befindlichen Überreste zurückgelassen hätten. Saddam ließ neue Fundamente für das Ischtar-Tor errichten, damit es nach der – vom Irak geforderten – Rückgabe durch Deutschland wieder an alter Stelle stehen könnte. Dies war das gängige Narrativ, und so wurde Babylon als Ort in der Saddam-Ära durchgängig präsentiert. Dieses Narrativ vereinfacht natürlich und stellt, wie wir gesehen haben, die Arbeit der deutschen Archäologie unzutreffend dar. Auch wenn die Wahrheit ganz anders ausgesehen hat, ist das irakische Narrativ so überzeugend, dass es von JournalistInnen und anderen, die über Babylon schreiben, beharrlich wiederholt wird.

Das Narrativ vom gestohlenen Tor mag mit dem, was wirklich geschehen ist, nicht viel zu tun haben. Das sollte aber nicht darüber hinwegtäuschen, dass eine kritische Diskussion darüber geführt werden muss, wie westliche Ausgrä-

---

[223] Curtis, *The Site of Babylon*, 216–220; Bahrani, *The Battle for Babylon*, 165–171 in: Stone und Bajjaly, *The Destruction of Cultural Heritage in Iraq*, sowie weitere Beiträge in diesem Band.

berInnen Artefakte und Überreste der materiellen Kultur aus anderen Ländern weggeschafft und in ihren Museen ausgestellt haben. Die Fragen um das archäologische Vorgehen sowie die Verantwortung für die Erhaltung des Kulturerbes und die Zeugnisse aus der Vergangenheit sind anspruchsvoll und komplex und erfordert eine eingehendere Auseinandersetzung. Die Diskussion wird auch dadurch erschwert, dass politische und ethische Belange hineinspielen wie etwa nationale Bestrebungen oder die Frage, wer die Funde rechtmäßig besitzt.[224] Sollten beispielsweise die Artefakte in die Zuständigkeit des Staates fallen, der am betreffenden Ort die Hoheitsgewalt besitzt, oder sollten sie auch anderswo in der Welt ausgestellt werden? Wie schützt man materielle kulturelle Hinterlassenschaften vor Vandalismus, zu dem es beispielsweise bei der Zerstörung der Buddha-Statuen durch die Taliban im afghanischen Bamiyan oder bei der Zerstörung von Denkmälern in Mossul durch den „Islamischen Staat" gekommen ist? Wie kann ein ausreichender Schutz vor Zerstörungen durch Krieg, illegale Grabungen, Naturkatastrophen, Verwitterung und das Vordringen von Siedlungen oder landwirtschaftlicher Nutzung aussehen? Zudem ist bei jeder Interpretation und Präsentation der Funde Vorsicht angezeigt, wie auch bei der Frage, wer das Recht hat, in diesen Fragen zu entscheiden. Die meisten Präsentationen und Darstellungen der Antike für ein breites Publikum zeichnen sich mehr oder weniger durch Vereinfachungen und Übertreibungen aus. Saddams Babylon bietet hierfür ein sehr gutes Beispiel.

Kunst, Kultur und das neue Babylon

Wie sieht es mit Babylons Weiterleben im Bereich der Kultur einschließlich der Populärkultur *nach* der großen Ausgrabung aus? Lässt sich in neueren künstlerische Darstellungen Babylons neues Wissen erkennen, oder leben die alten Vorstellungen weiter? Ein kurzer Blick auf die zeitgenössische Kunst und von ihr verwendete Babylon-Motive zeigt, dass die meisten Kunstwerke auf historisches oder archäologisches Wissen ebenso gut verzichten könnten. Dies belegt erneut, dass in der Kunst eine andere Agenda verfolgt wird als die Vermittlung geschichtlicher Informationen. Von den zahlreichen Beispielen hierfür fällt mir die urbane Landschaft in Fritz Langs Film *Metropolis* aus dem Jahr 1927 ein, bei dem in mehreren Versionen der Turm zu Babel zu sehen ist, der sich an Bruegels Vorbild des Turmbaus aus dem 16. Jh. anlehnt. Der im legendären Studio Babelsberg produzierte Film nutzt den Turm zu Babel sowohl als Inspiration für den zentralen Turm am Set als auch metaphorisch im Handlungsablauf wie in der Erzählung. Der Turm zu Babel wird zu einem Symbol für die

---

[224] Siehe Cuno und andere, die am Anfang dieses Kapitels genannt wurden.

entfremdenden und entpersönlichenden Aspekte des Fortschritts sowie der städtischen Massengesellschaft, in der die Menschen nur als schiere Arbeitskraft ausgebeutet werden. Ohne Zweifel scheint das biblische Babylon an manchen Stellen in der filmischen Erzählung auf: Der Turm zu Babel ist zu sehen, wenn ProtagonistInnen die Feindschaft zwischen den Arbeitern und den Machthabern erklären, und die „Hure Babylon" gehört zum Phantasiebild vom Ende der Welt.

Abb. 8.10: Turm zu Babel; M.C. Escher, Druck, 1928

Ein vom Turm zu Babel inspiriertes modernes Bild mit Kultstatus ist der Holzschnitt des niederländischen Künstlers M. C. Escher (1898–1972) aus dem Jahr 1928. Eschers Arbeit blickt von oben auf den Turm, was in der Kunst ungewöhnlich ist. Ist das die Perspektive Gottes? Das Bild zeigt den ins Stocken geratenen Bauprozess. Auch kommentiert es das Sprachengewirr, weil die Arbeitenden sowohl schwarz als auch weiß sind. Es bleibt unklar, ob sie sich miteinander verständigen können, doch offensichtlich ist, dass die bildliche Darstellung mit den Vorstellungen von Perspektive und Illusion spielt.

Interessant ist, dass von Futurismus und Science-Fiction inspirierte Kunstwerke oft Konstruktionen zeigen, die sich von der Archäologie haben inspirieren lassen, wie etwa von der Form einer Zikkurat. Das lässt sich anhand einer kurzen Google-Suche feststellen. Anders gesagt: In Kunstwerken, in denen gerade keine historischen Szenen dargestellt werden, finden sich paradoxerweise eher korrektere Darstellungen des Turms.

In der westlichen Literatur begegnet uns das Motiv Babel bzw. Babylon auf Schritt und Tritt. Andrew Scheil unterteilt seine Analyse von Babylon in der westlichen (meist englischen) Literatur in die Abschnitte „politische Metapher", „degenerierter Archetyp" und „außergewöhnlicher Topos".[225] Diese Beispiele stimmen gut mit den Beobachtungen überein, die wir bisher während unseres Durchgangs gemacht haben – wir sind dem „bösen Imperium" begegnet, der Stadt der Dekadenz und der Vorstellung von Babylon als einer Stadt des Untergangs und der Katastrophe, aber auch eines Utopia.

Dass die biblische Turmgeschichte als sinnbildlich und inspirierende, innovative wie subversive Erkundung des Zusammenlebens, der Organisation und des Strebens der Menschen über lange Zeit prägend gewesen ist, zeigt sich in Franz Kafkas Kurzgeschichten *Das Stadtwappen* und *Beim Bau der Chinesischen Mauer*, die beide 1931 posthum veröffentlicht wurden. In der ersten Erzählung nimmt der Bau des Turms zu Babel einen guten Anfang, doch nach und nach wird er zu einem Unterfangen, das seine eigene konfliktreiche Dynamik entwickelt und zu einem Projekt wird, in das die verschiedenen Bereiche der Stadt und die kommenden Generationen auf unheilvolle Weise verstrickt sind. Schließlich fließen alle aus dem Stadtkern entsprungenen Geschichten in einer Prophezeiung über die Zerstörung der Stadt zusammen, weshalb das Stadtwappen eine Faust zeigt. Das Bauvorhaben wird in den Hintergrund gedrängt, weil man seine Zerstörung erwartet. Auch in der Geschichte über die Chinesische Mauer geht es um die Themen der menschlichen Organisation, des Erbauens und der Zusammenarbeit. Im Abschnitt über den Turm zu Babel preist der Erzähler die chinesische Mauer im Gegensatz zum Turm zu Babel, und vor allem lobt er deren Fundamente und bekundet, dass die chinesische Mauer das Fundament für einen neuen Turm zu Babel abgeben könnte. Wie absurd dies ist, zeigt sich in der Feststellung des Erzählers, dass die chinesische Mauer

---

[225] Scheil, *Babylon Under Western Eyes*.

nicht ansatzweise ringförmig sei. Seine Schlussfolgerung lautet, dass der Gedanke, die chinesische Mauer könne das perfekte Fundament bilden, nur in spirituellem Sinn gelten könne, was die Aussichtslosigkeit des Vorhabens unterstreicht. Wie hartnäckig sich die biblische Erzählung als Medium für moderne literarische Erkundungen über das Verhalten und die Psyche der Menschen hält, wird auch in einem von Kafkas Aphorismen deutlich: „Wenn es möglich gewesen wäre, den Turm von Babel zu erbauen, ohne ihn zu erklettern, wäre es erlaubt gewesen".

In vielen Kontexten wird auf Babylon Bezug genommen und Babylon als Metapher verwendet; in *The Babylon Complex* untersucht Erin Runions, wie Babylon als Symbol oder Beispiel im politischen und kulturellen Diskurs in den heutigen USA verwendet wird. Sie stellt fest, dass sich die vielen Bedeutungen Babylons in allen Bereichen öffentlicher Diskurse über Sexualpolitik, Krieg, Terror und nationale Sicherheit finden.[226] Frappierend ist die Dehnbarkeit und Vielseitigkeit Babylons als Metapher. Der Turm zu Babel hat die Architektur immer wieder inspiriert, wobei das Streben nach einem – durch den Turm symbolisierten – Utopia den Turm in der zeitgenössischen urbanen Architektur hat zur Ikone werden lassen.[227]

In der Architektur, der Bildhauerei und der Konzeptkunst wird der Turm zu Babel nach wie vor als Motiv verwendet. BauunternehmerInnen erbauen Wolkenkratzer und Türme und stehen dabei in stetigem Wettbewerb darum, das höchste Gebäude zu erschaffen. Eine relativ neue, von Babylon inspirierte Skulptur ist der Turm des schwedisch-iranischen Künstlers Göran Hassanpour. Im Sommer 2013 präsentierte er seinen Turm aus bunten Computerbildschirmen mit Bildern tropischer Wasserfälle; einen Turm, der einen magischen Ort oder ein Paradies heraufbeschwört. Die argentinische Künstlerin Marta Minujins hat einen Turm aus verbotenen Büchern gebaut, ein Pantheon der Bücher, das nach drei Wochen zerstört wurde; so wurde ihr Werk, als die Bücher an das dort versammelte Publikum verteilt wurden, zu einem Fest der Meinungsfreiheit.

In manchen konservativen oder vielleicht extremen Strömungen der christlichen Theologie haben die Verweise auf die „Hure" Babylon im neutestamentlichen Buch der Offenbarung an wichtiger Stelle Eingang in eine apokalyptische Weltsicht gefunden.[228] Die Vorstellung, dass Babylon eine böse Macht ist und eine Stadt, die zerstört werden wird, ist häufig in Endzeitvisionen anzutreffen. Dabei gilt Babylon als unterdrückerische und falsche Macht, die die Menschen vom rechten Weg abbringt, am Ende aber besiegt wird.

---

[226] Runions, *The Babylon Complex*.
[227] Siehe Lindemann, *Der Turm in der Baukunst*, sowie Wilken, *Architektur-Utopien nach Babylon*; beides in: *Mythos*.
[228] Ein gutes Beispiel dafür sind Dyer und Hunt Dyer, *Der Golfkrieg und das neue Babylon*. Siehe auch Völlnagel, *Babylonische Apokalypse*.

Nicht nur in apokalyptischer Weltsicht bedient man sich der Vorstellung Babylons als Symbol für eine böse und unterdrückerische Macht; vielfach ist dies auch bei Weltbildern der Fall, die zu unterschiedlichen Arten von Verschwörungstheorien neigen. Hierzu zählen etwa Subkulturen mit der Ansicht, dass andere, imaginäre Realitäten wahrer seien als das, was die meisten Menschen als Realität betrachten. Dabei wird der Ausdruck „Babylon-Matrix" verwendet, womit das bezeichnet wird, was die meisten Menschen als Realität ansehen, was aber nach den Denksystemen solcher Menschen in Wirklichkeit nur ein Schatten, eine Illusion oder eine totale, absichtliche Irreführung ist.

„Babylon" bezeichnet auch einen starken und mächtigen, zugleich aber korrupten und unmoralischen Ort. Manchmal werden die heutigen USA so benannt. In der Rastafari-Sprache wird unter Babylon eine Regierung verstanden, unter der man auf Erden leben muss und die das Gegenteil einer freien Gesellschaft ist, die wiederum als „Zion" bezeichnet wird; dabei werden ähnliche Bilder heraufbeschworen, wie sie Augustin in *De civitate Dei* verwendet hat. Gelegentlich wird auch die Polizei eines Staates, der von manchen Menschen als Polizeistaat angesehen wird, als „Babylon" benannt.

In Berlin traf – insbesondere in den 1920er Jahren – der Gedanke, Babylon als Bild für die Großstadt zu verwenden, den Nerv der Zeit. Dies ist das Berlin, dem in der beliebten Fernsehserie *Babylon Berlin* so eindringlich nachgespürt wird. In der Weimarer Republik herrschten auch in Berlin große Gegensätze – es war eine kulturell sehr kreative Zeit, in der sich viele Menschen politisch einbringen konnten und sich auch sonst viele Möglichkeiten boten; es gab einerseits ein opulentes Nachtleben und wildes Feiern, aber auch katastrophale Armut und unverarbeitete Traumata auf der anderen Seite. Vor dem Hintergrund eines echten demokratischen Experiments trieben aber ebenso Kriminalität und politischer Extremismus ihre Blüten.

Auch *Berlin Alexanderplatz* von Alfred Döblin, oft als wichtigster Roman der Weimarer Zeit bezeichnet, verweist auf Motive rund um Babylon. Schon im Schreibstil mit seinen unterschiedlichen Stimmen, Diskursstilen und Zitaten aus verschiedenen Quellen könnte sich das babylonische Sprachengewirr spiegeln. Eine apokalyptische Stimmung mit dem drohenden Untergang wird durch Zitate aus der Offenbarung und durch die Erscheinung der Hure Babylon als Personifikation der Stadt verstärkt.[229] Überraschenderweise ist der Roman, den Döblin nur kurze Zeit später schrieb, nämlich die witzigen und surrealen *Babylonischen Wandrungen*, kaum bekannt und hat wenig Beachtung gefunden. Döblin hat den Roman kurz vor und nach seiner Flucht aus Deutschland 1933 geschrieben. Das Werk handelt von den Irrwegen des gefallenen, aber unbußfertigen babylonischen Gottes Marduk, der später im Roman den Namen Konrad trägt. Das Buch enthält eine eingehende Schilderung des Ortes Babylon, die auf Kodelweys Beschreibung basiert. Im gesamten Roman bedient sich Döblin

---

[229] Beispiele dafür werden in Strzoda, *Berlin – Babylon* genannt.

kultureller Bezüge zu Babylon; das reicht von der Anspielung auf den Stolz im Untertitel „Hochmut kommt vor dem Fall" bis hin zur Macht des Reichs des Bösen und zur Sprachverwirrung.

Es scheint paradox zu sein, dass im Berlin dieser Jahre die Ausstellung des Ischtar-Tors und der Prozessionsstraße entstanden ist. Das metaphorische „Babylon" Berlin ist kulturell so weit von der leblosen Hülle der musealen Architektur des antiken Babylon entfernt, dass man sich fragt, welche Verbindungen zwischen beiden hergestellt wurden – wenn das denn überhaupt der Fall war. Jedenfalls wurden im Museum Führungen durch das Ischtar-Tor und den Thronsaal Nebukadnezars angeboten, während abenteuerlustigen BesucherInnen mit dem Buch *Ein Führer durch das „lasterhafte" Berlin. Das deutsche Babylon 1931* ein inoffizieller Reiseführer durch die „Hauptstadt der Vergnügungen" zur Verfügung stand. Dies war vielleicht der erste jemals veröffentlichte alternative Reiseführer, der reich bebildert war und in dem Schwulenkneipen und auch reine Frauenkneipen vorgestellt wurden. Auch dieses Buch wurde 1933 von Hitler verboten, doch es hat überlebt und wurde zuletzt 2020 neu aufgelegt.[230]

In Hollywood als einem Mittelpunkt der Unterhaltungsindustrie steht „Babylon" metaphorisch für Luxus, Exzesse und einen wilden Lebensstil. Dazu gehört auch das umstrittene Buch über das geheime Leben der Hollywood-Berühmtheiten von 1900–1959, *Babylon Hollywood*, das erstmals 1959 erschienen ist.[231] Im *Urban Dictionary* wird „Babylons" als Begriff aufgeführt, der in einem bestimmten Slang verwendet wird und sich auf die weiblichen Brüste bezieht. Diese Bedeutungsverschiebung könnte mit der Betonung des Exotischen in der westlichen Wahrnehmung des Ostens im 20. Jh. zu tun haben.

Aus dem Bereich der Unterhaltungsindustrie ließe sich auch die von Warner Bros. produzierte Science-Fiction-Fernsehserie *Babylon 5* nennen. Hier ist die Raumstation Babylon 5 der letzte Versuch, eine friedliche und funktionsfähige Gesellschaft zu schaffen. Die Geschichte spielt in der Mitte des 23. Jh. Im Gegensatz zu vielen der zuvor genannten Beispiele steht Babylon hierbei für neue Möglichkeiten und Fortschritte.

In Abwandlung der Turmbau-Handlung können die MitspielerInnen des Spiels *Babel Rising* Gott spielen. Sie können sich verschiedene Katastrophen (einschließlich eines Tsunamis) aussuchen, um die Menschen auszulöschen, die den Turm erbauen. Die Figuren im Spiel sind die Menschen, die unermüdlich an ihren Bauprojekten arbeiten, zu denen der Turm zu Babel, das Ischtar-Tor und die Hängenden Gärten zählen. König Nabo (Nebukadnezar) wird im Spiel

---

[230] Der Verfasser ist Konrad Haemmerling, doch erschienen ist es unter seinem Pseudonym Curt Moreck. Es gibt unzählige literarische, architektonische und kulturelle Verbindungen zwischen Berlin und Babylon; weitere Beispiele und Erkundungen finden sich hierzu bei Polaschegg und Weichenhan, *Berlin – Babylon. Eine deutsche Faszination*; sowie Strzoda, *Berlin – Babylon*.

[231] Anger, *Babylon Hollywood*.

als unterdrückerischer und arroganter Despot dargestellt, als wirklich schlechter Mensch. Er kommt zwar eigentlich im Spiel nicht vor, sondern bleibt im Verborgenen, doch er entscheidet, was gebaut wird, und er ärgert die SpielerInnen, also Gott. Das Design des Spiels ist definitiv von unterschiedlichen Bildern vom Turmbau zu Babel angeregt.

In *Babel Running*, einem anderen Spiel, müssen die Spielenden Steine – allerdings keine Backsteine – tragen, verschiedenen Hindernissen ausweichen und so lange wie möglich am Leben bleiben. Hierbei steht das Babylon-Motiv für Positives wie Zusammenarbeit, Einheit durch Vielfalt, das gemeinschaftliche Aufbauen von etwas oder den Gedanken, dass Menschen durch gemeinsame Anstrengungen etwas erreichen können.

In diesem Zusammenhang ist auch das EU-Parlamentsgebäude in Straßburg zu nennen, weil es eindeutig von Bruegels Turm inspiriert ist. Es ist paradox, dass hierin sowohl die positive, idealistische Vision eines vereinten Europas zum Ausdruck kommt wie auch das Illusorische, die Eitelkeit, der Verrat – oder sogar das Böse –, für die der Turm in der Sicht vieler Menschen steht. So verkörpert der Turm zu Babel in seinen jüngsten Erscheinungsbildern immer noch die gleichen Visionen wie früher: ein Reich des Bösen, aber auch einen Ort, der Chancen und Möglichkeiten bietet. Ein Ort, an dem ein wilder und dekadenter Lebensstil gepflegt wird – oder als ein Ort, an dem die menschliche Kultur ihr positives Ziel erreicht. Ein Ort der Eintracht und ein Ort der Vereinzelung. Und der Turm sticht heraus als das Motiv des antiken Babylon, das immer aufs Neue verwendet wird. Der Turm hat die Geschichte überdauert und ist aus der Begegnung mit dem neuen Babylon gestärkt hervorgegangen. Er hat all seine metaphorischen und symbolischen Bedeutungen beibehalten, die immer wieder auf neue Situationen bezogen werden.

9 Zurück in die Zukunft

Nur drei Jahre nach meinem ersten Besuch in Saddam Husseins Babylon drangen Truppen unter Führung der USA in den Irak ein und setzten Saddam ab. Im Vorfeld der Invasion hatten die irakischen Truppen das Irakische Nationalmuseum in Bagdad als Verteidigungsstellung genutzt, und innerhalb weniger Wochen war das Museum vollständig verwüstet. Während die USA und ihre Verbündeten dafür Sorge trugen, dass das Ölministerium und andere „strategische Ziele" geschützt wurden, war das Museum mit seinen zigtausend Artefakten den Plünderungen schutzlos ausgeliefert.[232]

Nach der Invasion wurde Babylon zu einem Militärstützpunkt sowohl für US-amerikanische als auch für polnische Truppen. Die Ruinen wurden beschädigt. Was sich über der Erde befand, wurde durch die Soldatenstiefel in Mitleidenschaft gezogen. Bislang unversehrte Überreste wurden von Schutzwällen und Gräben durchlöchert, und das Erdreich wurde tonnenweise in Sandsäcke verpackt, so dass es für eine archäologische Erforschung unbrauchbar war. Noch nicht ergrabene Bausubstanz unter der Erde barst durch die Erschütterungen von Hubschraubern und Militärfahrzeugen oder wurde durch in den Boden gelangenden Treibstoff beschädigt. Saddams Palast, der wahrscheinlich nie genutzt worden war, diente nun als militärisches Hauptquartier. Seit 2007 laufen die Arbeiten zur Behebung der in Babylon angerichteten Schäden, und es wurde ein Fonds zum Schutz und zur Verwaltung Babylons eingerichtet, in den auch die USA eingezahlt haben.[233]

Die tragische Ironie dabei ist, dass der europäische Imperialismus die Ausgrabungen legitimierte und es den französischen, englischen und deutschen ForscherInnen selbstverständlich erschien, dass sie sich an den Artefakten und Schätzen bedienten und sie mit nach Hause nahmen. Ein eigentümlicher Schub nationaler irakischer Eigenständigkeit zeigte sich in Saddam Husseins Babylon und in der propagandistischen Ausrichtung, mit der es präsentiert wurde. Dann marschierte der Westen 2003 in das Land ein und richtete dort enorme

---

[232] Mittlerweile ist dies gut dokumentiert in: Polk und Schuster (Hg.), *The Looting of the Iraq Museum, Baghdad*; sowie Emberling und Hanson (Hg.), *Catastrophe! The Looting and Destruction of Iraq's Past*. Matthew Bogdanos, Oberst der US-Marinereservisten, war damals im Südirak stationiert und an den Geschehnissen sehr interessiert, und er unterstützt den Kampf gegen den Antiquitätenschmuggel auch weiterhin; der Titel seines anschaulichen Erfahrungsberichts lautet *Diebe von Bagdad*.

[233] In einigen Artikeln bei Stone und Bajjaly, *The Destruction of Cultural Heritage in Iraq* wird ausgeführt, wie in den ersten Jahren nach 2003 im Irak auf die Probleme beim Kulturgut-Management reagiert wurde.

Schäden an. Antike Überreste verschwanden zu Tausenden durch die Plünderung des Nationalmuseums sowie Dutzender anderer Orte im ganzen Land. Einst war Babylon eine der größten Mächte der Erde, doch seine Entdeckung machte es viele Jahre später zum Opfer gnadenloser Supermächte.

„Der unsichtbare Feind"

Trotz dieser Gewalt und der katastrophalen Ereignisse besteht die Kultur vergangener Zeiten in neuer und sich ständig wandelnder Gestalt fort. Der junge irakisch-amerikanische Konzeptkünstler Michael Rakowitz schuf eine einmalige Installation, die 2007 erstmals gezeigt wurde.[234] In ihr beleuchtet er die Zerstörung des irakischen Kulturerbes anhand von Motiven der Kultur des antiken Mesopotamien in kritischer Weise. Mit Hilfe von Zeichnungen, Pappfiguren, Zeitungen, Zeitschriften und Museumsschildern lässt Rakowitz verschollene Objekte wieder auferstehen und erzählt von der Ausgrabung Babylons und dem Vandalismus im Museum.

Die Installation ist in einer Reihe großer Städte zu sehen gewesen wie unter anderem in New York, Paris und Istanbul. Im Frühjahr 2014 wurde sie im Oriental Institute Museum in Chicago gezeigt, das sich sehr um die Archivierung und Digitalisierung von Bildern der abhanden gekommenen Funde und deren Aufspüren auf dem illegalen Antikenmarkt bemüht. In Chicago wurden die Objekte von Rakowitz direkt vor einigen dieser wiedergefundenen Artefakte ausgestellt, so dass sie einander buchstäblich Auge in Auge gegenüberstanden. Der Ausstellungstitel wurde in Anlehnung an den babylonischen Namen der Prozessionsstraße, *Aiburschabu*, formuliert. Meist wird *Aiburschabu* mit „möge der Feind nicht obsiegen" übersetzt. Doch Rakowitz' Übersetzung für sein Projekt ist wörtlicher und betont stärker die polemische Spitze der Ausstellung: „Der unsichtbare Feind sollte nicht existieren".

Zurück nach Babylon

In diesem Buch haben wir Babylon durch verschiedene Bereiche und unterschiedliche Landstriche verfolgt. Wir haben mit den Erzählungen der Bibel begonnen und deren Interpretationen in der westlichen Kunstgeschichte und Theologie betrachtet. Wir haben gesehen, wie sich diese Perspektive in der

---

[234] Siehe seine Webseite: http://www.michaelrakowitz.com/.

Renaissance dadurch erweitert hat, dass auch die Stimme der antiken griechischen Geschichtsschreibung Gehör fand. Beim Übergang zur Neuzeit sind wir den EntdeckerInnen gefolgt, die das antike Babylon ausgegraben haben.

Die schrittweise Entdeckung des historischen Babylon hat die alten Geschichten infrage gestellt. Sie hat ein neues Licht auf die biblische Literatur geworfen und heftige Reaktionen hervorgerufen. Einerseits wurde behauptet, dass die Funde belegten, dass die Bibel die Wahrheit bezeugte, andererseits wurde aber auch gesagt, dass sie zutage bringen würden, wie falsch die biblischen Geschichten waren. Wer dem Judentum ablehnend oder vorurteilsbehaftet gegenüberstand, war der Ansicht, dass die babylonische Kultur der Ursprung der Bibel und des Christentums gewesen war und lehnte den Gedanken ab, dass das alte Israel etwas Einzigartiges oder Besonderes gewesen sei. Häufig entschied man sich aber dafür, an der Vorstellung festzuhalten, dass Babylon mythisch und schwer zu fassen war.

Erst später – unserer heutigen Zeit näher – hatte es den Anschein, als sei die breite Öffentlichkeit bereit, sich ernsthaft mit der Tatsache auseinanderzusetzen, dass die weitverbreitete Vorstellung von Babylon nicht im Einklang stand mit dem Zeugnis der Ruinen. Die Menschen erwarteten den Turm zu Babel, massive Mauern und die Hängenden Gärten. Die Ausgrabungen förderten jedoch bisher unbekannte Wunder zutage: das Ischtar-Tor, die Prozessionsstraße, Paläste und Tempel. Diese Spannung zwischen den Erwartungen und der Wirklichkeit kam im konzeptionellen Rahmen der großen Babylon-Ausstellung 2008 in Berlin deutlich zum Ausdruck. Es wurde verkündet: „Es war kein Turm! Es war keine Hure!" Das Konzept der Ausstellung mit dem Titel „Babylon: Mythos und Wahrheit" schien vom Wunsch geleitet, neue bahnbrechende Erkenntnisse zu präsentieren, stellt aber zugleich vor Augen, welche Interpretationsprozesse stattfinden, wenn geläufige Vorstellungen auf eine widersprüchliche Wirklichkeit treffen.

Damit sind wir wieder bei der Frage, welche Rolle unsere Erwartungen dabei spielen, wenn wir auf Babylon oder andere Kulturen der Vergangenheit treffen. Als ich mich auf die Reise nach Babylon gemacht habe, fand ich es selbstverständlich, dass neuere archäologische Erkenntnisse sich im direkten Gespräch mit der dogmatischen und kulturellen Tradition befinden, die auf der Bibel basiert. Mir wurde klar, dass es so einfach nicht ist. Egal wie viel man vom antiken Babylon entdeckt und egal, welche Texte und materiellen Überreste uns etwas über die Stadt und das Leben in ihr erzählen können – die überkommenen Traditionen über Babylon, die uns durch die Kulturgeschichte und die Überlieferung übermittelt wurden, werden dadurch nicht ersetzt.

Als Beispiel dafür soll uns der Film *Intolerance* von 1916 dienen. Es war einer der ersten Spielfilme, der (zum Teil) im antiken Babylon spielte. Bis 1916 war viel Neues über die Ausgrabungen und früheren Erkundungen bekannt, das in die Filmproduktion eingeflossen ist. Aber es gab auch Fehler wie zum Beispiel die Elefanten, die nach Indien gehören. Man wusste, dass Elefanten weiter westlich auf Feldzügen eingesetzt wurden, aber dies war erst ab der hellenistischen Zeit der Fall, also mehrere Jahrhunderte nach der Zeit, in der der Film in Babylon spielen soll. Vom frühen 19. Jh. an findet man Elefanten als Motiv in romantischen Kulissen des antiken Mesopotamien, und der Regisseur fand, dass der Einsatz von Elefanten die Szenerie für das Publikum interessanter erscheinen lassen würde. So hatte bereits eine Tradition die Erwartungen des Publikums geprägt. In der Kunst ist natürlich alles möglich, doch es ist ein Irrglaube, dass die Darstellung durch die Einbeziehung archäologischen Wissens unbedingt realistischer werden würde. So existiert Neues und Altes weiterhin nebeneinander und verknüpft sich miteinander. Alte Deutungen werden wieder aufgegriffen und auf neue Situationen bezogen. Informationen schreiben sich langsam, nach und nach, in den Kanon des historischen Wissens ein, der unsere Wahrnehmung der Vergangenheit und unsere Erwartungen prägt.

Der Turm hat Bestand

Als sinnbildliche Erzählung, künstlerisches Motiv und fundamentales Bauwerk hat der Turm zu Babel durch die gesamte Überlieferungsgeschichte hindurch Bestand gehabt. Dabei steht der Turm für vieles – für den menschlichen Ehrgeiz und die Eitelkeit und Arroganz solchen Strebens, aber auch für die Größe und Kreativität der Menschen. Der Turm ist eine bleibende Quelle der Inspiration, auch wenn der eigentliche Turm, also die Zikkurat im antiken Babylon, vergangen und zerfallen ist. Der Turm zu Babel hat sowohl als Symbol und Metapher als auch als monumentales Bauwerk des antiken Babylon Bestand.

Dem babylonischen Schöpfungsepos *Enuma elisch* zufolge reichte der Turm bis in den Himmel, und der Marduk-Tempel wurde errichtet, damit sich dort die Götter versammeln und ihren König feiern konnten. In der Religion Babyloniens dienten der Turm und der Marduk-Tempel als Zentrum des Marduk-Kultes. Für die BabylonierInnen war der Turm jedoch etwas anderes als der biblische Turm zu Babel. In diesem Sinne könnte man sagen, dass die Zikkurat nie „der Turm zu Babel" gewesen ist. Für die BabylonierInnen war die Zikkurat Etemenanki, „Haus der Fundamente von Himmel und Erde". Durch die Ausgrabungen und die Keilschrifttexte kennen wir jetzt die Funktion einer Zikkurat, und wir wissen, dass es sie auch in einer Reihe anderer Städte gab. Trotzdem ist es immer noch nicht leicht, sich die mesopotamischen Tempelanlagen jenseits der biblischen Darstellung vorzustellen. Der biblische Turm zu Babel mit seinem ausgedehnten Deutungsuniversum wird immer mit den Überresten des Tempelturms von Marduk verbunden bleiben. Der Turm zu Babel kann ohne Marduks Zikkurat auskommen, während Marduks Turm weiterhin im Licht der Bibel stehen wird – oder in ihrem Schatten.

Das Reich des Bösen lebt weiter

Die Vorstellung, dass Babylon ein Reich des Bösen ist, nimmt ihren Anfang in den Darstellungen in der Bibel. Bei der Abfassung des Danielbuches im 2. Jh. v. Chr. wurden die unterdrückerischen seleukidischen MachthaberInnen dieser Zeit im Kontext Babylons zur Zeit Nebukadnezars dargestellt. In der frühchristlichen Offenbarung des Johannes war Rom zu Babylon geworden, und auch der 1. Petrusbrief hat seine Abfassung – die real wohl ebenfalls in Rom geschah – in Babylon angesiedelt. Das Konzept von Babylon als Reich des Bösen hat, auch durch die Ausschmückungen der biblischen Prophetie und ihrer leidenschaftlichen Gerichtsreden, der Vorstellung von Babylon in dessen gesamtem Nachleben eine Fülle an Beiklängen verliehen, die immer noch weiter mitschwingen. Das neugewonnene Wissen über das antike Babylon hat nicht dazu geführt, dass „Babylon" im europäischen und christlichen Kulturerbe nicht mehr die Chiffre für das Reich des Bösen wäre.

Das endzeitliche Babylon: Apokalypse Now

Babylon steht in vielfältiger Weise für die Endzeit: Die Vorstellung beginnt mit der „Hure Babylon" in der Offenbarung des Johannes, setzt sich fort mit den ausgreifenden apokalyptischen Landschaftsbilder der Romantik und umfasst heute blühende Endzeitvorstellungen, zu denen auch futuristische Utopien gehören. In immer neuen historischen Kontexten wird dieses apokalyptische Babylon als Beschreibung der jeweiligen Gegenwart angesehen. Die Entdeckung des historischen Babylon hat sich auf dieses Bild von Babylon kaum ausgewirkt. Vielleicht haben die historischen Überreste die apokalyptische Bildsprache um einige Details wie etwa die realitätsnähere Architektur bereichert, die häufiger auf Abbildungen im Bereich der Science-Fiction oder der Popkultur zu entdecken ist.

Die ChaldäerInnen: die letzten BabylonierInnen

Das Chaldäische Reich unter Nebukadnezar zählte zu den wichtigsten Supermächten des biblischen Israel-Narrativs. Es waren die ChaldäerInnen, die dem Königreich Juda ein Ende setzten und Jerusalem mitsamt seinem Tempel in Schutt und Asche legten. In der Bibel wird dies so dargestellt, dass Gott selbst die BabylonierInnen als Werkzeug zur Bestrafung der IsraelitInnen benutzt hat.

Ein ums andere Mal hatten sich die IsraelitInnen von Gott abgewandt und waren anderen Gottheiten nachgelaufen, und nach unzähligen Warnungen ließ Gott den zuvor ausgesprochenen Drohungen Taten folgen. Nach der Sühne der IsraelitInnen wurde am Ende Babylon bestraft. In einer theologisch nicht unproblematischen Kehrtwende erlaubte Gott dem persischen König Kyros die Zerstörung Babylons, und die Gefangenschaft der IsraelitInnen hatte ein Ende. Sie kehrten nach Jerusalem zurück und bauten den Tempel wieder auf.

In der Forschung ist man sich nicht einig, was die VerfasserInnen der Bibel über Nebukadnezars Babylon wussten. Sicher war die Zerstörung Jerusalems ein Trauma, das zu großen Verschiebungen und erheblichen Entwicklungen in der judäischen Gesellschaft führte. Mit dem Untergang des Südreichs Juda mussten die IsraelitInnen neue Wege finden, ihre Identität zum Ausdruck zu bringen. Große Teile des Alten Testament beziehungsweise der Hebräischen Bibel wurden in der Zeit des neubabylonischen Reiches und danach geschrieben, also zwischen 600 und 300 v. Chr. Der Jerusalemer Tempel wurde schließlich wieder aufgebaut und blieb stehen, bis die Römer ihn im Jahr 70 n. Chr. zerstörten. Es prägte sich sowohl in Juda als auch in der Diaspora eine jüdische Identität aus. Babylon wurde historisch wie auch in den Erzählungen der Bibel zu einem Wendepunkt.

Die Ausgrabungen in Babylon und die Entdeckungen akkadischer Texte haben gezeigt, dass Babylon in der Zeit Nebukadnezars lediglich seinen letzten Höhepunkt in der über zwei Jahrtausende bestehenden Kultur erlebte. Das Zusammentreffen von Babel und Bibel hat für Aufsehen gesorgt, aber auch zu einer Verschiebung der historischen Perspektiven geführt. Das alte Israel – das der Westen seine gesamte Geschichte hindurch als Teil seiner *eigenen* Geschichte betrachtet hat – war auf einmal kleiner, jünger und randständiger. Die Hauptrolle spielten die Supermächte Babylonien, Assyrien und Ägypten, und zwar historisch weitaus früher als zuvor gedacht. Die biblische Geschichte von der Schöpfung und vom Ursprung der Welt bekam Konkurrenz und wurde relativiert, weil nun andere Geschichten existierten. Diese Kulturen waren nicht nur viel älter, als die biblischen Erzählungen Glauben machten, sondern es gab auch schon viel länger Menschen auf Erden, als man bisher angenommen hatte.

Es wurde deutlich, dass die babylonische Kultur – mit der Stadt Babylon als Mittelpunkt – floriert hatte, prächtig und weit entwickelt war sowie eine eigene Identität besaß, die über zweitausend Jahre lang Bestand gehabt hatte. Die politischen Konstellationen und die Dynastien hatten gewechselt, doch Babylon verfügte über eine wiedererkennbare Kultur mit Kunst, kultischem Geschehen, Literatur, Astronomie, Medizin und politischer Ideologie.

Diese neuen Erkenntnisse haben zu einer völlig veränderten Sicht der Weltgeschichte geführt. Nur wenige Menschen wissen heute um die Feinheiten der babylonischen Geschichte, Kultur und Religion, und vielen fällt es schwer, manche der neuen Informationen einzuordnen. Aber die Veränderungen lassen sich nicht rückgängig machen. Auch wenn manche Strömungen versuchen, dagegen anzukämpfen, gehen die meisten Menschen heute davon aus, dass die Geschichte der Menschheit nicht mit der Darstellung der Bibel identisch ist.[235] Die eigentliche Überraschung dabei liegt darin, dass diese Veränderungen erst vor kurzem eingetreten sind. Es ist erst gut hundert Jahre her, dass der Babel-Bibel-Streit seinen Höhepunkt erreicht hatte.

Die Hängenden Gärten und die antike griechische Überlieferung

Robert Koldewey war davon überzeugt, dass er die Hängenden Gärten entdeckt hatte, doch die meisten ArchäologInnen sind der Ansicht, dass nie auch nur eine Spur von ihnen gefunden wurde. Nichtsdestoweniger haben die Hängenden Gärten in der Welt der Legenden und der Phantasie fortgelebt. Es war im alten Vorderen Orient nicht ungewöhnlich, dass Könige Ziergärten anlegen ließen. Die Forschung sucht weiter nach den Hängenden Gärten und ist fasziniert von ihrem Nimbus. Die Assyriologin Stephanie Dalley hat den Vorschlag gemacht, dass sich Herodot und die GriechInnen hinsichtlich der Lage der Gärten geirrt haben und dass unter den berühmten Gärten eigentlich die Gärten Sanheribs in Ninive zu verstehen sind. Tatsächlich hat Sanherib einen Garten anlegen lassen, und auch wenn die Argumente für diese Lösung recht überzeugend sein mögen, wurde er nie mit „Hängende Gärten" bezeichnet.[236] Die Gärten leben im Bereich des Mythos weiter.

Die Ausgrabungen in Babylon und die Entdeckung Mesopotamiens haben gezeigt, wie wenig verlässlich viele der griechischen Quellen waren, wenn es um Assyrien und Babylonien ging. Dies war ein schwerer Schlag für den Glauben an die Verlässlichkeit der klassischen Tradition.

---

[235] In den USA stellen konservative evangelikale ChristInnen die biblische Version der Geschichte weiterhin als wahr dar und bieten Programme für den häuslichen Unterricht an. Besonders im Kreuzfeuer steht dabei meist die Evolutionstheorie. Die Versuche der Einführung dieses „Kreationismus" an öffentlichen Schulen waren gelegentlich von Erfolg gekrönt, doch später wurde dies oft wieder rückgängig gemacht. Andere pädagogische Bemühungen wie das Creation Museum in Petersburg, Kentucky, erfreuen sich dagegen einiger Beliebtheit: https://creationmuseum.org/.

[236] Dalley, *The Mystery of the Hanging Garden of Babylon*.

Neue Wunder: das Ischtar-Tor und die Prozessionsstraße

Die neuen Entdeckungen in Babylon sorgten 1930 bei der Eröffnung der Ausstellung in Berlin für Begeisterung und beeindruckten das Publikum. Dank dieser Monumente voller Verzierungen konnte Babylon schließlich ausgegraben werden. Die Tierreliefs und das Ischtar-Tor sind weithin bekannt und oft fotografiert worden. Die Nachbildung des Ischtar-Tors aus den 1960er Jahren – durch das man Babylon heute betritt – ist eines der Wahrzeichen, das von US-amerikanischen SoldatInnen und deren Verbündeten im Irak am häufigsten fotografiert wird. Trotzdem konnten sich diese Gebäude keinen Platz im kulturellen Bewusstsein erobern, wie ihn der Turm zu Babel bis heute innehat. Selbst die Hängenden Gärten sind in gewisser Weise attraktiver und ansprechender, vielleicht weil sie ein Geheimnis, etwas Mythisches oder Legendenhaftes umgibt.

Das Ischtar-Tor wird in der Bibel nicht erwähnt. Vielleicht war es nicht von Bedeutung, weil reale Landschaften in der Bibel ohnehin nur selten beschrieben werden. Es könnte auch sein, dass die biblischen AutorInnen einfach nichts vom Ischtar-Tor oder vom Etemenanki wussten. Allerdings wird in der Bibel an prominenter Stelle und in negativer Weise davon gesprochen, dass die BabylonierInnen viele Götter verehrten. Vor allem der Prophet Jesaja verspottet die machtlosen und hohlen babylonischen Gottheiten und Götterstatuen, denen er den lebendigen Schöpfergott JHWH gegenüberstellt, den Gott Israels. Mit dem Ischtar-Tor, dem Esangila (dem Marduk-Tempel) und den vielen anderen ergrabenen Tempeln von Gottheiten wurden die Hinterlassenschaften dieser religiösen Handlungen sichtbar. Das Ischtar-Tor und die Prozessionsstraße sind Glanzstücke, die heute als Schauplätze eines vielfältigen religiösen und kultischen Lebens fortbestehen, das durch viele Textfunde nach und nach ans Licht gekommen ist.

Wer die Ausstellung in Berlin besucht, kann sich dort das alljährlich in Babylon gefeierte Neujahrsfest ausmalen, bei dem die Marduk-Statue über die Prozessionsstraße, durch das Ischtar-Tor und hinauf zum Esangila getragen wurde. In Verbindung mit Texten wie dem *Enuma elisch* können wir nun die zahlreichen religiösen Handlungen würdigen, die sich im antiken Babylon abgespielt haben, und wir erhalten Einblicke in diese lange Zeit vergessene Kultur.

Zu guter Letzt hat die Entdeckung und Ausgrabung von Babylon es möglich gemacht, die Geschichte Babylons auf neue Weise zu erzählen, weil man auf dessen eigene Quellen, eigene Texte und auf die Überreste seiner materiellen Kultur zurückgreifen konnte. Wir konnten die einzelnen Stücke zusammenfügen und etwas von der langen politischen Geschichte erfahren, inklusive der letzten Phase des Chaldäischen Reiches, in der sich die Historie Babylons mit der Geschichte der biblischen Könige überschnitten hat. Wir haben von der Rechtsprechung und dem Regierungshandeln Hammurapis gehört und wissen nun mehr über Kunst, Musik, sozio-ökonomische Dynamiken, Medizin, Alltags- und Familienleben sowie die Religion. Wir haben literarische Meisterwerke wie das *Gilgamesch-Epos* entdeckt, das im 20. Jh. zum Klassiker wurde, sowie weitere Werke. Schließlich hat auch die moderne Kultur durch Babylon Anregungen erfahren. Wir wissen natürlich, dass wir als HistorikerInnen durch unsere eigenen Vorurteile und Vorannahmen geprägt sind. Das Entdecken ist ein stetiger Prozess und nie zu Ende, doch das historische Babylon ist da und wird auch dableiben.

In eben dieser Intensität lebt auch das Babylon der Tradition weiter, als dynamische und mächtige Metapher, in immer neuen Ausdrucksformen und Gestalten, in einer Art gemeinsamen Kultur und in einer Fülle von Subkulturen – und mit unverminderter Vitalität.

Literaturverzeichnis

Antike und mittelalterliche Autoren

Augustinus, *De divitate dei*, hg. von Christoph Horn, Klassiker Auslegen Bd. 11, Berlin: de Gruyter Akademie Forschung 1997.

Ephraem der Syrer, *Die Schatzhöhle*. Eine Sammlung biblischer Geschichten aus dem sechsten Jahrhundert Ephraem Syrus zugeschrieben; syrischer Text und arabische Version. Herausgegeben nach mehreren Handschriften zu Berlin, London, Oxford, Paris und Rom mit deutscher Übersetzung und Anmerkungen von Carl Bezold, Neudruck Amsterdam: APA-Philo Press 1981 text.

Der Midrasch Bereschit Rabba, das ist die haggadische Auslegung der Genesis, zum ersten Male ins Deutsche übertragen von August Wünsche, 2 Bde., Leipzig: Otto Schultze 1881 (erhältlich im Nachdruck bei Ein Karem, Jerusalem 2010).

Herodot, *Historien. Bücher I-IX*, herausgegeben und übersetzt von Josef Feix. Zweisprachige Ausgabe Griechisch-Deutsch in zwei Bänden, Sammlung Tusculum, Düsseldorf: Artemis & Winkler/Patmos Verlag 2001.

Josephus, Flavius, *Jüdische Altertümer. Übersetzt und mit Einleitung und Anmerkungen versehen von Dr. Heinrich Clementz*, neugesetzte und überarbeitete Ausgabe Wiesbaden 2004 (die Erstausgabe von 1900 lässt sich unter https://community.logos.com/forums/t/185762.aspx herunterladen).

Josephus, Flavius, *Über die Ursprünglichkeit des Judentums (Contra Apionem)*, hg. von Folker Siegert, Schriften des Institutum Judaicum Delitzschianum, Band 37408, Göttingen: Vandenhoeck & Ruprecht 2008.

Mandeville, *Reisen des Ritters John Mandeville vom Heiligen Land ins ferne Asien 1322-1356*, aus dem Mittelhochdeutschen übersetzt und herausgegeben von Christian Buggisch, Alte abendteuerliche Reiseberichte, Leningen: Edition Erdmann 2004.

Philo of Alexandria, *Questions on Genesis*, Philo Supplements I, übersetzt von Ralph Marcus, Loeb Classical Library 380, Cambridge/MA: Harvard University Press 1953.

Pseudo-Philo, *Antiquitates Biblicae (Liber Antiquitatum Biblicarum)*, übersetzt von Christian Dietzfelbinger, in: Jüdische Schriften aus hellenistisch-römischer Zeit, Bd. 2: Unterweisung in erzählender Form, Gütersloh 1975, 89–272.

Tudela, *Jüdische Reisen im Mittelalter: Benjamin von Tudela; Petachja von Regensburg*, aus dem Hebräischen übersetzt, mit Anmerkungen und einem Nachwort von Stefan Schreiner, Leipzig: Sammlung Dietrich 1991.

Moderne AutorInnen

Abraham, Kathleen, *The Reconstruction of Jewish Communities in the Persian Period. The Al-Yahudu Clay Tablets*, in: Hagai Segev und Asaf Shor (Hg.), Light and Shadows–The Catalog–The Story of Iran and the Jews, Tel Aviv: Beit Hatefustot 2011, 264–261.

Adams, Amanda, Ladies of the Field. Early Women Archaeologists and Their Search for Adventure, Vancouver: Greystone Books 2010.

Amin, Osama S. M., *Mesopotamian Beer Rations Tablet*, Ancient History Encyclopedia. Ancient History Encyclopedia, 07. April 2016; zitiert nach: https://www.ancient.eu/image/4849/. Zugriff am 23.12.2020.

Andrae, Walter, Berliner Museen. Berichte aus den Preußischen Kunstsammlungen 51/4 (1930), 108–113.

Andrae, Walter, *Lebenserinnerungen eines Ausgräbers*, 2. Auflage, Stuttgart: Verlag Freies Geistesleben 1988.

André-Salvini, Béatrice, *Das Erbe von Babylon*, in: Wahrheit, 29–37.

André-Salvini, Béatrice, *Früheste historische Erwägungen und Gründungsmythen*, in: Wahrheit, 101–104.

Anger, Kenneth, *Babylon Hollywood. The Legendary Underground Classic of Hollywood's Darkest and Best Kept Secrets*, San Francisco/CA: Straight Arrow Books 1975 (in zwei deutschen Übersetzungen erschienen als: Kenneth Anger's Babylon Hollywood, Berlin: Rogner & Bernhard bei Zweitausendeins 2006 bzw. 2011).

Arnold, Bill T. und David B. Weisberg, *A Centennial Review of Friedrich Delitzsch's „Babel und Bibel" Lectures*, JBL 121/3 (2002), 441–457.

Arnold, Bill T., *Who Were the Babylonians?* Archaeology and Biblical Studies 10, Atlanta/GA: Society of Biblical Literature 2004.

Auf dem Weg nach Babylon = Wartke, Ralf-B. (Hg.), *Auf dem Weg nach Babylon. Robert Koldewey - ein Archäologenleben*, Mainz: Philipp von Zabern 2008.

Asheri, David, Alan Lloyd und Aldo Corcella, *A Commentary on Herodotus. Books I-IV*, übersetzt von Barbara Graziosi u. a., Oxford: Oxford University Press 2007.

Ateş, Sabri, *The Ottoman-Iranian Borderlands. Making a Boundary, 1843-1914*, Cambridge: Cambridge University Press 2013.

Babylonian Expedition of the University of Pennsylvania, *The Babylonian Expedition: Series A: Cuneiform Texts*, Philadelphia, University of Pennsylvania 1893.

Bahrani, Zainab, Zeynep Çelik und Edhem Eldem (Hg.), *Scramble for the Past. A Story of Archaeology in the Ottoman Empire, 1753-1914*, Istanbul: SALT 2011.

Bahrani, Zainab, *History in Reverse. Archaeological Illustration and the Reconstruction of Mesopotamia*, in: Tzvi Abusch u. a. (Hg.), Historiography in the Cuneiform World, Proceedings of the XLVth Rencontre Assyriologique Internationale, Bethesda/MD: CDL press 2001, 15–28.

Bahrani, Zainab, *Jewelry and Personal Arts in Ancient Western Asia*, CANE Bd. 3, 1635–1645.

Bahrani, Zainab, *The Battle for Babylon*, in: Peter G. Stone und Joanne Farchakh Bajjaly (Hg.), The Destruction of Cultural Heritage in Iraq, The International Centre For Cultural & Heritage Studies, Woodbridge: The Boydell Press 2008, 165–171.

Baker, Mona (Hg.), *Routledge Encyclopedia of Translation Studies*, London: Routledge 1998.

Bar, Doron, *Landscape and Ideology. Reinterment of Renowned Jews in the Land of Israel 1904-1967*, Berlin: de Gruyter 2016.

Barnhouse, Rebecca und Benjamin C. Withers (Hg.), *The Old English Hexateuch. Aspects and Approaches*, Medieval Institute Publications, Kalamazoo/MI: Western Michigan University 2000.

Beaulieu, Paul-Alain, *King Nabonidus and the Neo-Babylonian Empire*, CANE Bd. 2, 969–979.

Beaulieu, Paul-Alain, *A History of Babylon. 2200 BC - AD 75*, Blackwell History of the Ancient World, Hoboken/NJ: Wiley-Blackwell 2018.

Becking, Bob, *Kyrosedikt*, WiBiLex 2016; https://www.bibelwissenschaft.de/stichwort/24473/

Bell, Gertrude, *Amurath to Amurath. A Journey Along the Banks of the Euphrates*, Gorgias Reprint Series 19, Piscataway/NJ: Gorgias Press 2002 (Erstveröffentlichung 1924).

Bernhardsson, Magnus T., *Reclaiming a Plundered Past. Archaeology and Nation Building in Modern Iraq*, Austin: University of Texas Press 2005.

Biggs, Robert D., *Medizin*, RIA 7 (1987–1990), 623–629.

Bilsel, Can, *Architecture in the Museum. Theodor Wiegand and the Reproduction of Antiquity in Berlin's Pergamon Museum*, in: Anna Minta und Bernd Nicolai (Hg.), Modernity and Early Cultures. Reconsidering Non-Western References for Modern Architecture in a Cross-Cultural Perspective, Neue Berner Schriften zur Kunst 12, Bern: Peter Lang 2011, 19–51.

Bilsel, Can, *Antiquity on Display. Regimes of the Authentic in Berlin's Pergamon Museum*, Classical Presences Oxford, Oxford University Press 2012.

Bogdanos, Matthew mit William Patrick, *Die Diebe von Bagdad. Raub und Rettung der ältesten Kulturschätze der Welt*, München: Deutsche Verlags-Anstalt 2006 (engl. Original 2005).

Bohrer, Frederick N., *Layard und Botta, Archaeology, Imperialism, and Aesthetics*, in: Tzvi Abusch u. a. (Hg.), Historiography in the Cuneiform World, Proceedings of the XLVth Rencontre Assyriologique Internationale, Bethesda/MD: CDL press 2001 55–63.

Bohrer, Frederick N., *Orientalism and Visual Culture. Imagining Mesopotamia in Nineteenth-Century Europe*, Cambridge: Cambridge University Press 2003.

Booth, Arthur John, *The Discovery and Decipherment of the Trilingual Cuneiform Inscriptions*. London: Longman, Green 1902, https://archive.org/details/discoveryanddec00bootgoog.

Borger, Rykle, *Akkadische Rechtsbücher. Der Codex Hammurapi*, in: ders. u. a. (Hg.), Rechtsbücher, TUAT I/1, Gütersloh: Gütersloher Verlagshaus 1982, 39–80.

Borger, Rykle, *Historische Texte in akkadischer Sprache*, in: ders. u. a., Historisch-chronologische Texte I, TUAT I/4, Gütersloh: Gütersloher Verlagshaus 1984, 354–410.

Botta, Paul Émile, *Illustrations of Discoveries at Nineveh; Consisting of Forty-Nine Plates of Sculpture and Inscriptions on Ancient Assyrian Monuments. With Descriptions, Being a Translation of M. Botta's Letters on the First Discoveries at Nineveh*, London: Longman, Brown, Green, and Longmans 1850.

Bottéro, Jean, *Akkadian Literature. An Overview*, CANE Bd. 4, 2293–2303.

Bottéro, Jean, *Mesopotamia. Writing, Reasoning, and the Gods*, Chicago: University of Chicago Press 1992.

Brentjes, Burchard, *The History of Elam and Achaemenid Persia. An Overview*, CANE Bd. 2, 1001–1021.

Breucker, Geert De, *Berossos. His Life and His Work*, in: Johannes Haubold, Giovanni B. Lanfranchi, Robert Rollinger und John Steele (Hg.), The World of Berossos: Proceedings of the 4th International Colloquium on 'The Anceint Near East between Classical and Ancient Oriental Traditions', Hatfield College, Durham 7th–9th July 2010, Classica et Orientalia 5. Wiesbaden: Harrassowitz 2013, 15–28.

Brodersen, Kai, *Die sieben Weltwunder*, Legendäre Kunst- und Bauwerke der Antike, 5. Auflage, München: Beck 2001.

Brown, Francis, *Assyriology. Its Use and Abuse in Old Testament Study*, New York: Charles Schreibner's Sons 1885 (Nachdruck Norderstedt: Hansebooks 2017).

Budge, E.A. Wallis, *The Rise and Progress of Assyriology*, London 1925 (Wiederabdruck 1975).

CANE = Sasson, Jack M. (Hauptherausgeber), *Civilizations of the Ancient Near East*, in vier Bänden, Peabody/MA: Hendrickson 1996; Nachdruck 2006.

Cancik-Kirschbaum, Eva, *Die Keilschrift*, in: Wahrheit, 335–348.

Cancik-Kirschbaum, Eva, *Eröffnungsvortrag*, Society of Biblical Literature International Meeting in Berlin, 7. August 2017.

Cancik-Kirschbaum, Eva, *Die Assyrer. Geschichte, Gesellschaft, Kultur*, München: Beck 2003.
Cathcart, Kevin J., *The Earliest Contributions to the Decipherment of Sumerian and Akkadian*, Cuneiform Digital Library Journal 1 (2011). http://www.cdli.ucla.edu/pubs/cdlj/2011/cdlj2011_001.html.
Çevik, Özlem, *The Emergence of Different Social Systems in Early Bronze Age Anatolia. Urbanisation versus Centralisation*, Anatolian Studies 57 (2007), 131–40.
Chadwick, Robert, *The First Civilizations. Ancient Mesopotamia and Ancient Egypt*, 2. Auflage London: Equinox Publishing 2005.
Chambon, Grégory, *Mathematische Praktiken in Babylonien*, in: Wahrheit, 393–400.
Charpin, Dominique, *The History of Ancient Mesopotamia. An Overview*, CANE Bd. 2, 807–829.
Charpin, Dominique, *Reading and Writing in Babylon*, Cambridge/MA und London: Harvard University Press 2010 (frz. Original 2008).
Chevalier, Nicole, *Die archäologischen Ausgrabungen Frankreichs*, in: Wahrheit, 63–66.
Childe, V. Gordon, *Man Makes Himself*, 1936; Nottingham: Spokesman 2003 (deutsche Übersetzungen: *Triebkräfte des Geschehens. Die Menschen machen ihre Geschichte selbst*, hg. von Walter Hollitscher, Wien: Globus-Verlag 1949; sowie: *Der Mensch schafft sich selbst*, Dresden: Verlag der Kunst 1959).
Clayton, Peter und Martin Price (Hg.), *Die Sieben Weltwunder*, Stuttgart: Reclam 2009.
Cline, Eric H., *1177 B. C.: The Year Civilization Collapsed*, Turning Points in Ancient History, Princeton/NJ: Princeton University Press 2014.
Cohen, Mark E., *The Cultic Calendars of the Ancient Near East*, Bethesda/MD: CDL Press 1993.
Collins, Adele Yarbro, *Crisis and Catharsis. The Power of the Apocalypse*, Philadelphia: The Westminster Press 1984.
Cooper, Lisa, *In Search of Kings and Conquerors. Gertrude Bell and the Archaeology of the Middle East*, London: I. B. Tauris 2016.
Cramer, Johannes, *Rebuilding the Past. The Mesopotamia of Robert Koldewey and Walter Andrae and the Berlin Architecture in the Twenties*, in: Anna Minta und Bernd Nicolai (Hg.), Modernity and Early Cultures. Reconsidering Non-Western References for Modern Architecture in a Cross-Cultural Perspective, Neue Berner Schriften zur Kunst 12, Bern: Peter Lang 2011, 53–69.
Cuno, James, *Who Owns Antiquity? Museums and the Battle Over Our Ancient Heritage*, Princeton/NJ: Princeton University Press 2008.
Curtis, John, *The Site of Babylon Today*, in: Babylon. Myth and Reality, 216–220.
Dalley, Stephanie, *The Mystery of the Hanging Garden of Babylon. An Elusive World Wonder Traced*, Oxford: Oxford University Press 2013.
Darwin, Charles, *Die Entstehung der Arten durch natürliche Zuchtwahl*, Stuttgart: Reclam 1998 (engl. Original 1859).
Delaney, Bradley Joseph, *Giusto de' Menabuoi. Iconography and Style*, Dissertation Columbia 1972.
Delitzsch, Friedrich, *Babel und Bibel. Dritter (Schluß-)Vortrag*, Stuttgart: Deutsche Verlags-Anstalt 1905.
Delitzsch, Friedrich, *Babel und Bibel. Ein Rückblick und Ausblick,* Stuttgart: Deutsche Verlags-Anstalt 1904. (https://archive.org/details/babelundbibelein00deliuoft)
Delitzsch, Friedrich, *Babel und Bibel. Ein Vortrag,* Leipzig: Hinrichs 1902. (https://archive.org/details/babelundbibel00deli)
Delitzsch, Friedrich, *Die grosse Täuschung. Kritische Betrachtungen zu den alttestamentlichen Berichten über Israels Eindringen in Kanaan, die Gottesoffenbarung vom Sinai und die Wirksamkeit der Propheten*, Stuttgart/Berlin: Deutsche Verlagsanstalt 1921.

Delitzsch, Friedrich, *Mehr Licht. Die bedeutsamen Ergebnisse der babylonisch-assyrischen Grabungen für Geschichte, Kultur und Religion*, Leipzig: Hinrichs 1907.

Delitzsch, Friedrich, *Zweiter Vortrag über Babel und Bibel. Ein Vortrag*. Stuttgart: Deutsche Verlags-Anstalt 1903. (https://archive.org/stream/zweitervortragb02deligoog#page/n5/mode/2up)

Delitzsch, Hermann, *George Smiths Chaldäische Genesis. Autorisierte Übersetzung von Hermann Delitzsch, nebst Erläuterungen und fortgesetzten Forschungen von Friedrich Delitzsch*, Leipzig: Hinrichs 1876.

Deutsche Bischofskonferenz u. a. (Hg.), *Die Bibel. Einheitsübersetzung der Heiligen Schrift*. Gesamtausgabe, Stuttgart: Katholisches Bibelwerk 2016. (= Einheitsübersetzung)

Diamond, Jared M., *Collapse. How Societies Choose to Fail or Succeed*, New York: Viking Press 2005.

Drews, Robert, *The End of the Bronze Age. Changes in Warfare and the Catastrophe ca. 1200 B. C.*, Princeton/NJ: Princeton University Press 1993.

Dyer, Charles und Angela Hunt Dyer, *Der Golfkrieg und das neue Babylon*, Asslar: Schulte & Gerth 1991 (engl. Original 1991).

Edzard, Dietz Otto, *Keilschrift*, RlA 5 (1976), 544–568.

Edzard, Dietz Otto, *Überblick über die akkadische Literatur*, RlA 7 (1987), 36–47.

Einheitsübersetzung = Deutsche Bischofskonferenz u. a. (Hg.), *Die Bibel. Einheitsübersetzung der Heiligen Schrift*. Gesamtausgabe, Stuttgart: Katholisches Bibelwerk 2016.

Emberling, Geoff und Katharyn Hanson (Hg.), *Catastrophe! The Looting and Destruction of Iraq's Past*, The Oriental Institute Museum of the University of Chicago, Chicago: University of Chicago Press 2008.

Fagan, Brian M., *Return to Babylon. Travelers, Archaeologists, and Monuments in Mesopotamia*, überarbeitete Auflage, Boulder/CO: University Press of Colorado 2002.

Fant, Clyde E. und Mitchell G. Reddish, *Lost Treatures of the Bible. Understanding the Bible Through Archaeological Artifacts in World Museums*, Grand Rapids/MI: Eerdmans 2008.

Farber, Walter, *Witchcraft, Magic, and Divination in Ancient Mesopotamia*, CANE Bd. 3, 1895–1909.

Farber, Walter, *Rituale und Beschwörungen in akkadischer Sprache*, in: ders. u. a., Rituale und Beschwörungen I, TUAT II/2, Gütersloh: Gütersloher Verlagshaus 1987, 212–281.

Fergusson, James, *A History of Architecture in All Countries from the Earliest Times to the Present Day*, erschienen in 5 Bänden, 3. Auflage, London: Murray 1893. https://archive.org/details/historyofarchite001ferg.

Finkel, Irving, *Schreiben in Babylon*, in: Wahrheit, 359–366.

Finkel, Irving und M.J. Seymour (Hg.), *Babylon. Myth and Reality*, London: The British Museum Press 2008. An anderer Stelle auch aufgeführt als: Babylon. Myth and Reality.

Finkel, Irving, *The Search for the Hanging Gardens*, in: Babylon. Myth and Reality, 109–111.

Finkelstein, J.J., *Mesopotamia*, Journal of Near Eastern Studies 21/2 (1962), 73–92.

Firestone, Reuven, *Jewish Culture in the Formative Period of Islam*, in: David Biale (Hg.), Cultures of the Jews. A New History, New York: Shocken Books 2002, 267–302.

Foster, Benjamin R., *The Beginnings of Assyriology in the United States*, in: Steven W. Holloway (Hg.), Orientalism, Assyriology, and the Bible, Hebrew Bible Monographs 10; Sheffield: Sheffield Phoenix Press 2006, 44–73.

Foster, Benjamin R. und Karen Polinger Foster, *Civilizations of Ancient Iraq*, Princeton/NJ: Princeton University Press 2009.

Foster, Benjamin R., *From Distant Days. Myths, Tales, and Poetry of Ancient Mesopotamia*, Bethesda/MD: CDL Press 1995.

Frahm, Eckart, *Geschichte des alten Mesopotamien*, Reclam Sachbuch, Stuttgart: Philipp Reclam 2013.

Franke, Sabina, *Königsinschriften und Königsideologie. Die Könige von Akkade zwischen Tradition und Neuerung*, Altorientalistik 1, Münster: LIT 1995.

Friedlander, Michal S., *„Jenseits des Stromes". Sehnsucht, Ambivalenz und das jüdische Bild von Babylon*, in: Mythos, 191–206.

Gafni, Isaiah, *Babylonian Rabbinic Culture*, in: David Biale (Hg.), Cultures of the Jews. A New History, New York: Shocken Books 2002, 223–266.

George, A. R., *Babylonian Topographical Texts*, Orientalia Lovaniensia Analecta 40. Louvain: Peeters 1992.

Ginzberg, Louis, *The Legends of the Jews*, Bd. 1, Jewish Publication Society 1909.

Gladstone, William E., *Studies on Homer and the Homeric Age*, 3 Bde., Oxford: Oxford University Press 1858 (gekürzte deutsche Übersetzung: Albert Schuster, W. E. Gladstone's Homerische Studien, frei bearbeitet, Leipzig: Teubner 1863).

Glassie, John, *Der letzte Mann, der alles wusste. Das Leben des exzentrischen Genies Athanasius Kircher*, Berlin: eBook Berlin Verlag 2014.

Godwin, Joscelyn, *Athanasius Kircher. Renaissance Man and the Quest for Lost Knowledge*, London: Thames and Hudson Ltd. 1979.

Goitein, Shelomo D., *Jews and Arabs. Their Contacts Through the Ages*, 3., überarbeitete Auflage, New York: Shocken Books 1974.

Gordon, Cyrus H., *Forgotten Scripts. How They Were Deciphered and Their Impact on Contemporary Culture*, New York: Basic Books 1968.

Grann, David, *The Lost City of Z. A Tale of Deadly Obsession in the Amazon*, New York: Doubleday 2005.

Grayson, A. Kirk, *Assyrian Rule of Conquered Territory in Ancient Western Asia*, CANE Bd. 2, 959–968.

Grayson, A. Kirk, *Assyrian and Babylonian Chronicles*, Winona Lake/IN: Eisenbrauns 1975/2000.

Greengus, Samuel, *Legal and Social Institutions of Ancient Mesopotamia*, CANE Bd. 1, 469–484.

Haas, Volkert, *Magie und Mythen in Babylonien. Von Dämonen, Hexen und Beschwörungspriestern*, Merlins Bibliothek der geheimen Wissenschaften und magischen Künste 8, Gifkendorf: Merlin Verlag 1986.

Harnack, Adolf, *Das Wesen des Christentums*, Leipzig: Hinrichs 1900.

Harris, Beth und Steven Zucker, *Visiting Babylon. A Conversation With World Monuments Fund*, 15. Oktober 2015: https://www.youtube.com/watch?v=ya1Io0F468c.

Haubold, Johannes, Giovanni B. Lanfranchi, Robert Rollinger und John Steele (Hg.), *The World of Berossos. Proceedings of the 4th International Colloquium on ‚The Ancient Near East between Classical and Ancient Oriental Traditions', Hatfield College, Durham 7th-9th July 2010*, Classica et Orientalia 5, Wiesbaden: Harrassowitz 2013.

Hecker, Karl, *Enūma eliš*, in: Pascal Attinger u. a., Weisheitstexte, Mythen und Epen, TUAT.NF VIII, Gütersloh: Gütersloher Verlagshaus 2015, 88–131.

Hecker, Karl, *Das akkadische Gilgamesch-Epos*, in: ders. u. a., Mythen und Epen II, TUAT III/4, Gütersloh: Gütersloher Verlagshaus 1994, 646–744.

Heeßel, Nils P., *Babylonische Wissenschaft – Medizin und Magie*, in: Wahrheit, 413–422.

Henderson, George, *Late Antique Influences in Some English Mediaeval Manuscripts of Genesis*, Journal of the Warburg and Courtauld Institutes 25, 3/4 (1962), 172–198.

Herrmann, Klaus, *„An den Wassern Babels saßen wir" – Babylon aus der Sicht des Judentums*, in: Wahrheit, 527–544.

Heschel, Susannah, *The Aryan Jesus. Christian Theologians and the Bible in Nazi Germany*, Princeton: Princeton University Press 2008.

Hoberman, Barry, *BA portrait: George Smith (1840-1876): Pioneer Archaeologist*, The Biblical Archaeologist 46/1 (1983), 41–42.

Holloway, Steven W., *Aššur is King! Aššur is King! Religion in the Exercise of Power in the Neo-Assyrian Empire*, Leiden: Brill 2002.

Hopkirk, Peter, *The Great Game. On Secret Service in High Asia*, London: Murray 1990.

Hourihane, Colum, *Between the Picture and the Word. Essays in Commemoration of John Plummer. Princeton Index of Christian Art*, Index of Christian Art Occasional Papers 8, Princeton/NJ: Pennsylvania State University Press 2005.

Howell, Georgina, *Gertrude Bell. Queen of the Desert, Shaper of Nations*. New York: Farrar, Straus and Giroux 2006.

Invernizzi, Antonio, *Die ersten Reisenden*, in: Wahrheit, 53–56.

Jastrow, Morris, *The Civilization of Babylonia and Assyria. Its Remains, Language, History, Religion, Commerce, Law, Art, and Literature*, Philadelphia und London: J.B. Lippincott 1915.

Johanning, Klaus, *Der Bibel-Babel-Streit. Eine forschungsgeschichtliche Studie*, European University Studies, Series 23, 343. Frankfurt am Main: Peter Lang 1988.

Jursa, Michael, *Die Babylonier. Geschichte – Gesellschaft – Kultur*, München: C.H. Beck 2004.

Kammerer, Thomas R. und Kai A. Metzler, *Das babylonische Weltschöpfungsepos Enûma elîsch*, Alter Orient und Altes Testament 375, Münster: Ugarit-Verlag 2012.

Kaufmann, Thomas, *An den christlichen Adel deutscher Nation von des christlichen Standes Besserung*, Kommentare zu Schriften Luthers Bd. 3, Tübingen: Mohr Siebeck 2014.

Kazanghi, Fouad Y., *Hormuzd Rassam. A Great Iraqi Archaeologist*, ankawa.com, 15.01.2015; http://english.ankawa.com/?p=13628.

Kersel, Morag, *The Changing Legal Landscape for Middle Eastern Archaeology in the Colonial Era, 1800–1930*, in: Geoff Emberling (Hg.), Pioneers to the Past. American Archaeologists in the Middle East 1919–1920, The Oriental Institute Museum Publications 30, Chicago: University of Chicago Press 2010, 85–90. http://obs-traffic.museum/sites/default/files/ressources/files/Kersel_changing_legal_landscape.pdf.

Kessler, Karlheinz, *Das wahre Ende Babylons – die Tradition der Aramäer, Mandäer, Juden und Mänichäer*, in: Wahrheit, 457–480.

Kilmer, Anne Draffkorn, *Music and Dance in Ancient Western Asia*, CANE Bd. 4, 2601–2613.

King, Leonard W., *A History of Babylon from the Foundation of the Monarchy to the Persian Conquest*, London: Chatto and Windus 1915.

King, Leonard W. und H. R. Hall, *Egypt and Western Asia in Light of Recent Discoveries*, London: Society for Promoting Christian Knowledge 1907.

Kircher, Athanasius, *Turris Babel. Sive Archontologia qua Primo Prifcorum post diluvium hominum vita, mores rerunque gestarum magnitudo, Secundo Turris fabrica cititatumque extructio, confusio linguarum & inde gentium transmigrationis, cum principalium inde enatorum idiomatum historia, multiplici eruditione describuntur & explicantur*, Amsterdam 1679. http://gallica.bnf.fr/ark:/12148/bpt6k111871z

Klein, Jacob, *Shulgi of Ur. King of a Neo-Sumerian Empire*, CANE Bd. 2, 843–857.

Klengel, Horst, *König Hammurapi und der Alltag Babylons*, Zürich: Artemis & Winkler 1991.

Knudtzon, Jørgen A., *Die zwei Arzawa-Briefe. Die Ältesten Urkunden in indogermanischer Sprache*, Leipzig: Hinrichs 1902.

Kohlmayer, Kay und Eva Strommenger (Hg.), *Wiedererstehendes Babylon. Eine antike Weltstadt im Blick der Forschung*, Ausstellung des Museums für Vor- und Frühgeschichte der Staatlichen Museen Preußischer Kulturbesitz 1991.

Koldewey, Robert, *Das Ischtar-Tor in Babylon nach den Ausgrabungen durch die Deutsche Orient-Gesellschaft*, Wissenschaftliche Veröffentlichung der Deutschen Orient-Gesellschaft 32, Leipzig: Hinrichs 1918.

Koldewey, Robert, *Das wieder erstehende Babylon. Die bisherigen Ergebnisse der deutschen Ausgra-

bungen, 6. Sendschrift der Deutschen Orient-Gesellschaft, 2. Auflage, Leipzig: Hinrichs 1913.

Korte, Anne-Marie, *Sacred Symbols of the City. Babel, Barbara, and their Towers*, in: Lilana Gómez und Walter Van Herck (Hg.), The Sacred in the City, London: Bloomsbury 2012.

Kratz, Reinhard Gregor, *Babylonbilder der Bibel*, in: Wahrheit, 553–556.

Kriwaczek, Paul, *Babylon. Mesopotamia and the Birth of Civilization*, Basingstoke: Macmillan 2012.

Kugel, James L., *Traditions of the Bible. A Guide to the Bible As It Was at the Start of the Common Era*, Cambridge/MA: Harvard University Press 1998.

Lambert, Wilfred George, *Enuma elisch*, in: Karl Hecker u. a., Mythen und Epen II, TUAT III/4, Gütersloh: Gütersloher Verlagshaus 1994, 565–602.

Lambert, Wilfred George, *The Reign of Nebuchadnezzar I. A Turning Point in the History of Ancient Mesopotamian Religion*, in: W. S. McCullough (Hg.), The Seeds of Wisdom. Essays in Honour of T. J. Meek, Toronto: Toronto University Press 1964, 3–13.

Lambert, Wilfred George und A.R. Millard, *Atra-Ḫasis. The Babylonian Story of the Flood*, Winona Lake/IN: Eisenbrauns 1999.

Landsberger, Benno, *Die Eigenbegrifflichkeit der babylonischen Welt. Ein Vortrag*, in: ders./Wolfram von Soden, Die Eigenbegrifflichkeit der babylonischen Welt. Sumerische und babylonische Wissenschaft, Libelli CXLII, Darmstadt: Wissenschaftliche Buchgesellschaft 1965, 1–18 (Erstveröffentlichung: Islamica 2 (1926), 355–372.

Large, David Clay, *Berlin. A Modern History*, London: Penguin 2000.

Larsen, Mogens Trolle, *Europe Confronts Assyrian Art*, Archaeology Odyssey Jan/Feb (2001), 26–35.

Larsen, Mogens Trolle, *The ‚Babel/Bible' Controversy and Its Aftermath*, CANE Bd. 1, 95–106.

Larsen, Mogens Trolle, *Versunkene Paläste. Wie Europa den Orient entdeckte*, Berlin: Osburg-Verlag 2010 (dän. Original 1994; engl. Übersetzung 1996).

Layard, Austen Henry, *A Second Series of the Monuments of Nineveh. Including Bas-Reliefs from the Palace of Sannacherib and Bronzes from the Ruins of Nimroud; from drawings made on the spot during a second expedition to Assyria*, Bd. 2, London: John Murray 1853.

Layard, Austen Henry, *Discoveries among the Ruins of Nineveh and Babylon, with Travels in Armenia, Kurdistan, and the Desert: Being the Result of a Second Expedition Undertaken for the Trustees of the British Museum*, New York: Harper & Brothers 1853. https://archive.org/details/discoveriesamon00layagoog. Nachdruck Gorgias Press 2002 (ins Deutsche übersetzt von J. T. Zenker, A. H. L's Nineveh und Babylon. Nebst Beschreibung seiner Reisen in Armenien, Kurdistan und der Wüste, Leipzig 1856).

Layard, Austen Henry, *Nineveh and Its Remains, Bd. 1: An Account of a visite to the Chaldean Christians of Kurdistan, and the Yezidis, or devil-worshipers; and an inquiry into the manners and arts of the ancient Assyrians*, London: John Murray 1849. Nachdruck bei Gorgias Press 2002 (ins Deutsche übersetzt von N. N. W. Meissner, Niniveh und seine Ueberreste, Leipzig: Dyk 1850; im Volltext u. a. zugänglich unter: https://babel.hathitrust.org/cgi/pt?id=chi.09139 6208&view=1up&seq=7), bzw.: https://echo.mpiwg-berlin.mpg.de/ECHOdocuView?url=/permanent/library/2BX36HCX/index.meta&pn=7).

Lehmann, Reinhard G., *Friedrich Delitzsch und der Babel-Bibel-Streit*, Orbis Biblicus et Orientalis 133, Göttingen: Vandenhoeck & Ruprecht 1994.

Lehmann-Haupt, Carl Friedrich, *Berossos*, in: RlA 2 (1938), 1–17.

Leichty, Erle, *Essarhaddon, King of Assyria*, CANE Bd. 2, 949–958.

Leurpendeur, Nicole, *Babylon wird ausgegraben. Robert Koldweys Expedition nach Mesopotamian 1898-1917*, Gauting/Starnberg: AJA Verlag 2006.

Lindemann, Bernd Wolfgang, *Der Turm in der Baukunst*, in: Mythos, 245–252.

Littauer, Mary A. und Joost H. Crouwel, *Selected Writings on Chariots, Other Early Vehicles, Riding and Harness*, Culture and History of the Ancient Near East 6; Leiden: Brill 2001.

Littauer, Mary A. und Joost H. Crouwel, *Wheeled Vehicles and Ridden Animals in the Ancient Near East*, Leiden: Brill 1979.

Liverani, Mario, *Imagining Babylon. The Modern Story of an Ancient City*, Studies in Ancient Near Eastern Records 11, Berlin/Boston: de Gruyter 2016 (ital. Original 2013).

Liverani, Mario, *Uruk. The First City*, Sheffield: Equinox, 2006 (ital. Original 1998).

Lloyd, Seton M., *Foundations in the Dust. A Story of Mesopotamian Exploration*, Harmondsworth: Penguin 1955.

Lloyd, Seton M., *Die Archäologie Mesopotamiens. Von der Altsteinzeit bis zur persischen Eroberung*, München: Beck 1981 (engl. Original 1978).

Loftus, William K., *Travels and Researches in Chaldaea and Susiana. With an Account of Excavations at Waraka, the „Erech" of Nimrod and Sush, „Shushan the Palace" of Esther in 1848-1852*, New York: Robert Carter and Brothers 1857. https://archive.org/details/travelsresearche00loftrich.

Lowin, Shari L., *Narratives of Villainy. Titus, Nebuchadnezzar, and Nimrod in the Hadith and Midrash Aggadah*, in: Paul Cobb (Hg.), The Lineaments of Islam. Studies in Honor of Fred McGraw Donner, Islamic History and Civilization 95; Leiden: Brill 2012, 261–296.

Luke, Christina und Morag Kersel, *U. S. Cultural Diplomacy and Archaeology. Soft Power, Hard Heritage*, Routledge Studies in Archaeology 6, New York: Routledge 2013.

Luther, Martin, *An den Christlichen Adel deutscher Nation von des christlichen Standes Besserung*, in: Deutsch-Deutsche Studienausgabe, Bd. 3: *Christ und Welt*, Leipzig: Evangelische Verlagsanstalt 2016. Der Text ist auch zu finden unter: https://archive.org/details/werkekritischege06luthuoft/page/404/mode/2up

Luther, D. Martin, Werke. Kritische Gesamtausgabe (= *WA*), Bd. 6, Weimar: Böhlau 1888. Der Text ist auch zu finden unter: https://archive.org/details/werkekritischege06luthuoft/page/328/mode/2up.

MacGinnis, John, *Herodotus' Description of Babylon*, Bulletin of the Institute of Classical Studies 33 (1986), 67–86.

Machinist, Peter, *The Road Not Taken. Wellhausen and Assyriology*, in: Gershon Galil, Mark Geller und Alan Millard (Hg.), Homeland and Exile. Biblical and Ancient Near Eastern Studies in Honor of Bustenay Oded, Leiden: Brill 2009, 469–531.

Machule, Dittmar, *Robert Koldewey - Pionier systematischer Ausgrabungen im Orient*, in: Auf dem Weg nach Babylon, 108–119.

Malley, Shawn, *The Layard Enterprise. Victorian Archaeology and Informal Imperialism in Mesopotamia*, in: Zainab Bahrani, Zeynep Çelik, Edhem Eldem (Hg.), Scramble for the Past, Istanbul: SALT 2011, 99–123.

Marchand, Suzanne L., *Where does History Begin? J. G. Herder and the Problem of Near Eastern Chronology in the Age of Enlightenment*, Eighteenth-Century Studies 47/2 (2014), 157–175.

Marchand, Suzanne L., *Down from Olympus. Archaeology and Philhellenism in Germany, 1750-1970*, Princeton/NJ: Princeton University Press 1996.

Marchand, Suzanne L., *German Orientalism in the Age of Empire. Religion, Race, and Scholarship*. Cambridge: Cambridge University Press 2009.

Marzahn, Joachim und Günther Schauerte in Zusammenarbeit mit Bernd Müller-Neuhof und Katja Sternitzke (Hg.), *Babylon. Mythos und Wahrheit*, Bd. 2: Wahrheit, Berlin: Hirmer Verlag/Staatliche Museen zu Berlin 2008. An anderer Stelle auch aufgeführt als: Wahrheit.

Marzahn, Joachim, *Die Arbeitswelt - Wirtschaft und Verwaltung, Handel und Profit*, in: Wahrheit, 231–256.

Marzahn, Joachim, *Die deutschen Ausgrabungen*, in: Wahrheit, 67–78.

Marzahn, Joachim, *Das Ištar-Tor - die Prozessionsstraße - das babylonische Neujahrsfest*, Staatliche Museen zu Berlin, Vorderasiatisches Museum, Mainz: Philipp von Zabern 1992.

Maspero, Gaston, *Histoire ancienne des peuples de l'Orient classique*, 3 Bde., Paris: Librairie Hachette 1895–1897; hier in folgender Fassung verwendet: G. Maspero's Geschichte der morgenländischen Völker im Altertum, nach der zweiten Auflage unter Mitwirkung des Verfassers übersetzt von Richard Pietschmann, Leipzig: Wilhelm Engelmann 1877; zu finden unter: https://reader.digitale-sammlungen.de/de/fs1/object/display/bsb11356932_00007.html.

Matthes, Olaf, *James Simon. Mäzen im Wilhelminischen Zeitalter*, Bürgerlichkeit, Wertewandel, Mäzentum 5, Berlin: Bostelmann & Siebenhaar 2000.

Matthes, Olaf, *James Simon. Sammler und Mäzen für die Staatlichen Museen zu Berlin*, Berlin: Staatliche Museen zu Berlin, Preußischer Kulturbesitz 2001.

Maul, Stephan M., *Die Religion Babyloniens*, in: Wahrheit, 167–206.

Maul, Stephan M., *Das Gilgamesch-Epos*, neu übersetzt und kommentiert, 2., durchgesehene Auflage, München: Beck 2005.

McGeough, Kevin M., *The Ancient Near East in the Nineteenth Century. The Ancient Near East in the Nineteenth Century: Appreciations and Appropriations, Bd. 1. Claiming and Conquering*, Hebrew Bible Monographs 67, Sheffield: Sheffield Phoenix Press 2015.

McGeough, Kevin M., *The Ancient Near East in the Nineteenth Century: Appreciations and Appropriations, Bd. 2. Collecting, Constructing, Curating*, Hebrew Bible Monographs 68, Sheffield: Sheffield Phoenix Press 2015.

McGeough, Kevin M., *The Ancient Near East in the Nineteenth Century: Appreciations and Appropriations, Bd. 3. Fantasy and Alternative Histories*, Hebrew Bible Monographs 69; Sheffield: Sheffield Phoenix Press 2016.

Meade, Wade, *The Road to Babylon. Development of U. S. Assyriology*, Leiden: Brill 1974.

Meyer, Eduard, *Geschichte des Altertums*, 5 Bände, 3. Auflage Stuttgart: J.G. Cotta'sche Buchhandlung 1913.

Micale, Maria Gabriella, European Images of the Ancient Near East at the Beginnings of the

Michalowski, Piotr, *Sumerian Literature. An Overview*, CANE Bd. 4, 2279–2291.

Minkowski, Helmut, *Aus dem Neben der Vergangenheit steigt der Turm zu Babel. Bilder aus 1000 Jahren*, Heraklit Rundschau Sonderausgabe, Berlin: Self Published 1959.

Mommsen, Wolfgang J., *Großmachtstellung und Weltpolitik. Die Außenpolitik des deutschen Reiches 1870 bis 1914*, Frankfurt am Main: Propyläen 1993.

Moran, William L., *The Amarna Letters*, Baltimore: The Johns Hopkins University Press 1992.

Moreck, Curt, *Ein Führer durch das „lasterhafte" Berlin. Das deutsche Babylon 1931*, München: btb, 2020.

Morton, Michael, *Herder and the Poetics of Thought. Unity and Diversity in On Diligence in Several Languages*, University Park/London: The Pennsylvania State University Press 1989.

Mythos = Wullen, Moritz und Günther Schauerte unter Mitwirkung von Hanna Strzoda (Hg.), *Babylon. Mythos und Wahrheit*, Bd. 1: Mythos, Berlin: Hirmer Verlag/Staatliche Museen zu Berlin 2008.

Nemet-Nejat, Karen Rhea, *Daily Life in Ancient Mesopotamia*, Peabody/MA: Hendrickson 1998.

Neumann, Hans, *Das Recht in Babylonien*, in: Wahrheit, 207–222.

Neusner, Jacob, *A History of the Jews in Babylonia*, 5 Bde., Leiden: Brill 1965–1970; Nachdruck 1999.

Niebuhr, Carsten, *Reisebeschreibung nach Arabien und andern umliegenden Ländern*, 2 Bde., Kopenhagen 1774–1778.

Niebuhr, Carsten, *Beschreibung von Arabien. Aus eigenen Beobachtungen und im Lande selbst gesammleten Nachrichten*, Kopenhagen 1872.

Nissen, Hans J., *Frühformen sesshaften Lebens (ca. 15000 bis ca. 4800 v. Chr.)*, in: ders., Geschichte Alt-Vorderasiens, Oldenbourg Grundriss der Geschichte 25, München: R. Oldenbourg Verlag 1999, 21–32.

Nissen, Hans J., Peter Damerow und Robert K. Englund, *Archaic Bookkeeping. Early Writing and Economic Administration in the Ancient Near East*, Chicago: University of Chicago Press 1993.

Noll, Mark A., *Between Faith and Criticism. Evangelicals, Scholarship, and the Bible in America*, Vancouver: Regent College Publishing 1986.

Nunn, Astrid, *Der Alltag in Babylon*, in: Wahrheit, 277–294.

Oelsner, Joachim, *Vorderasien: Astronomie*, in: Fritz Jürss (Hg.), Geschichte des wissenschaftlichen Denkens im Altertum, Berlin: Akademie Verlag 1982, 60–70.

Oelsner, Joachim, *Vorderasien: Mathematik*, in: Fritz Jürss (Hg.), Geschichte des wissenschaftlichen Denkens im Altertum, Berlin: Akademie Verlag 1982, 50–60.

Olender, Maurice, *Die Sprachen des Paradieses. Religion, Rassentheorie und Textkultur*, Berlin: Kulturverlag Kadmos 2013.

Ooghe, Bart, *The Rediscovery of Babylonia. European Travellers and the Development of Knowledge on Lower Mesopotamia, Sixteenth to Early Nineteenth Century*, Journal of the Royal Asiatic Society (3rd series) 17/3 (2007), 231–252.

Oort, Johannes van, *Jerusalem and Babylon. A Study into Augustine's City of God and the Sources of his Doctrine of the Two Cities*, Leiden: Brill 1991.

Oppenheim, A. Leo, *Ancient Mesopotamia. Portrait of a Dead Civilization*, von Erica Reiner überarbeitete Ausgabe, Chicago: University of Chicago Press 1964.

Ossendrijver, Mathieu, *Astronomie und Astrologie in Babylonien*, in: Wahrheit, 373–386.

Ousterhout, Robert G., *Archaeologists and Travelers in Ottoman Lands. Three Intersecting Lives*, Expedition Bd. 52/2 (2010), 10–20. https://www.penn.museum/documents/publications/expedition/PDFs/52-2/ousterhout.pdf.

Parzinger, Hermann, *Die Kinder des Prometheus. Eine Geschichte der Menschheit vor der Erfindung der Schrift*, 5., durchgesehene Auflage München: C. H. Beck, 2016.

Pearce, Laurie E., *The Scribes and Scholars of Ancient Mesopotamia*, CANE Bd. 4, 2265–2278.

Pearce, Laurie E. und Cornelia Wunsch, *Documents of Judean Exiles and West Semites in Babylonia In the Collection of David Sofer*, Cornell University Studies in Assyriology and Sumerology 28, Cornell University Press 2014.

Pedersén, Olof, *Die Wiedergewinnung der Zeitgenössigen schriftlichen Quellen. Eine Übersicht des Bestandes,* in: Wahrheit, 81–90.

Pedersén, Olof, *Archives and Libraries in the Ancient Near East 1500-300 B. C.*, Bethesda/MD: CDL Press 1998.

Pettinato, Giovanni, *Semiramis. Herrin über Assur und Babylon. Biographie*, Artemis: Zürich und München 1988.

Polaschegg, Andrea und Michael Weichenhan, *Berlin - Babylon. Eine deutsche Faszination 1890-1930*, Berlin: Klaus Wagenbach 2017.

Polk, Milbary und Angela M. H. Schuster (Hg.), *The Looting of the Iraq Museum, Baghdad. The Lost Legacy of Ancient Mesopotamia*, New York: Harry N. Arams, Inc. 2005.

Postgate, J. N., *Royal Ideology and State Administration in Sumer and Akkad*, CANE Bd. 1, 395–411.

Raphael, Chaim, *The Road from Babylon. The Story of Sephardi and Oriental Jews*, A Cornelia & Michael Bessie Book, New York: Harper and Row 1985.

Rauwolf, Leonhard, *Aigentliche Beschreibung der Raisz inn die Morgenländer*, Bayerische Staatsbibliothek (Staats- und Stadtbibliothek Augsburg), Willers 1583; 2015 digital erfasst.

Rawlinson, George, *The Five Great Monarchies of the Ancient Eastern World*, 3 Bände, London: Murray 1862.
Rawlinson, Henry C., *The Cuneiform Inscriptions of Western Asia*, 5 Bde., London: Trustees of the British Museum 1861–1884.
Reade, Julian E., *Disappearance and Rediscovery*, in: Babylon. Myth and Reality, 13–32.
Reade, Julian E., *Early travellers on the Wonders. Suggested Sites*, in: Babylon. Myth and Reality, 112–117.
Renfrew, Colin, *Loot, Legitimacy, and Ownership. The Ethical Crisis in Archaeology*, Duckworth Debates in Archaeology, London: Duckworth 2000.
RlA = Ebeling, Erich u. a. (Hg.), *Reallexikon der Assyriologie und vorderasiatischen Archäologie*, Berlin: de Gruyter 1932ff; Online-Zugriff unter: https://rla.badw.de/reallexikon.html
Robertson, John F., *The Social and Economic Organization of Ancient Mesopotamian Temples*, CANE Bd. 1, 443–454.
Rogers, Robert William, *A History of Babylonia and Assyria*, 2 Bde., New York: Eaton & Mains 1901.
Rogerson, John, *Old Testament Criticism in the Nineteenth Century. England and Germany*, London: The Society for Promoting Christian Knowledge 1984.
Röllig, Wolfgang, *Überblick über die akkadische Literatur*, RlA 7 (1987), 48–54.
Rollinger, Robert, *Herodots babylonischer Logos. Eine kritische Untersuchung der Glaubswürigkeitsdiskussion*, Innsbrucker Beiträge zur Kulturwissenschaft 84, Innsbruck: Verlag des Instituts für Sprachwissenschaft 1993.
Roux, George, *Ancient Iraq*, 3. Auflage London: Penguin 1992.
Runions, Erin, *The Babylon Complex. Theopolitical Fantasies of War, Sex, and Sovereignty*, New York: Fordham University Press 2014.
Saggs, H. W. F., *Mesopotamien. Assyrer, Babylonier, Sumerer*, Zürich: Kindler 1966 (engl. Original 1962).
Said, Edward, *Orientalismus*, 6. Auflage Frankfurt/M.: S. Fischer 2019 (engl. Original 1978).
Sallaberger, Walther, *Šulgi*, RlA 13 (2011), 270–280.
Sallaberger, Walther, *Das Gilgamesch-Epos. Mythos, Werk und Tradition*, München: Beck 2008.
Sarno, Charles und Helen Shoemaker, *Church, Sect, or Cult. The Curious Case of Harold Camping's Family Radio and the May 21 Movement*, Nova Religio. The Journal of Alternative and Emergent Religions 19/3 (2016), 6–30.
Sasson, Jack M., *King Hammurabi of Babylon*, CANE Bd. 2, 901–915.
Sasson, Jack M. (Hauptherausgeber), *Civilizations of the Ancient Near East*, in vier Bänden, Peabody/MA: Hendrickson 1996; Nachdruck 2006; sonst mit CANE abgekürzt.
Sayce, H. A., *George Smith*, Litell's Living Age 131/1687 (1876).
Schechtman, Joseph B., *The Life and Times of Vladimir Jabotinsky. Statesman and Rebel. The Early Years*, Silver Springs/MD: Eshel Books 1986.
Scheil, Andrew, *Babylon Under Western Eyes. A Study of Allusion and Myth*, Toronto: Toronto University Press 2016.
Schmid, Hansjörg, *Der Tempelturm Etemenanki in Babylon*, Baghdader Forschungen 17, Mainz: Philipp von Zabern 1995.
Schmitt, Werner, *Die sieben Weltwunder. Ihre Erbauung, Zerstörung und Wiederentdeckung*, Kulturgeschichte der Antiken Welt, Sonderband, Mainz: Philipp von Zabern 1984.
Schnabel, Paul, *Berossos und die babylonisch-hellenistischen Literatur*, Leipzig/Berlin: B. G. Teubner 1923.
Scholz, Dieter, *Das Babylon-System*, in: Mythos, 181–190.
Scurlock, JoAnn, *Sourcebook for Ancient Mesopotamian Medicine*, Writings from the Ancient World 36; Atlanta/GA: Society of Biblical Literature 2014.

Selz, Gebhard J., *Das babylonische Königtum*, in: Wahrheit, 105–138.
Selz, Gebhard J., *Sumerer and Akkader. Geschichte, Gesellschaft, Kultur,* München: C. H. Beck 2005.
Seymour, *Babylon's Wonders of the World*, in: Babylon. Myth and Reality, 104–109.
Seymour, Michael, *Semiramis und die Wunder Babylons*, in: Wahrheit, 231–243.
Seymour, Michael, *The Hanging Gardens and Walls of Babylon in Art and Culture*, in: Babylon. Myth and Reality, 118–123.
Seymour, Michael, *Babylon. Legend, History, and the Ancient City*, London: I.B. Tauris 2014.
Shavit, Yaacov und Mordechai Eran, *The Hebrew Bible Reborn. From Holy Scripture to the Book of Books. A History of Biblical Culture and the Battles over the Bible in Modern Judaism*, Studia Judaica 38, Berlin: de Gruyter 2007.
Siegert, Hubertus, *Berlin Babylon*, 2001. http://www.imdb.com/title/tt0276819/.
Smith, George, *Assyria. From the Earliest Times to the Fall of Nineveh*, Ancient History from the Monuments, London: Society for Promoting Christian Knowledge 1875 (Nachdruck Cambridge 2014).
Smith, George, *Assyrian Discoveries. An Account of Explorations and Discoveries on the Site of Nineveh, during 1873 and 1874*, New York: Scribner, Armstrong 1876 (deutsche Übersetzung: Entdeckungen in Assyrien. Ein Bericht der Untersuchungen und Entdeckungen zur Richtigstellung der Lage von Ninive in den Jahren 1873 und 1874, übs. von Emilie Freifrau von Boecklin, Leipzig: Pfeiffer 1898; zugänglich unter: https://digital.ub.uni-leipzig.de/mirador/index.php#c302550c-c735-435c-b22c-3ca683e57251.)
Smith, George, *The Chaldean Account of Genesis. Containing the Description of the Creation, the Fall of Man, the Deluge, the Tower of Babel, the Times of the Patriarchs, and Nimrod; Babylonian Fables, and Legends of the Gods*, London: Sampson Low, Marston, Searle, and Rivington 1876; Nachdruck durch Forgotten Books.
Smith, Woodruff D., *European Imperialism in the 19th and 20th Centuries. An Examination of the Economic and Political Factors that Determined the Direction of European Colonial Expansion*, Chicago: Nelson-Hall 1982.
Smith, Woodruff D., *Politics and the Sciences of Culture in Germany, 1840-1920*, New York/Oxford: Oxford University Press 1991.
Sommerfeld, Walter, *The Kassites of Ancient Mesopotamia. Origins, Politics, and Culture*, CANE Bd. 2, 917–930.
Standage, Tom, *Sechs Getränke, die die Welt bewegten*, Düsseldorf: Artemis & Winkler 2012 (engl. Original 2005).
Stol, Marten, *Private Life in Ancient Mesopotamia*, CANE Bd. 1, 485–501.
Stone, Elizabeth C., *The Development of Cities in Ancient Mesopotamia*, CANE Bd. 1, 235–248.
Stone, Peter G. und Joanne Farchakh Bajjaly, *The Destruction of Cultural Heritage in Iraq*, The International Centre For Cultural & Heritage Studies, Woodbridge: The Boydell Press 2008.
Strzoda, Hanna, *Berlin – Babylon*, in: Mythos, 215–224.
Taylor, Jonathan, *Die britische Forschungsreisenden*, in: Wahrheit, 57–62.
Thelle, Rannfrid I., *Babylon as Judah's Doppelgänger. The Identity of Opposites in the Book of Jeremiah*, in: Andrew Mein, Paul Kim und Else K. Holt (Hg.) Concerning the Nations: Essays on the Oracles against the Nations in Isaiah, Jeremiah and Ezekiel, LHBOTS 304, London: Bloomsbury 2015, 77–94.
Thelle, Rannfrid I., *Babylon in the Book of Jeremiah. Negotiating a Power Shift*, in: H. M. Barstad und Reinhard Gregor Kratz (Hg.), Prophecy in the Book of Jeremiah, BZAW, 388, Berlin/New York: de Gruyter 2009, 187–232.
Thelle, Rannfrid I., *MT Jeremiah. Reflections of a Discourse on Prophecy in the Persian Period*, in: E.

Ben Zvi und D. V. Edelman (Hg.), The Production of Prophecy. Constructing Prophets and Prophecy in Yehud, Bible World, London: Equinox 2009, 184–207.

Tigay, Jeffrey H., *The Evolution of the Gilgamesh Epic*. Wauconda/IL: Bolchazy-Carducci Publishers 1982; Nachdruck 2002.

Toorn, Karel van der und P. W. van der Horst, *Nimrod before and after the Bible*, Harvard Theological Review 83/1 (1990), 1–29.

TUAT = Texte aus der Umwelt des Alten Testaments, hg. u. a. von Otto Kaiser, Gütersloh: Gütersloher Verlagshaus 1982-2002.

TUAT.NF = Texte aus der Umwelt des Alten Testaments. Neue Folge, hg. von Bernd Janowski und Gernot Wilhelm, Gütersloh: Gütersloher Verlagshaus 2004-2020.

UPenn Gazette, *The Rise and Fall of Hermann Hilprecht*, Januar/Februar 2003. http://www.upenn.edu/gazette/0103/frithsidebar.html.

van Ess, Margarete, *Koldewey – Pionier systematischer Ausgrabungen im Orient*, in: Auf dem Weg nach Babylon, 91–103.

Vanja, Konrad, *Von Babylon nach Jerusalem. Die zwei Wege, das himmlische Jerusalem und die Hure von Babylon auf populären Drucken des 19. Jahrhunderts*, in: Mythos, 225 – 230.

Völlnagel, Jörg, *Babylonische Apokalypse*, in: Mythos, 265–272.

von Soden, Wolfram, *Der altbabylonische Atramchasis-Mythos,* in: Karl Hecker u. a., Mythen und Epen II, TUAT III/4, Gütersloh: Gütersloher Verlagshaus 1994, 612–645.

von Soden, Wolfram, *Weisheitstexte in akkadische Sprache*, in: Willem H. Ph. Römer und ders., Weisheitstexte I, TUAT III/1, Gütersloh: Gütersloher Verlagshaus 1990, 110–188.

Vorderasiatisches Museum Berlin, *Geschichte und Geschichten zum hundertjährigen Bestehen*, Staatliche Museen zu Berlin, Preußischer Kulturbesitz 2000.

Wahrheit = Marzahn, Joachim und Günther Schauerte in Zusammenarbeit mit Bernd Müller-Neuhof und Katja Sternitzke (Hg.), *Babylon. Mythos und Wahrheit*, Bd. 2: Wahrheit, Berlin: Hirmer Verlag/Staatliche Museen zu Berlin 2008.

Wartke, Ralf-B., *Robert Koldewey und Sendschirli – Eine Station auf dem Weg nach Babylon*, in: ders. (Hg.), Auf dem Weg nach Babylon. Robert Koldewey – ein Archäologenleben, Mainz: Philipp von Zabern 2008, 50–69.

Weiner, Sarah Elliston, *The Tower of Babel in Netherlandish Painting*, Dissertation, Columbia University 1985.

Weißbach, F.H., *Botta, P.É.*, RlA 2 (1938), 60–61.

Wengrow, David, *What Makes Civilization? The Ancient Near East and the Future of the West*, Oxford: Oxford University Press 2010.

Wetzel, F. H. und F. H. Weißbach, *Das Hauptheiligtum des Marduk in Babylon, Esagila und Etemenanki*, Osnabrück: Zeooer 1967.

Wiencke, Matthew Immanuel, *Johann Winckelmann*, Encyclopedia Britannica. URL: https://www.britannica.com/biography/Johann-Joachim-Winckelmann.

Wiese, Christian, *Wissenschaft des Judentums und protestantische Theologie im wilhelminischen Deutschland. Ein Schrei ins Leere?* Schriftenreihe wissenschaftlicher Abhandlungen des Leo-Baeck-Instituts 61, Tübingen: Mohr Siebeck 1999.

Wiesehöfer, Josef, *Das frühe Persien. Geschichte eines antiken Weltreichs*, München: C. H. Beck 2015.

Wilken, Marc, *Architektur-Utopien nach Babylon*, in: Mythos, 253–264.

Wilson, Adrian und Joyce Lancaster Wilson, *A Medieval Mirror. Speculum Humanae Salvationis 1324-1500*, Berkeley: University of California Press 1985.

Wiseman, D. J., *Babylonia 605–539 B. C.*, Kapitel 27 in: John Boardman, I. E. S. Edwards, E. Sollberger und N. G. L. Hammond (Hg.), The Cambridge Ancient History, Bd. 3, 2. Auflage, Cambridge: Cambridge University Press 1992, 229–251.

Wiseman, Donald J., *Nebuchadrezzar and Babylon*, The Schweich Lectures 1983, Oxford: Oxford University Press 1985.

Withers, Benjamin C., *The Illustrated Old English Hexateuch, Cotton Claudius B.iv: the Frontier of Seeing and Reading in Anglo-Saxon England*, Toronto: University of Toronto Press 2007.

Wullen, Moritz und Günther Schauerte unter Mitwirkung von Hanna Strzoda (Hg.), *Babylon. Mythos und Wahrheit*, Bd. 1: Mythos, Berlin: Hirmer Verlag/Staatliche Museen zu Berlin 2008. An anderer Stelle auch aufgeführt als: Mythos.

Younger, K. Lawson, *The Production of Ancient Near Eastern Text Anthologies from the Earliest to the Latest*, in: Steven W. Holloway (Hg.), Orientalism, Assyriology, and the Bible, Sheffield: Sheffield Phoenix Press 2006, 199–219.

Zimmern, Heinrich, *Zum babylonischen Neujahrsfest*, zweiter Beitrag, Berichte über die Verhandlungen der Sächsischen Gesellschaft der Wissenschaften zu Leipzig Bd. 70, Heft 5, Leipzig: B.G. Teubner 1918.

Ziolkowski, Theodore, *Gilgamesh Among Us. Modern Encounters with the Ancient Epic*, Ithaca: Cornell University Press 2011.

Andere Medien

Zeitungen:

Daily Telegraph, 4. März 1875.

Nachrichtenmedien:

Gaumont-Wochenschau 1930, *Eröffnung des Pergamonmuseums* (One hundredth anniversary of the Berlin Museums), Filmarchiv Berlin.

Emelka-Wochenschau (= M. L. K. = Münchener Lichtspielkunst GmbH) 1930, *Auferstandenes Altertum*.

The New York Times, April 26, 1931.

The New York Times, September 6, 1931.

CNN: Bringing Babylon Back from the Dead, 20. Juli 2013: https://www.youtube.com/watch?v=9P0YpyDrmX8.

Leon Barkho, Iraq to Revive Babylonian Festival, Independent, 20. September 1992: http://www.independent.co.uk/news/world/iraq-to-revive-babylonian-festival-1552717.html

Marozzi, Justin, Lost cities #1: Babylon – how war almost erased ‚mankind's greatest heritage site', The Guardian, 8. August 2016: https://www.theguardian.com/cities/2016/aug/08/lost-cities-1-babylon-iraq-war-history-mankind-greatest-heritage-site.

Vortrag:

Joachim Marzahn, Vortrag an der Columbia University am 4. Mai 2009.

Websites:

http://www.asor-syrianheritage.org/
http://www.michaelrakowitz.com/
https://creationmuseum.org/
https://oi.uchicago.edu/research/projects/nippur-expedition#History_Excav
Vorderasiatisches Museum, Staatliche Museen zu Berlin, Preussischer Kulturbesitz:
https://www.smb.museum/museen-einrichtungen/vorderasiatisches-museum/sammeln-
   forschen/sammlung/

Musik/Aufführung:

By the Rivers of Babylon; The Melodians, 1970.
By the Rivers of Babylon: Boney M., 1978.
Israel Music History, Nabucco Heb. Israel Opera. https://www.youtube.com/watch?v=YFo-gPfDHbQ (Zugriff am 22.11. 2017).

DVDs:

Babylon. Mythos und Wahrheit. Die DVD zur Berliner Ausstellung von Gisela Graichen und Peter Prestel, Peter Prestel Filmproduktion, Eichstätt 2008.
Das Pergamonmuseum Berlin. Antikensammlung, Vorderasiatisches Museum, Museum für Islamische Kunst. Produziert von Oculus Film in Zusammenarbeit mit den Staatlichen Museen zu Berlin, Berlin 2008.

Dokumentarfilm:

Berlin Babylon, 2001. Drehbuch und Regie: Hubertus Siegert.

Fernsehserie:

Babylon Berlin; von Tom Tykwer, Achim von Borries und Henk Handloegten; produziert von Stefan Arndt, Uwe Schott und Michael Polle, X Filme Creative Pool Berlin, ab 2007. https://www.babylon-berlin.com/de/

Anhang 1: Zeittafel Babylons in Verbindung mit zeitgleichen und späteren Kulturen

	Kulturen Babyloniens	Palästina	andere Kulturen bzw. Reiche in der Region
3500	Uruk-Zeit	verschiedene städtische Kulturen sowie Kulturen mit Ackerbau und Viehzucht	
3000	Sumer: frühdynastische Zeit		Ägypten: frühdynastische Zeit
2500	Zusammenschluss von Sumer und Akkade Sargon von Akkade Ur III-Zeit, Lagasch		Ägypten: Altes Reich, die Pyramiden von Giseh, Kulturen des Industals
2000	Isin-Larsa-Zeit altbabylonische Zeit König Hammurapi	kanaanäische Stadtstaaten	altassyrisches Reich Ägypten: Mittleres Reich Mari
1500	mittelbabylonische Zeit zweite Dynastie von Isin	unter der Herrschaft bzw. dem Einfluss Ägyptens	Ägypten: Neues Reich, Amarna-Zeit (Echnaton) mittelassyrisches Reich hethitisches Reich, elamitisches Reich
1000	frühneubabylonische Zeit; neubabylonische Zeit Nebukadnezzar II.	Israel: 721 von Assyrien besiegt; Juda: 586 von Babylon besiegt	neuassyrisches Reich: Sargon II., Sanherib

nach 586: Babylon steht unter der Herrschaft anderer Mächte

500	persisches Reich (Kyros II.) Alexander der Große Diadochenreiche	
	PartherInnen	Diadochenreiche
0	SassanidInnen	Römisches Reich das Römische Reich als christliche Macht (ab Ende des 4. Jh.s)

500	arabische/islamische Expansion omajjadisches Reich abbasidisches Reich		
1000	Expansion der Türkei: seldschukisches Reich Kreuzzüge, ajjubidisches Reich mongolisches Reich, MameluckInnen Untergang des oströmischen bzw. byzantinischen Reichs 1453		
1500	Osmanisches Reich (bis 1918) europäische Kolonisierung und Imperialismus		
1900	1921: britisches Mandatsgebiet 1932: Königreich Irak 1958: Republik Irak	1920: britisches Mandatsgebiet Palästina; 1948: Unabhängigkeitserklärung Israels	im 20. Jh. gegründete Nationalstaaten in der Region

Anhang 2: Bedeutende Jahre der babylonischen Geschichte

Jungsteinzeit (Neolithikum)
vor 8000 — verschiedene jungsteinzeitliche Siedlungen von JägerInnen und SammlerInnen
ca. 6000 — Beginn des Gebrauchs von Keramik

Kupfersteinzeit (Chalkolithikum)
4500–4000 — Obed-Kultur

Bronzezeit
4000–3000 — Uruk-Zeit
Kolonien Uruks in Nordmesopotamien
Uruk (sumerischer Stadtstaat)
ca. 2900–2350 — frühdynastische Zeit, Südmesopotamien
bedeutende Städte: Ur, Uruk, Umma, Lagasch
2500 — die Stadt Kisch nimmt eine führende Rolle ein, Nippur ist ein religiöses Zentrum
ca. 2500 — älteste Keramikfunde in Babylon
2350–2193 — Dynastie von Akkade
    Sargon (2334–2279)
    Naram-Sin (2254–2218)
2112–2004 — dritte Dynastie von Ur bzw. Ur III-Dynastie
    Ur-Nammu (2112–2095)
    Schulgi (2094–2047)
2003–1595 — „amurritische Zeit"
2025–1763 — Isin und Larsa als bedeutendste Stadtstaaten
1894–1495 — altbabylonische Zeit
1894 — der Amurriter Sumu-abum gründet eine Dynastie in Babylon
    Sabium (1844–1831)
    Sin-muballit (1812–1793)
1830–1776 — Schamschi-Adad I. ist König von Assyrien
1792–1750 — Hammurapi
1766 — Hammurapi dehnt seinen Herrschaftsbereich auf Nordmesopotamien aus
1763 — Hammurapi annektiert Isin und Larsa
1761 — Hammurapi besiegt Zimri-Lim von Mari und vereint ganz Mesopotamien zum Babylonischen Reich
1738 — Beginn der Gebietsverluste Babylons
1495 — der hethitische König Murschili I. greift Babylon an und plündert es
1494–1158 — mittelbabylonische Zeit: die KassitInnen
1385–1355 — die Amarna-Zeit
1235 — der assyrische König Tukulti-Ninurta I. greift Babylon an

Eisenzeit
ca. 1200 — größere Umbrüche in der Region
1158 — Elam greift Babylon an und beendet die kassitische Dynastie
1158–539 — neuabylonische Zeit
1158–812 — verschiedene Dynastien in Babylonien

Anhang 2: Bedeutende Jahre der babylonischen Geschichte

1157–1026	zweite Dynastie von Isin
	Nebukadnezzar I. (1125–1104)
1123	Babylons Sieg über Elam
	Marduk steigt zu einer der Hauptgottheiten Babylons auf
	auch die Bedeutung Nabus wächst, des Gottes der Schreibkunst
ca. 910–612	Assyrien beherrscht Babylonien
ca. 800	die ChaldäerInnen erscheinen als neue, dominante Gruppe in Babylon
769–625	Machtkämpfe zwischen Assyrien und Babylonien
729	der assyrische König Tukulti-apil-Escharra (Tiglatpileser) III. bemächtigt sich des babylonischen Throns
726–722	der assyrische König Salmanassar V. herrscht über das vereinigte Assyrien und Babylonien; 722 erobert er Samaria
721–711	der chaldäische Fürst Marduk-apla-iddina II. bringt die Herrschaft wieder an sich
710	der assyrische König Sargon II. übernimmt wiederum die Macht in Babylon
704–681	Sanherib herrscht erneut über das vereinigte Assyrien und Babylonien und bedroht Jerusalem (701)
689	Sanherib legt Babylon in Schutt und Asche
680–669	Asarhaddon herrscht über Assyrien und Babylonien
668–627	Assurbanipal herrscht über Assyrien
667–648	Schamasch-schum-ukin herrscht in Babylon
652–648	Bürgerkrieg zwischen den Brüdern Assurbanipal und Schamasch-schum-ukin
612	Ninive wird von einer medisch-babylonischen Koalition zerstört, dadurch Untergang des neuassyrischen Reiches
625–539	größere Ausdehnung und Machtfülle des neubabylonischen Reiches
	Nabopolassar (625–604)
	Nebukadnezzar II. (604–562)
	Nabonid (556–539)
605	Nebukadnezzar II. besiegt Pharao Necho II. in der Schlacht von Karkemisch
597	Nebukadnezzar II. übernimmt in Juda die Macht und setzt einen neuen König in Jerusalem ein
586	die BabylonierInnen zerstören Jerusalem und den salomonischen Tempel
539	König Kyros II. besiegt Babylon
	das Ende des letzten babylonischen Reiches ist gekommen
538–331	das persische Reich (achämenidisches Reich)
	Darius I., der Große (522–486)
	Xerxes I. (486–465)
490	Darius I. wird von Griechenland in der Schlacht von Marathon bezwungen
480	Persien wird von Griechenland in der Schlacht von Salamis besiegt
334	Alexander, Sohn des makedonischen Königs Philipp II., überquert den Hellespond
334–331	Alexander erobert das persische Reich und brennt Persepolis nieder
323	Alexander stirbt mit noch nicht einmal 33 Jahren
321–141	das seleukidische Reich
321	Babylon unter Seleukos I. Nikator
ca. 300	Seleukos errichtet die neue Hauptstadt Seleukia nordwestlich von Babylon
141 v. Chr.–224 n. Chr.	die PartherInnen (eine persische Dynastie) beherrschen Mesopotamien;
	neue Hauptstadt: Ktesiphon in der Nähe von Seleukia
224–636 CE	die SassanidInnen (ebenfalls eine persische Dynastie) beherrschen Mesopotamien

Verzeichnis der Abbildungen

Abb. 1.1   Saddam Hussein als Nebukadnezar.
Abb. 1.2   Die Prozessionsstraße von Babylon.
Abb. 3.1   Der Turmbau zu Babel; byzantinisches Mosaik in der Kathedrale von Monreale, Palermo, Sizilien.
Abb. 3.2   Der Turmbau zu Babel; aus Aelfrics Hexateuch, angelsächsisch, 11. Jh.
Abb. 3.3   Der Turmbau zu Babel; aus einer spanischen Haggada-Handschrift, 14. Jh.
Abb. 3.4   Der Turm zu Babel; aus der Maciejowski-Bibel, Paris, um 1250.
Abb. 3.5   Der Turmbau zu Babel; Fresko von Giusto de' Menabuoi in der Taufkapelle San Giovanni Battista im Dom zu Padua, 14. Jh.
Abb. 3.6   Der Turm zu Babel im Bedford-Stundenbuch; Miniatur.
Abb. 3.7   Der Turm zu Babel; aus dem Breviarium Grimani; flämische Miniatur, um 1520.
Abb. 4.1   Eines der Sieben Weltwunder; Stich von Maarten von Heemskerck nach Philip Galle, 16. Jh.
Abb. 4.2   Der Turm zu Babel; Pieter Bruegel der Ältere, 16. Jh.
Abb. 4.3   Turris Babel, Athanasius Kircher; Kupferstich von Conraet Decker nach Lievin Cruyl, 1679.
Abb. 4.4   Ansicht von Babylon; Johann Fischer von Erlach, Kupferstich, 1721.
Abb. 4.5   Die Sprachverwirrung; Gustave Doré, Radierung.
Abb. 4.6   Das Minarett von Samarra, Nordirak, 10. Jh.
Abb. 4.7   Der Untergang Babylons; John Martin, ca. 1835.
Abb. 4.8   Die rekonstruierten Monumente von Nimrud; Aquarell, James Fergusson, 1853.
Abb. 5.1   Beispiele für Keilschriftzeichen.
Abb. 5.2   Statuen von geflügelten Stieren und Löwen, die Lamassu genannt werden, schmückten die assyrischen Paläste; Zeichnung von Henry Layard, 1853.
Abb. 5.3   Der Schwarze Obelisk aus Nimrud in Assyrien.
Abb. 5.4   Die Königin der Nacht; vermutlich eine Abbildung der Göttin Ischtar Terrakottarelief ohne Herkunftsnachweis aus der Umgebung Babylons.
Abb. 5.5   Das Ischtar-Tor; Rekonstruktion von Robert Koldewey.
Abb. 6.1   Babylon auf einer babylonischen Karte.
Abb. 7.1   Die Sintflut-Tafel; Tafel XI des Gilgamesch-Epos.
Abb. 8.1   Von Saddam Hussein vorbereitete Fundamente für die Rückkehr des Ischtar-Tors.
Abb. 8.2   Luftaufnahme von Babylon.
Abb. 8.3   Die Zikkurat von Ur.
Abb. 8.4   Poster der Ausstellung aus dem Jahr 2008: Kein Turm.
Abb. 8.5   Das Ischtar-Tor im Pergamonmuseum.
Abb. 8.6   Die Prozessionsstraße im Pergamonmuseum.
Abb. 8.7   Rekonstruktion der Zikkurat von Babylon.
Abb. 8.8   Ein Ziegelstein mit der Inschrift Saddam Husseins.
Abb. 8.9   Palast Saddam Husseins.
Abb. 8.10 Turm zu Babel; M.C. Escher, Druck, 1928.

Verzeichnis der Karten

Karte 1.1   Carsten Niebuhrs Karte
Karte 5.1   Skizze von Babylon zur Zeit Nebukadnezars im 6. Jh. v.Chr
Karte 6.1   Mesopotamien in altbabylonischer Zeit
Karte 6.2   Mesopotamien in der kassitischen (mittelbabylonischen) Zeit
Karte 6.3   Mesopotamien in neubabylonischer Zeit

Bild- und Kartennachweise

Abbildungen

Abb. 1.1; 1.2; 8.1; 8.3; 8.4; 8.8; 8.9
    © Rannfrid I. Thelle, 2001 (Abb. 8.4 2019)
Abb. 3.1
    Paul Williams/Alamy Stock Photo
Abb. 3.2
    © The British Library Board, London. Cotton Claudius B.iv. f. 19r
Abb. 3.3
    © The British Library Board, London. OR. 2884, f. 3v
Abb. 3.4
    The Morgan Library and Museum. MS M 638, fol. 3r; 1916 erworben von J.P. Morgan
Abb. 3.5
    Getty. The Agostini Picture Library
Abb. 3.6
    © The British Library Board, London. MS Add. 18850 f. 17v.
Abb. 3.7
    Mit Genehmigung der Biblioteca Nazionale Marciana, Venedig
Abb. 4.1; 4.7; 5.3; 5.4; 6.1; 7.1
    © The Trustees of the British Museum
Abb. 4.2
    Mit Genehmigung des KHM-Museumsverbands, Wien
Abb. 4.3
    © The British Library Board, London 213. F. 5, S. 41
Abb. 4.4
    © The British Library Board, London 648.a.3, Tafel III
Abb. 4.5
    © Nicku. Unter Lizenz bei Shutterstock
Abb. 4.6
    © jeffreychin. Unter Lizenz bei Shutterstock
Abb. 4.8
    Foto: Oriental Institute. Mit Genehmigung des Institute for the Study of the Ancient World, New York

Abb. 5.1
   nach: Mason, William Albert, 1855-1923, Public domain, via Wikimedia Commons
   https://commons.wikimedia.org/wiki/File:Cuneiform_evolution.jpg
Abb. 5.2
   Scan mit Genehmigung von Gorgias Press
Abb. 5.5; 8.2
   Mit Genehmigung der Deutschen Orient-Gesellschaft
Abb. 8.5; 8.6; 8.7
   © Staatliche Museen zu Berlin – Vorderasiatisches Museum, Fotos: Olaf M. Teßmer
Abb. 8.10
   © 2014 The M.C. Escher Company – The Netherlands. Alle Rechte vorbehalten

Karten

Karte 1.1 Carsten Niebuhrs Karte von Mesopotamien
Carsten Niebuhrs Reisebeschreibung nach Arabien und andren umliegenden Ländern. 1774–1837, Bd. 2, 256; mit freundlicher Genehmigung der Dänischen Königlichen Bibliothek.

Karte 5.1 Auf Grundlage einer Karte des Vorderasiatischen Museums, Staatliche Museen zu Berlin; Abdruck genehmigt. Foto: Olaf M. Teßmer.

Karten 6.1; 6.2; 6.3 mit freundlicher Genehmigung aus Bill T. Arnold, Who Were the Babylonians? Atlanta: SBL Press, 2008. Mit Genehmigung der Society of Biblical Literature (Seiten 39, 65, 88).

Register

Abraham 30, 51, 83, 125, 169
Adad 111, 128, 141, 192
Ägyptomanie 78
Aiburschabu 16, 214
Akitu-Fest 16, 143f., 199
Akkade 29, 106f., 119, 122, 124f., 132
akkadisch (Akkadisch, AkkaderInnen) 84f., 87, 98, 118, 124f., 129, 132f., 136f., 141f., 144, 157, 159, 165, 169, 170f., 173, 198
Al-Biruni 107
Alexander der Große 17, 63, 83, 153
Altes Testament 159, 218
Altes Testament, alttestamentlich 26, 53, 148, 169, 174–178, 180
Amarna-Korrespondenz 136
Amenhotep IV. (Echnaton) 136
amurritisch (Amurritisch, AmurriterInnen) 125, 126, 132, 135
Amyitis 68
Andrae, Walter 185, 189f., 192–196, 199–201
Antiochos I. Soter 63, 154
Antiochos IV. Epiphanes 39, 42
Antisemitismus, antisemitisch 175, 177f., 180
Anu 129, 141, 150
apokalyptisch, Apokalyptik 36, 39f., 209f., 217
Apostelgeschichte 26, 54, 83
aramäisch (Aramäisch, AramäerInnen) 83f., 140, 153
Archäologie, prähistorische 118
Asarhaddon 144f.
Assur 30, 66, 83, 97, 117, 145, 171, 184f.
Assurbanipal 82, 99, 100, 145, 151, 160
Assyrien 78
assyrisch (Assyrien, AssyrerInnen) 30, 42, 64, 66, 82, 84f., 87, 90f., 94–96, 98f., 106, 114, 117f., 132f., 136–140, 143–148, 151f., 157–162, 164f., 168, 169–173, 176, 178f., 184f., 188–190, 193–196
Atramchasis 139, 165
Augustin 53, 56, 58, 210

Ausgrabungen, archäologische 63, 79, 88, 91–93, 96f., 99, 101f., 105–110, 113–115, 117, 122, 129, 155–157, 167, 172–174, 177, 181–189, 192, 196f., 199, 200, 202, 206, 213f., 216, 218f.

Babel-Bibel-Streit 169, 172f., 178–180, 185, 193
Babylon Berlin (Fernsehserie) 210
Babyloniaka 68, 154
Babylonische Chronik 146, 147
babylonische Verwirrung, babylonisches Sprachengewirr 23, 25, 76, 208, 210
Bahrani, Zainab 81
Behistun-Inschrift 19, 84–86, 153
Bell, Gertrude 181f.
Belsazar 17, 151
Berlin Babylon (Film) 199
Berossos 62f., 68, 154, 161
Bibliothek Assurbanipals 99f., 106, 117, 141, 146, 162, 165
Botta, Paul-Émile 88–92, 96, 108, 144, 158f., 179
Britisches Museum 80, 89, 94, 96, 98, 100f., 103, 105, 133, 151, 158, 161f., 184, 195f.

chaldäisch (Chaldäa, ChaldäerInnen) 65, 140, 144f., 148, 164, 166, 217
Chamberlain, Stewart Houston 177
Chorsabad 90, 92, 95–97, 102, 107, 144, 159, 189
Colbert, Stephen 204

Danielbuch 17, 28, 39, 41f., 217
Darios I. 84, 152f.
De civitate Dei (Vom Gottesstaat) 53, 58, 210
Delitzsch, Friedrich 167, 173–178, 180, 184f., 193, 198
della Valle, Pietro 75
Deutsche Orient-Gesellschaft 109, 171–173, 176, 182

Diaspora, jüdische 35, 41f., 147, 218
Diodor 67, 82
Döblin, Alfred 210

Ea 112, 142, 150, 167
elamitisch (Elamitisch, ElamiterInnen) 19, 86, 125, 129, 137, 140f., 151, 153, 162
Enlil 128, 141
Ensi (Gouverneur) 122, 124
Enuma elisch 139, 141–143, 166–168, 199, 216, 220
Esangila (Marduk-Tempel) 103, 112, 126, 142, 144, 148, 153, 167, 216, 220
Escharra 142
Etemenanki 112, 186, 216, 220
EU-Parlament 212
Euphrat 65, 83, 101f., 111, 122, 132, 140
Eurozentrismus 88
Exil 17, 23, 30–32, 35, 43, 64, 152, 154, 218

Fergusson, James 80–82, 96

Genesis (Buch) 24, 26f., 42, 50, 64, 73, 142, 164, 166, 174
Gilgamesch 122, 133–135, 164, 180
Gilgamesch-Epos 115, 120, 133–135, 137, 141, 163, 165, 167f., 170, 172
Golfkrieg (zweiter, 1991) 68, 103
Griechenland 64, 95, 140, 152
griechisch (Griechisch, GriechInnen) 42, 61–63, 83, 130, 148f., 152–155, 157f., 180, 195, 219
Grotefend, Georg Friedrich 84

Haemmerling, Konrad 211
Hammurapi 110, 112, 124, 126, 128–130, 132
Hammurapi, Codex H. 128–130, 138, 140, 173
Hängende Gärten 16, 61, 66–69, 73, 111, 115, 211, 219f.
Heemskerck, Marten van 61, 62, 69, 71
Herodot 57, 61–66, 71, 110, 152, 187, 219
Herzl, Theodor 34
hethitisch (Hethitisch, HethiterInnen) 84, 133f., 136f., 140, 170f.
Hincks, Edward 86f., 97f., 159
Hiob(buch) 137

Hitler, Adolf 199, 211
Hollywood 211
Hure Babylon 23, 39, 43, 207–210, 217
Hussein, Saddam 15–17, 101, 183f., 202–205, 213

Imperialismus, imperialistisch 89, 158, 170f., 175, 180, 182, 196f., 213
Intolerance (Film) 193, 215
Irak-Krieg (2003) 103, 182, 205, 213
IS (Islamischer Staat) 183
Ischtar 16, 104, 111–113, 127, 134f., 141, 165, 184, 192, 195, 198, 220
Ischtar-Tor 16, 110–113, 131, 144, 148, 183f., 191f., 195, 198, 205, 211, 220
Islamischer Staat 206
Izdubar *Siehe* Gilgamesch

James Simon 109
Jehu 94, 160
Jeremia (Prophet) 28f., 38
Jeremiabuch 28, 38, 58, 65, 74
Jesaja (Prophet) 30f., 220
Jojachin 31, 147
Jojakim 147
Josephus 27, 30, 67f.
Jubiläenbuch 27f.
Judentum 27, 154
Judentum, babylonisches 35, 147, 154, 161
jüdisch (jüdische Tradition, JüdInnen) 23, 26f., 30, 35, 41–43, 50, 64, 109, 154f., 177f., 180, 199, 218

Kafka, Franz 208f.
kanaanäisch (Kanaanäisch, KanaanäerInnen) 137, 174
Karduniasch 124, 135
KassitInnen 124, 135–137, 140
Keilschrift 75, 83–87, 92, 96f., 114, 117, 153, 157, 159f., 162, 170, 179
Kircher, Athanasius 71
Knudtzon, Jørgen A. 136
Koldewey, Robert 107–113, 115, 181f., 185, 187, 189, 199f., 219
Königsliste, sumerische 122
Ktesiphon 154
Kujundschik 80, 90, 96f., 99f., 103, 165
Kultur, materieller 183

Kyros (II.), der Große 64, 151f., 218
Kyros-Zylinder 151f., 153

Lagasch 101, 105–108, 114, 117, 122, 124, 172
Lamassu 93
Lawrence, T. E. („Lawrence von Arabien") 181
Layard, Austen Henry 80f., 87–102, 108, 144, 158, 160, 179, 189
lex talionis (Vergeltungsprinzip) 130
Louvre (Musée du) 89, 103, 157f., 196
Ludlul bel nemeqi 137
Luther, Martin 58f.

Mandeville, Reisen des Ritters 74f.
Marduk 16, 71, 111f., 127, 140–145, 148, 151, 154, 167, 192, 210, 216, 220
Marduk-Tempel *Siehe* Esangila
Martin, John 80, 82
Marzahn, Joachim 45, 131, 192, 202
materielle Kultur 78, 117, 157, 198, 200, 206
Matrix (Film) 21
MederInnen, Medien 64, 82, 145f., 151
Metropolis (Film) 206
Mittelalter 47
Moreck, Curt *Siehe* Haemmerling
Mossul 89–92, 95f., 99–102, 165, 168, 206
Muschchuschu 111f., 191

Nabonid 151
Nabopolassar 145f.
Nabu 113, 128, 144
Napoleon I. Bonaparte 18f., 78, 86, 89, 157
Nationalismus, nationalistische 34, 158, 171, 175, 177, 196
Nationalsozialismus 198
Nebukadnezar I. 140
Nebukadnezar II. 15–17, 31, 39, 42, 64, 66, 68, 74, 110–112, 114, 117f., 121, 140f., 144, 146–148, 151, 155f., 191, 194f., 198, 200, 203, 211, 217f.
neolithische Revolution 118
neuassyrisches Reich 65, 90, 144, 145, 159, 171
neubabylonisches Reich 17, 144–146, 151f., 154, 156, 218

Neues Testament, neutestamentlich 26f., 39, 53, 83, 148, 176f.
neusumerisch *Siehe* Ur III
Niebuhr, Carsten 19, 84–86, 90
Nil 18
Nimrod 29f., 53f., 58, 70, 164, 166
Nimrud 80f., 92, 94, 96f., 103, 144, 146, 159f., 184, 189
Ninive 30, 61, 65, 80, 82, 86–91, 96, 98, 100f., 108, 117, 133, 144f., 158–161, 179, 184, 219
Ninmach, Tempel der 113
Nippur 101, 105f., 108, 114, 117, 122, 124, 126, 135f., 172
Nitokris 66
Noach 29, 51, 119, 134, 163f.

Obed-Kultur 119
Offenbarung des Johannes 39, 40, 217
Oppert, Julius 86f., 102
Orientalismus 81f.
Osmanisches Reich 89, 92, 104, 108f., 154, 168, 171, 181
Ostindien-Kompanie 86, 89

Palast des Nebukadnezar, bzw. Südpalast, Sommerresidenz 111
Panbabylonismus 170
parthisch (Parthisch, PartherInnen) 83, 153f.
Pergamonmuseum 182, 184, 189–196, 200
Persepolis 19, 84, 153
Persien 64, 67, 84, 86, 92
persisch (Persisch, PerserInnen) 19, 42, 64, 83–86, 146, 152f., 155, 173, 218
persisches Reich 64, 84, 151, 153
Philon von Byzanz 67
Pieter Bruegel der Ältere 57, 69f., 206, 212
ProphetInnen, prophetische Literatur 28–32, 34–41, 43, 75, 156, 171, 187, 217, 220
Prozessionsstraße 16, 22, 110–112, 131, 144, 148, 183f., 189, 191–196, 198f., 203, 211, 214, 220
Psalm 137 32, 34

Rassam, Hormuzd 99f., 103, 133, 151, 165
Rassentheorie, rassentheoretisch 19, 82, 176, 178

Rauwolf, Leonhard 75
Rawlinson, Henry 85–87, 92, 94, 97f., 100, 159, 162f.
Reiseberichte 19, 74f., 77, 96
Religion, babylonische 63, 127, 139–141, 170
Renaissance 18, 57, 61, 65, 71, 115, 159
Rich, Claudius 89, 101
Rom (Stadt) 39, 45, 57f., 217
römisches Reich 39, 153f., 218

Salmanassar 94
Sanherib 97f., 111, 144, 159f., 219
Sardanapal 82, 193
Sargon (von Akkade) 124
Sargon II. 90, 97, 159
sassanidisch (SassanidInnen) 83, 154
Schamasch 105, 126, 141, 150
Schatt el-Arab 101, 121
Schöpfungsmythen, Schöpfungserzählungen 28, 115, 141f., 159, 162f., 166–168, 173, 179, 216
Schulgi 125f.
Seleukia 153, 154
seleukidisch, SeleukidInnen, seleukidisches Reich 39, 42, 63, 153, 217
Seleukos I. Nikator 153
Semiramis 61, 65–68, 93
semitisch, SemitInnen 82f., 85, 87, 124f., 141, 153, 177, 198
Sieben Weltwunder, die 16, 61f., 66f., 69
Sintflut(erzählung) 27, 29, 79, 115, 119, 134, 139, 141, 161, 163–169, 173, 179f.
Smith, George 94, 100, 112, 133, 141f., 161–168, 173, 179
Speculum humanae salvationis Siehe Weltchroniken
Stadtstaaten 106, 117f., 120, 122, 124, 137, 140
Strabo 66f.

Sumer 30, 83, 105–107, 114, 121f., 125, 132, 156, 177
sumerisch, Sumerisch, SumererInnen 84, 87, 106, 112, 117, 124–126, 129, 132f., 134, 137, 139, 150, 169
Susa 129, 140, 153, 173

Talbot, Henry Fox 86f.
Talmud 154
Taylor-Prisma 161
Tell Amran-ibn-Ali 112
Tiamat 142f., 167
Tigris 91, 101, 122, 153f.
Tudela, Benjamin von 74
Turmbau(erzählung) 17, 23f., 26–30, 36, 43, 45–57, 69–71, 74, 76, 78, 89, 115, 132, 166, 186f., 190, 206–209, 211f., 216, 220

UNESCO-Weltkulturerbe 205
Ur III/III. Dynastie von Ur (bzw. neusumerische Dynastie) 124f., 132
Ur III-Zeit (bzw. neusumerische Zeit) 106
Urbanisierung 118f.
Uruk (Erech) 101, 112, 117, 120, 122, 133f., 164, 184, 202
Uruk-Kultur 120

Verdi (Nabucco, Gefangenenchor) 33
Vorderasiatisches Museum, Berlin 184, 190, 202
Vulgata 166

Warka Siehe Uruk
Weltchroniken 53f.
Wilhelm II. 108, 170, 173, 175f., 178, 193

Zidkija 31f., 147
Zikkurat 17, 70f., 74, 112, 125, 142, 148, 186f., 200f., 204, 208, 216